Zu diesem Buch

Diese berühmt gewordenen Essays, Briefe, Reden und Aufzeichnungen des leidenschaftlichen Kämpfers gegen den Totalitarismus in jederlei Gestalt gehören zu den klassischen Texten der politischen Literatur. Angesichts einer hysterischen Gegenwart, die sich krampfhaft in ideologische Parteilichkeiten verrennt und ihr schlechtes Gewissen mit stereotypen Anschuldigungen und verschwommenen Floskeln betäubt, geht uns über diesen aus aktuellem Anlaß geschriebenen Seiten auf, wie sehr Albert Camus uns heute fehlt. Camus hat sich nie gescheut, seinem eigenen Urteil zu trauen, aber auch besserer Einsicht nachzugeben, seinen Freunden zu widersprechen, seinen Feinden gerecht zu werden. Immer stand er mitten in den Kämpfen und Auseinandersetzungen seiner Epoche, als französischer Widerstandskämpfer, als Algerier, als Abendländer. Und so sehr er sich in das Chaos der Zeit hineingezogen sah, so sehr vermochte er in sich die terroristischen Leidenschaften zu überwinden, deren Fieber so viele hinreißt. Es mutet den Leser beinahe unglaublich an, daß die «Briefe an einen deutschen Freund» zwischen 1943 und 1944 geschrieben wurden. Doch jene seltene Haltung – Beteiligtsein und Darüberstehen zugleich – zeichnet auch die anderen Aufsätze aus, ob sie nun von Spanien, Algerien oder Ungarn, von der Aufgabe des Künstlers, von «Pessimismus und Tyrannei», «Unglauben oder Christentum» oder von der Todesstrafe handeln. Die Anlässe mögen zeitbedingt gewesen, mögen Historie geworden sein, die Art, über sie ins reine zu kommen, ist unvergangen. In diesen Schriften erfahren wir jene einzigartige Einheit von Ethos und Vernunft, von Lauterkeit und Klarsicht, von Integrität und Scharfsinn, die Albert Camus gegeben war und die uns so not tut.

Albert Camus wurde am 7. November 1913 in Mondovi / Nordafrika in kärglichen Verhältnissen geboren. Als Werkstudent besuchte er die Universität Algier und schloß seine Studien mit einer Arbeit über Plotin und Augustin ab. Im Krieg schrieb er in der illegalen Widerstandspresse. 1942 erschien die Erzählung «Der Fremde» (rororo Nr. 432), die bereits Camus' geniale Gabe zeigt, das Einzelschicksal ins Symbolische zu überhöhen. 1957 erhielt Camus den Literatur-Nobelpreis. Am 4. Januar 1960 kam Albert Camus bei einem Autounfall ums Leben.

Von Albert Camus erschienen als rororo-Taschenbücher außerdem: «Die Pest» (Nr. 15), «Kleine Prosa» (Nr. 441), «Der Fall» (Nr. 1044), «Verteidigung der Freiheit» (Nr. 1096), «Der Mensch in der Revolte» (Nr. 1216), «Tagebücher 1935–1951» (Nr. 1474), «Der glückliche Tod» (Nr. 5152), «Reisetagebücher» (Nr. 5842), «Der Mythos von Sisyphos» (Nr. 12375), «Dramen» (Rowohlt 1982), «Jonas oder Der Künstler bei der Arbeit. Gesammelte Erzählungen» (Rowohlt 1983), «Unter dem Zeichen der Zeit. Camus Lesebuch» (Rowohlt 1985) und «Tagebuch 1951–1959» (Rowohlt 1991).

In «rowohlts monographien» erschien als Band 50 eine Darstellung Albert Camus' mit Selbstzeugnissen und Bilddokumenten von Morvan Lebesque, die eine ausführliche Bibliographie enthält.

Albert Camus

Fragen der Zeit

Deutsch von
Guido G. Meister

rororo

Rowohlt

Die Beiträge dieser Ausgabe wurden von Albert Camus ausgewählt und zusammengestellt. Sie sind entnommen den bei der Librairie Gallimard, Paris, erschienenen Bänden Lettres à un ami allemand, Actuelles I, II, und III und Discours de Suède, sowie dem bei Calmann-Lévy, Paris, erschienenen Band Réflexions sur la peine capitale.

Umschlagentwurf Werner Rebhuhn

37.–39. Tausend Februar 1992

Veröffentlicht im Rowohlt Taschenbuch Verlag GmbH,
Reinbek bei Hamburg, Oktober 1977

Gesamtherstellung Clausen & Bosse, Leck
Printed in Germany
880-ISBN 3 499 14111 6

BRIEFE AN EINEN DEUTSCHEN FREUND

Vorwort zur italienischen Ausgabe 9
Erster Brief 11
Zweiter Brief 15
Dritter Brief 21
Vierter Brief 26

DIE BEFREIUNG VON PARIS

Das Blut der Freiheit 33
Die Nacht der Wahrheit 34

RENÉ LEYNAUD

René Leynaud 39
Vorwort zu den Gedichten von René Leynaud 41

PESSIMISMUS UND TYRANNEI

Pessimismus und Mut 51
Den Geist hochhalten 53

DER UNGLÄUBIGE UND DIE CHRISTEN

Der Ungläubige und die Christen 59

WARUM SPANIEN?

Antwort an Gabriel Marcel 67

VERTEIDIGUNG DER FREIHEIT

Brot und Freiheit 75
Ehrung eines Verbannten 83

DIE GUILLOTINE

Betrachtungen zur Todesstrafe 93

ALGERIEN

Vorwort zur Algerischen Chronik 143
Brief an einen algerischen Aktivisten 154
Aufruf für einen Burgfrieden in Algerien 158
Algerien 1958 167
Das neue Algerien 172

UNGARN

Kadar hat seinen Tag der Angst erlebt 177
Der Sozialismus der Galgen 183

DER KÜNSTLER UND SEINE ZEIT

Die Wette unserer Generation 191
Nobelpreisrede 199
Der Künstler und seine Zeit 203

Quellenverzeichnis 223

Briefe an einen deutschen Freund

Für René Leynaud

Seine Größe zeigt man nicht, indem man
sich zu einem Extrem bekennt, sondern
indem man beide in sich vereinigt.
PASCAL

VORWORT
ZUR ITALIENISCHEN AUSGABE

Die *Briefe an einen deutschen Freund* wurden nach der Befreiung Frankreichs in wenigen Exemplaren veröffentlicht und sind nie neu aufgelegt worden. Ich habe mich aus Gründen, auf die ich im folgenden näher eingehen werde, ihrer Verbreitung im Ausland stets widersetzt.

Zum erstenmal nun erscheinen sie außerhalb Frankreichs, und einzig der Wunsch, mit meinen schwachen Kräften dazu beizutragen, daß die sinnlose Grenze zwischen unseren beiden Ländern eines Tages fallen möge, hat mich dazu bewegen können.

Aber ich kann diese Briefe nicht erscheinen lassen, ohne zu erklären, wie sie verstanden werden müssen. Sie sind zur Zeit der Widerstandsbewegung geschrieben und veröffentlicht worden. Sie setzten sich zum Ziel, den blinden Kampf, in dem wir standen, etwas zu erhellen und dadurch wirksamer zu gestalten. Es sind durch die Umstände bedingte Texte, die darum ungerecht erscheinen mögen. Denn wenn man über das besiegte Deutschland schreiben müßte, wäre in der Tat ein etwas anderer Ton am Platz. Doch liegt mir daran, einem Mißverständnis vorzubeugen. Wenn der Verfasser dieser Briefe ‹ihr› sagt, meint er nicht ‹ihr Deutschen›, sondern ‹ihr Nazi›. Wenn er ‹wir› sagt, heißt das nicht immer ‹wir Franzosen›, sondern ‹wir freien Europäer›. Ich stelle zwei Haltungen einander gegenüber, nicht zwei Völker, selbst wenn in einem bestimmten Augenblick der Geschichte diese beiden Völker zwei feindliche Haltungen verkörpert haben. Wenn ich mich eines Ausspruchs bedienen darf, der nicht von mir stammt, möchte ich sagen: ich liebe mein Land zu sehr, um Nationalist zu sein.

Und ich weiß, daß weder Frankreich noch Italien etwas dabei verlieren würden, wenn sie sich einer umfassenderen Gemeinschaft anschlössen – im Gegenteil. Aber davon sind wir noch weit entfernt, und Europa ist immer noch zerrissen. Darum würde ich mich schämen, heute den Glauben zu erwecken, ein französischer Schriftsteller könne der Feind einer einzelnen Nation sein. Ich verabscheue nur die Henker. Jeder Leser, der die *Briefe an einen deutschen Freund* in diesem Sinne liest, das heißt als ein Zeugnis des Kampfes gegen die Gewalt, wird mir zubilligen, daß ich auch heute noch zu jedem Wort stehen darf.

ERSTER BRIEF

Sie sagten: «Die Größe meines Landes kann nicht zu teuer bezahlt werden. Alles, was ihrer Verwirklichung dient, ist gut. Und ihr müssen in einer Welt, in der nichts mehr Sinn hat, die Menschen, die wie wir jungen Deutschen das Glück haben, im Schicksal ihres Volkes einen Sinn zu finden, alles zum Opfer bringen.» Ich war Ihnen damals zugetan, aber hier schon konnte ich nicht mehr mit Ihnen einig gehen. «Nein», entgegnete ich, «ich kann nicht glauben, daß man alles einem bestimmten Ziel unterordnen darf. Es gibt Mittel, die nichts heiligt. Und ich möchte mein Land lieben können, ohne aufzuhören, die Gerechtigkeit zu lieben. Ich kann nicht zu jeder Größe ja sagen, selbst zu einer, die in Blut und Lüge gründet. Indem ich die Gerechtigkeit am Leben erhalte, möchte ich mein Land am Leben erhalten.» Und Sie haben geantwortet: «Ach was, Sie lieben Ihr Land nicht!»

Das war vor fünf Jahren. Seit jener Zeit haben sich unsere Wege getrennt, aber ich darf sagen, daß in diesen langen (für Sie so blitzartig flammend verflogenen) Jahren kein Tag verstrich, ohne daß ich mich an Ihren Ausspruch erinnert hätte. «Sie lieben Ihr Land nicht!» Wenn ich heute an diese Worte denke, würgt mich etwas in der Kehle. Nein, ich liebte es nicht, wenn Liebe darin besteht, nicht zu tadeln, was am geliebten Wesen ungerecht ist, wenn Liebe darin besteht, nicht zu fordern, daß das geliebte Wesen dem schönen Bild entspreche, das wir von ihm hegen. Das war vor fünf Jahren, und viele Menschen in Frankreich dachten wie ich. Und doch haben einige unter ihnen seither in die zwölf kleinen schwarzen Augen des deutschen Schicksals geblickt. Diese Menschen, die Ihrer Auffassung nach ihr Land nicht liebten, haben mehr für es getan, als Sie je für das Ihre tun werden, selbst wenn es Ihnen möglich wäre, Ihr Leben hundertmal für es hinzugeben. Denn sie mußten zuerst sich selbst überwinden, und darin besteht ihr Heldentum. Aber ich spreche hier von zwei verschiedenen Arten von Größe und von einem Widerspruch, über den Sie aufzuklären ich Ihnen schuldig bin.

Wir werden uns bald wiedersehen, wenn dies möglich ist. Aber unsere Freundschaft wird nicht mehr vorhanden sein. Sie werden erfüllt sein von Ihrer Niederlage und sich Ihres früheren Sieges nicht schämen, ihm im Gegenteil mit all Ihren zerschmetterten Kräften nachtrauern. Heute bin ich Ihnen im Geist noch nahe – allerdings Ihr Feind, doch immer noch ein wenig Ihr Freund, sonst würde ich Ihnen nicht mein ganzes Denken offenbaren. Morgen ist das vorbei. Was Ihr Sieg nicht anzutasten vermochte, wird Ihre Niederlage vollbringen. Aber ehe wir uns gleichmütig gegenüberstehen, will ich versuchen, Ihnen gewisse Schicksalszüge meines Landes klarzumachen, die Sie weder im Frieden noch im Krieg erkannt haben.

Gleich zu Beginn will ich Ihnen sagen, welche Art Größe unsere Triebkraft ist. Das heißt aber, Ihnen erklären, welche Art Mut wir anerkennen, denn es ist nicht der Ihre. Ins Feuer rennen hat nicht viel zu bedeuten, wenn man sich seit jeher darauf vorbereitet hat und wenn einem Rennen selbstverständlicher ist als Denken. Es bedeutet im Gegenteil viel, der Folter und dem Tod entgegenzugehen, wenn man zutiefst und unverrückbar weiß, daß der Haß und die Gewalt an sich sinnlos sind. Es bedeutet viel, sich zu schlagen, wenn man den Krieg verachtet, hinzunehmen, daß man alles verliert, wenn man das Verlangen nach Glück bewahrt, zu zerstören, wenn man an eine höhere Kultur glaubt. Darum vollbringen wir mehr als ihr, denn wir müssen uns selber überwinden. Ihr hattet in euren Herzen, in eurem Geist nichts zu besiegen. Wir hatten zwei Feinde, und der Sieg der Waffen genügte uns nicht, im Gegensatz zu euch, die ihr nichts in euch zu unterdrücken fandet.

Wir hatten viel zu unterdrücken und vielleicht in erster Linie die ständige Versuchung, euch zu gleichen. Denn es steckt immer etwas in uns, das sich dem Instinkt überläßt, der Verachtung des Geistes, der Anbetung der Tüchtigkeit. Wir werden schließlich unserer großen Tugenden müde. Wir schämen uns des Geistes und träumen zuweilen von einem glückseligen Barbarentum, das uns eine mühelose Wahrheit schenkte. Aber in dieser Beziehung sind wir schnell geheilt: ihr seid da, ihr zeigt uns, wie es mit diesem Traum bestellt ist, und wir kommen zur Besinnung. Wenn ich an eine geschichtliche Vorherbestimmung glaubte, würde ich annehmen, daß ihr uns als Heloten des Geistes zu unserer Besserung zur Seite steht. Dann finden wir zum Geist zurück, und er bereitet uns kein Unbehagen mehr.

Aber auch den Verruf, in dem das Heldentum bei uns stand,

mußten wir überwinden. Ich weiß: ihr glaubt, Heldentum sei uns fremd. Ihr täuscht euch. Nur daß wir uns gleichzeitig dazu bekennen und ihm mißtrauen. Wir bekennen uns dazu, weil zehn Jahrhunderte der Geschichte uns das Wissen um alles Edle geschenkt haben. Wir mißtrauen ihm, weil zehn Jahrhunderte der Erkenntnis uns die Kunst und die Vorzüge der Natürlichkeit gelehrt haben. Um euch gegenüberzutreten, mußten wir einen weiten Weg zurücklegen. Und darum sind wir ganz Europa gegenüber im Rückstand, denn es stürzte sich im rechten Augenblick in die Lüge, während wir es uns einfallen ließen, nach der Wahrheit zu suchen. Darum erfuhren wir zuerst einmal eine Niederlage: ihr seid über uns hergefallen, während wir damit beschäftigt waren, in unseren Herzen zu prüfen, ob wir das Recht auf unserer Seite hätten.

Wir mußten unsere Freude am Menschen, das Bild, das wir uns von einem friedlichen Schicksal machten, die tief in uns wurzelnde Überzeugung überwinden, wonach kein Sieg sich lohnt, während jede Verstümmelung des Menschen nicht wiedergutzumachen ist. Wir mußten gleichzeitig auf unser Wissen und auf unsere Hoffnung verzichten, auf die Gründe zum Lieben und auf den Haß, den wir jedem Krieg entgegenbrachten. Um es mit einem Wort auszudrücken, das Sie wahrscheinlich verstehen werden, da es von mir kommt, dessen Hand Sie zu drücken liebten: wir mußten unser leidenschaftliches Verlangen nach Freundschaft zum Schweigen bringen.

Jetzt ist das geschehen. Wir hatten einen langen Umweg nötig, wir haben uns sehr verspätet. Es ist der Umweg, den der Skrupel der Wahrheit dem Geist, der Skrupel der Freundschaft dem Herzen auferlegt. Es ist der Umweg, der die Gerechtigkeit bewahrte und die Wahrheit denen schenkte, die sich Gedanken machten. Und zweifellos haben wir ihn sehr teuer bezahlt. Wir haben ihn mit Demütigungen und Schweigen bezahlt, mit Bitterkeit, Gefängnis, Hinrichtungen im Morgengrauen, Verlassenheit, Trennung, täglichem Hunger, ausgemergelten Kindern und vor allem mit erzwungenen Bußübungen. Aber das mußte sein. Wir brauchten diese ganze Zeit, um herauszufinden, ob wir das Recht hatten, Menschen zu töten, ob es uns erlaubt war, zu dem entsetzlichen Elend der Welt beizutragen. Und diese verlorene und wiedergefundene Zeit, diese hingenommene und überwundene Niederlage, diese mit Blut bezahlten Skrupel verleihen uns Franzosen heute das Recht, zu denken, daß wir mit reinen Händen in diesen Krieg getreten sind – mit der Reinheit der Opfer und der Überzeugten – und daß wir mit reinen Händen aus ihm heraustreten werden – aber diesmal mit der Reinheit eines großen Sieges, den wir über die Ungerechtigkeit und über uns selber davongetragen haben.

Denn wir werden siegen, daran besteht kein Zweifel. Aber wir werden dank dieser Niederlage siegen, dank diesem langen Weg, der uns unsere Gründe hat erkennen lassen, dank diesem Leiden, dessen Ungerechtigkeit wir gespürt und aus dem wir eine Lehre gezogen haben. Wir haben dabei das Geheimnis eines jeden Sieges erfahren, und wenn wir es nicht eines Tages wieder verlieren, werden wir den endgültigen Sieg erringen. Wir haben dabei erfahren, daß entgegen unserem bisherigen Glauben der Geist nichts gegen das Schwert vermag, daß aber der mit dem Schwert vereinte Geist stets Sieger bleibt über das um seiner selbst willen gezogene Schwert. Darum haben wir jetzt das Schwert angenommen, nachdem wir uns versichert hatten, daß der Geist mit uns war. Dafür mußten wir zusehen, wie gestorben wurde, und Gefahr laufen, selber zu sterben, dafür brauchte es den morgendlichen Gang eines französischen Arbeiters, der auf dem Weg zur Guillotine durch die Korridore seines Gefängnisses schritt und von Tür zu Tür seine Kameraden ermahnte, sich mutig zu zeigen. Und schließlich brauchte es die Folterung unseres Fleisches, damit wir uns des Geistes bemächtigen konnten. Nur das besitzt man wirklich, was man bezahlt hat. Wir haben teuer bezahlt und werden weiterhin zahlen. Aber wir besitzen unsere Gewißheiten, unsere Gründe, unsere Gerechtigkeit: eure Niederlage ist unvermeidlich.

Ich habe nie an die Macht der Wahrheit an sich geglaubt. Aber es ist schon viel, wenn man weiß, daß bei gleichen Kräfteverhältnissen die Wahrheit stärker ist als die Lüge. Dieses mühsame Gleichgewicht haben wir erreicht. Und diese Nuance gibt unserem Kampf heute seinen Sinn. Ich bin versucht, Ihnen zu sagen, daß wir eben gerade für Nuancen kämpfen, aber Nuancen, die so wichtig sind wie der Mensch selber. Wir kämpfen für die Nuance, die das Opfer von der Mystik, die Energie von der Gewalt, die Kraft von der Grausamkeit unterscheidet, für jene noch feinere Nuance, die das Falsche vom Wahren und den von uns erhofften Menschen von den von euch verehrten feigen Göttern unterscheidet.

Das wollte ich Ihnen sagen, nicht obenhin als Außenstehender, sondern als zutiefst Beteiligter. Das wollte ich jenem «Sie lieben

Ihr Land nicht», das mir heute noch in den Ohren klingt, zur Antwort geben. Aber ich möchte, daß zwischen uns alles klar sei. Ich glaube, daß Frankreich seine Macht und seine Herrschaft für lange Zeit verloren hat und daß es lange Zeit verzweifelte Geduld und eine immer wache Auflehnung nötig haben wird, um das zur Entfaltung jeder Kultur unerläßliche Prestige wiederzugewinnen. Doch glaube ich, daß es das alles aus reinen Gründen verloren hat. Und darum verläßt mich die Hoffnung nicht. Darin liegt der ganze Sinn meines Briefes. Der Mensch, den Sie vor fünf Jahren bedauert haben, weil er seinem Land so zurückhaltend gegenüberstand, ist der gleiche, der Ihnen und allen Menschen unseres Alters in Europa und der ganzen Welt sagen will: «Ich gehöre einer bewundernswürdigen und ausdauernden Nation an, die trotz all ihrer Irrtümer und Schwächen nicht hat verlorengehen lassen, was ihre Größe ausmacht, jenen Begriff, den immer klarer zu formulieren die führende Schicht bisweilen und das Volk jederzeit unablässig bemüht ist. Ich gehöre einem Volk an, das seit vier Jahren den Lauf seiner ganzen Geschichte neu begonnen hat und das sich inmitten der Trümmer ruhig und sicher darauf vorbereitet, eine neue Geschichte anzufangen und in einem Spiel, in dem es ohne Trümpfe dasteht, sein Glück zu versuchen. Dieses Land ist es wert, daß ich es liebe, mit jener wählerischen und anspruchsvollen Liebe, die mir eigen ist. Ich glaube, daß es sich jetzt wohl lohnt, für dieses Land zu kämpfen, da es einer höheren Liebe würdig ist. Und ich sage, daß Ihre Nation im Gegensatz dazu von ihren Söhnen nur die Liebe empfangen hat, die sie verdiente, und diese Liebe war blind. Man wird nicht durch jede Liebe gerechtfertigt, das ist euer Verderben. Und was soll aus euch, die ihr schon in euren größten Siegen besiegt wart, in der bevorstehenden Niederlage werden?»

Juli 1943

ZWEITER BRIEF

Ich habe Ihnen schon einmal geschrieben, und zwar im Ton der Gewißheit. Über fünf Jahre der Trennung hinweg habe ich Ihnen gesagt, warum wir die Stärkeren sind, nämlich dank dem Umweg, auf dem wir unsere Gründe gesucht haben, dank der Verspätung, die uns die Besorgtheit um unser Recht eingetragen hat, dank der Torheit, die uns hieß, alles, was wir liebten, versöhnen zu wollen. Das ist so wichtig, daß ich darauf zurückkommen muß. Ich habe es Ihnen schon gesagt, wir haben diesen Umweg teuer bezahlt. Wir haben lieber die Unordnung in Kauf genommen als die Ungerechtigkeit. Aber gleichzeitig macht dieser Umweg heute unsere Stärke aus, und ihm verdanken wir den bevorstehenden Sieg.

Ja, das alles habe ich Ihnen im Ton der Gewißheit geschrieben, in einem Zug und ohne nach Worten zu suchen. Ich hatte allerdings auch reichlich Zeit, darüber nachzudenken. Die Nacht ist dem Nachdenken günstig. Seit drei Jahren herrscht eine Nacht, die ihr über unsere Städte und Herzen gesenkt habt. Seit drei Jahren verfolgen wir in der Dunkelheit den Gedankengang, der heute in Waffen vor euch tritt. Jetzt kann ich Ihnen vom Geist sprechen. Denn die Gewißheit, die uns heute erfüllt, ist so beschaffen, daß alles seinen Ausgleich und seine Klarheit findet, daß der Geist sich mit dem Mut vermählt. Und ich nehme an, daß Sie, der Sie so leichthin vom Geist sprachen, ihn nun mit großer Überraschung aus so weiter Ferne zurückkehren und plötzlich beschließen sehen, seinen Platz in der Geschichte wieder einzunehmen. An diesem Punkt will ich mich Ihnen wieder zukehren.

Ich werde später noch darauf zurückkommen, daß Gewißheit des Herzens nicht gleichbedeutend ist mit Fröhlichkeit des Herzens. Das verleiht allem, was ich Ihnen schreibe, bereits seinen Sinn. Aber zuvor will ich meine Stellung Ihnen, Ihrem Andenken und unserer Freundschaft gegenüber ins reine bringen. Solange ich es noch vermag, will ich unserer Freundschaft zuliebe das einzige tun, was für eine zu Ende gehende Freundschaft getan werden kann: ich will ihr Klarheit verleihen. Auf das «Sie lieben Ihr Land nicht», das Sie mir manchmal zuwarfen und das mir nicht aus dem Gedächtnis will, habe ich Ihnen schon geantwortet. Heute möchte ich nur auf das ungeduldige Lächeln antworten, mit dem Sie das Wort Geist quittierten. «In all seinen Geistesgrößen», sagten Sie, «verleugnet Frankreich sich selber. Ihre Intellektuellen ziehen ihrer Heimat je nachdem die Verzweiflung oder die Jagd nach einer unwahrscheinlichen Wahrheit vor. Wir hingegen stellen Deutschland diesseits der Wahrheit, jenseits der Verzweiflung.» Das stimmte offenbar. Aber ich habe es Ihnen schon gesagt: wenn wir zuweilen die Gerechtigkeit über unser Land zu stellen schienen, so lag der Grund darin, daß wir unser Land in der Gerechtigkeit lieben wollten, so wie wir es in der Wahrheit und in der Hoffnung zu lieben begehrten. Darin unterscheiden wir uns von euch, wir waren anspruchslos. Ihr begnügtet euch damit, der Macht eurer Nation zu dienen, und wir träumten davon, der unseren ihre Wahrheit zu schenken. Ihr wart es zufrieden, der Realpolitik zu dienen, und wir bewahrten in unseren schlimmsten Verirrungen verschwommen den Begriff einer Politik der Ehre, die wir heute wiederfinden. Wenn ich ‹wir› sage, meine ich nicht unsere Machthaber. Die Machthaber sind belanglos.

Ich sehe, wie Sie hier wieder lächeln. Sie haben den Worten immer mißtraut. Ich auch, aber noch mehr mißtraute ich mir selber. Sie versuchten, mich auf die Bahn zu locken, die Sie selber eingeschlagen hatten und auf der der Geist sich des Geistes schämt. Schon damals folgte ich Ihnen nicht. Aber heute wären meine Antworten von mehr Gewißheit getragen. Was ist Wahrheit? sagten Sie. Zweifellos, aber wir wissen zumindest, was Lüge ist: das eben habt ihr uns gelehrt. Was ist Geist? Wir kennen sein Gegenteil, den Mord. Was ist der Mensch? Aber da gebiete ich Ihnen Einhalt, denn das wissen wir. Er ist jene Kraft, die schließlich die Tyrannen und Götter hinwegfegt. Er ist die Kraft der Selbstverständlichkeit. Die Selbstverständlichkeit des Menschseins haben wir zu bewahren, und unsere Gewißheit kommt heute daher, daß sein Schicksal und das unseres Landes miteinander verknüpft sind. Wenn nichts einen Sinn hätte, möchten Sie recht haben. Aber es gibt etwas, das Sinn behält.

Ich kann nicht oft genug wiederholen, daß sich hier unsere Wege trennen. Wir hatten eine Vorstellung von unserem Land, die ihm seinen Platz inmitten anderer Größen, der Freundschaft, des Menschentums, des Glücks, unseres Verlangens nach Gerechtigkeit zuwies. Das führte uns dazu, streng mit ihm zu sein. Aber zum Schluß hatten doch wir recht. Wir haben ihm keine Sklaven gegeben, wir haben seinetwegen keine Konzessionen gemacht. Geduldig haben wir gewartet, bis wir klar sahen, und haben im Elend und im Schmerz die Freude erfahren, gleichzeitig für alles kämpfen zu können, was wir lieben. Ihr dagegen kämpft gegen jenen ganzen Teil des Menschen, der nicht dem Vaterland gehört. Eure Opfer sind ohne Bedeutung, weil eure Größenordnung falsch ist und eure Werte nicht am richtigen Platz stehen. Nicht nur das Herz wird bei euch verraten. Der Geist rächt sich. Ihr habt den Preis, den er fordert, nicht gezahlt, der Klarsicht ihren schweren

Tribut nicht zugebilligt. Vom Grund der Niederlage aus kann ich Ihnen sagen, daß dies euer Verderben ist.

Lassen Sie mich indessen lieber folgende Geschichte erzählen. Irgendwo in Frankreich fährt eines Morgens früh ein von bewaffneten Soldaten bewachter Lastkraftwagen elf Franzosen aus einem Gefängnis, das ich kenne, zum Friedhof, wo sie erschossen werden sollen. Unter den elf befinden sich fünf oder sechs, die nicht von ungefähr dabei sind: eine Flugschrift, ein paar Verabredungen, und – schlimmer als alles andere – die Ablehnung. Sie verharren unbeweglich im Innern des Gefährts, gewiß von Angst erfüllt, doch von einer gewöhnlichen Angst, wenn ich so sagen darf, jener Angst, die jeden Menschen angesichts des Unbekannten befällt, einer Angst, mit der der Mut fertig wird. Die anderen haben nichts verbrochen. Und das Wissen, daß sie irrtümlich oder als Opfer einer gewissen Gleichgültigkeit sterben, macht ihnen diese Stunde schwer. Unter ihnen ein Junge von sechzehn Jahren. Sie kennen das Gesicht unserer Halbwüchsigen, ich will nicht davon sprechen. Dieser hier ist von Angst besessen und überläßt sich ihr, ohne sich zu schämen. Setzen Sie nicht Ihr verächtliches Lächeln auf, er klappert mit den Zähnen. Aber ihr habt ihm einen Geistlichen mitgegeben, dessen Aufgabe es ist, den Männern die entsetzliche Zeit des Wartens zu erleichtern. Ich glaube sagen zu können, daß Männern, die man umbringen wird, ein Gespräch über das zukünftige Leben keine große Hilfe bedeutet. Es ist zu schwer, zu glauben, daß das Massengrab nicht allem ein Ende macht, und so sitzen die Gefangenen stumm auf dem Wagen. Der Geistliche hat sich dem in seinen Winkel verkrochenen Jungen zugewendet. Er wird ihn besser verstehen. Der Junge antwortet, klammert sich an diese Stimme, die Hoffnung kehrt zurück. Im stummen Grauen genügt es zuweilen, daß ein Mensch spricht; vielleicht wird er alles in Ordnung bringen. «Ich habe nichts getan», sagt der Junge. «Ja», antwortet der Geistliche, «aber darum geht es nun nicht mehr. Du mußt dich darauf vorbereiten, tapfer zu sterben.» – «Es ist nicht möglich, daß man mich nicht versteht.» – «Ich bin dein Freund und vielleicht verstehe ich dich. Aber es ist zu spät. Ich werde bei dir sein und der liebe Gott auch. Du wirst schon sehen, es ist ganz leicht.» Der Junge hat sich abgewendet. Der Geistliche spricht von Gott. Glaubt der Junge an ihn? Ja. Dann weiß er also, daß nichts mehr wichtig ist verglichen mit dem Frieden, der auf ihn wartet. Aber gerade dieser Friede jagt dem Jungen Angst ein. «Ich bin dein Freund», wiederholt der Geistliche.

Die anderen schweigen. Man muß sich auch um sie kümmern. Der Pfarrer nähert sich ihrer stummen Gruppe und dreht dem Jungen einen Augenblick den Rücken zu. Der Wagen rollt mit einem leise schmatzenden Geräusch über die taunasse Straße. Stellen Sie sich die graue Stunde vor, den Morgengeruch der Männer, das Land, das man nicht sieht, sondern dank dem Ächzen eines Karrens, dank einem Vogelschrei erahnt. Der Junge schmiegt sich an die Plane, und sie gibt ein bißchen nach. Er entdeckt einen schmalen Durchgang zwischen dem Verdeck und der Karosserie. Er könnte hinausspringen, wenn er wollte. Der andere dreht ihm den Rücken zu, und die Soldaten vorne sind vollauf damit beschäftigt, sich im trüben Morgen zurechtzufinden. Er überlegt nicht, er zieht die Plane weg, schlüpft durch die Öffnung, springt. Kaum hört man, wie seine Füße den Boden berühren, wie eilige Schritte sich entfernen, dann nichts mehr. Die Erde verschluckt das Geräusch seiner Flucht. Doch das Klatschen der Plane, die feuchte Morgenluft, die in den Wagen dringt, veranlassen den Geistlichen und die Verurteilten, sich umzukehren. Eine Sekunde lang mustert der Priester die Männer, die ihn schweigend anschauen. Eine Sekunde, in der der Mann Gottes entscheiden muß, ob er auf seiten der Henker oder seiner Berufung gemäß auf seiten der Märtyrer steht. Aber schon hat er an die Wand geklopft, die ihn von seinen Kameraden trennt. «Achtung!» Er schlägt Alarm. Zwei Soldaten stürzen in den Wagen und halten die Gefangenen in Schach. Zwei andere springen auf die Straße und laufen querfeldein. Ein paar Schritte vom Wagen entfernt steht der Geistliche breitbeinig auf dem Asphalt und versucht, ihnen mit dem Blick durch den leichten Nebel zu folgen. Auf dem Wagen horchen die Männer auf die Geräusche dieser Jagd, vernehmen die unterdrückten Zurufe, einen Schuß, Stille, dann wieder Stimmen, die immer näher kommen, und schließlich dumpfe Schritte. Der Junge wird zurückgebracht. Er ist nicht verletzt, aber von diesem feindlichen Dunst umzingelt, plötzlich mutlos, hat er sich selbst aufgegeben und ist stehengeblieben. Seine Wächter tragen ihn mehr, als daß sie ihn führen. Sie haben ihn ein bißchen geschlagen, nicht heftig. Die Hauptsache steht noch bevor. Er hat keinen Blick, weder für den Geistlichen noch für sonst jemand. Der Priester sitzt nun neben dem Fahrer. Ein bewaffneter Soldat nimmt im Innern seinen Platz ein. In einem Winkel des Wagens geschleudert, sitzt der Junge da, er weint nicht. Er schaut zu, wie zwischen dem Verdeck und dem Fußboden von neuem die Straße sich abrollt, über der der Tag anbricht.

Ich kenne Sie, Sie werden sich den Rest sehr gut ausmalen können. Aber Sie müssen wissen, wer mir diese Geschichte erzählt hat. Es war ein französischer Priester. Er sagte: «Ich schäme mich für jenen Menschen und bin froh, mir sagen zu dürfen, daß kein französischer Priester bereit gewesen wäre, seinen Gott in den Dienst des Mordes zu stellen.» Das stimmt. Aber jener Geistliche dachte wie Sie. Es schien ihm selbstverständlich, auch seinen Glauben dem Dienst seines Landes unterzuordnen. Bei euch sind selbst die Götter mobilisiert. Sie sind auf eurer Seite, wie ihr sagt, aber gezwungenermaßen. Ihr unterscheidet nichts mehr, ihr seid nur noch ein gespannter Bogen. Und jetzt kämpft ihr einzig mit den Hilfsmitteln des blinden Zorns, schenkt den Waffen und den Heldentaten mehr Beachtung als den Ideen, seid hartnäckig darauf bedacht, alles zu verwirren, euer Scheuklappendenken zu verfolgen. Wir dagegen sind vom Geist und seinem Zögern ausgegangen. Dem Zorn gegenüber waren wir nicht stark genug. Aber jetzt ist der Umweg vollendet. Ein toter Junge hat genügt, damit wir dem Geist den Zorn hinzufügten, und von nun an sind wir zwei gegen einen. Ich will Ihnen noch ein Wort über den Zorn sagen.

Denken Sie zurück. Angesichts meines Erstaunens über den plötzlichen Wutausbruch eines Ihrer Vorgesetzten haben Sie mir gesagt: «Auch das ist richtig. Aber Sie verstehen das nicht. Den Franzosen fehlt eine Tugend: der Zorn.» Nein, das ist es nicht, aber wir Franzosen sind heikel, was die Tugenden anbelangt. Wir üben sie nur, wenn es nottut. Das verleiht unserem Zorn die Stummheit und die Kraft, die zu spüren ihr erst anfangt. Und mit dieser Art von Zorn, der einzigen, die ich an mir kenne, will ich zum Schluß mit Ihnen reden.

Denn ich habe es Ihnen schon gesagt: die Gewißheit bedeutet nicht die Fröhlichkeit des Herzens. Wir wissen, was wir bei diesem langen Umweg verloren haben, wir kennen den Preis, mit dem wir die bittere Freude bezahlen, in Einklang mit uns selbst zu kämpfen. Und weil wir ein ausgeprägtes Gefühl haben für das, was nicht wiedergutzumachen ist, enthält unser Kampf ebenso viel Bitterkeit wie Zuversicht. Der Krieg befriedigte uns nicht. Unsere Gründe waren nicht reif. Den Krieg ohne Uniform, den hartnäckigen, kollektiven Kampf, das wortlose Opfer hat unser Volk gewählt. Das ist der Krieg, den es sich selber gegeben und nicht von stumpfsinnigen oder feigen Regierungen empfangen hat, der Krieg, in dem es sich wiederfindet und in dem es für eine bestimmte Vorstellung kämpft, die es von sich selber hegt. Aber dieser Luxus kommt es entsetzlich teuer zu stehen. Auch hier wieder hat unser Volk ein größeres Verdienst als das Ihre. Denn seine besten Söhne sind es, die fallen. Dieser Gedanke peinigt mich am meisten. Der Krieg ist ein Hohn, der zugleich die Vorteile des Hohns in sich birgt. Der Tod schlägt überall und aufs Geratewohl zu. Im Krieg, den wir führen, macht der Mutige sich selber zur Zielscheibe, und die ihr jeden Tag erschießt, verkörpern unseren reinsten Geist. Denn eure Naivität entbehrt nicht eines ahnungsvollen Zugs. Ihr habt nie gewußt, was es zu wählen galt, aber ihr wißt, was zerstört werden muß. Und wir, die wir uns Verteidiger des Geistes nennen, wir wissen doch, daß der Geist sterben kann, wenn die ihn zerschmetternde Kraft stark genug ist. Aber wir vertrauen auf eine andere Kraft. In den schweigenden, schon von dieser Welt abgewandten Gestalten, die ihr mit Kugeln durchlöchert, glaubt ihr das Gesicht unserer Wahrheit zu entstellen. Aber ihr rechnet nicht mit der Hartnäckigkeit, die Frankreich dazu treibt, im Verein mit der Zeit zu kämpfen. Eine verzweiflungsvolle Hoffnung hält uns in den schweren Stunden aufrecht: unsere Kameraden werden ausdauernder sein als die Henker und zahlreicher als die Kugeln. Sie sehen, die Franzosen sind des Zornes fähig.

Dezember 1943

DRITTER BRIEF

Ich habe zu Ihnen bisher von meinem Land gesprochen, und vielleicht hatten Sie zu Beginn den Eindruck, meine Sprache habe sich geändert. Dem ist in Wirklichkeit nicht so. Nur geben wir den gleichen Worten nicht den gleichen Sinn; wir sprechen nicht mehr die gleiche Sprache.

Die Worte nehmen immer die Farbe der Handlungen oder der

Opfer an, zu denen sie Anlaß geben. Und bei euch gewinnt das Wort Vaterland einen blutigen, blinden Widerschein, der es mir auf immer entfremdet, während wir das gleiche Wort mit der Flamme einer Erkenntnis begaben, wo der Mut größere Kraft erfordert, wo aber der Mensch sein Menschsein ganz erfüllt. Sie werden schließlich begreifen, daß meine Sprache sich wirklich nicht geändert hat. Sie war schon vor 1939, was sie auch heute noch ist.

Das Bekenntnis, das ich Ihnen ablegen will, wird es Ihnen zweifellos am besten beweisen. Während dieser ganzen Zeit, da wir hartnäckig und schweigend nur unserem Land dienten, haben wir eine Idee und eine Hoffnung nie aus den Augen verloren, sie stets in uns lebendig erhalten: Europa. Allerdings haben wir seit fünf Jahren nicht mehr davon gesprochen. Und zwar weil ihr zuviel Geschrei darum machtet. Auch hier sprachen wir nicht die gleiche Sprache; unser Europa ist nicht das eure.

Aber bevor ich Ihnen sage, was es ist, will ich Ihnen zumindest versichern, daß sich unter unseren Gründen, euch zu bekämpfen (und euch zu besiegen), vielleicht kein tieferer befindet als unser Bewußtsein, nicht nur in unserem Land verstümmelt, in unserem lebendigsten Fleisch getroffen, sondern auch unserer schönsten Bilder beraubt worden zu sein, da ihr sie der Welt in einem hassenswerten und lächerlichen Zerrspiegel vorgeführt habt. Am unerträglichsten ist es, das entstellt zu sehen, was man liebt. Und um diesem Begriff von Europa, den ihr den Besten unter uns gestohlen und mit dem euch genehmen empörenden Sinn erfüllt habt, seine Frische und seine Wirksamkeit in uns zu erhalten, bedürfen wir der ganzen Kraft der besonnenen Liebe. So gibt es ein Adjektiv, das wir nicht mehr gebrauchen, seitdem ihr die Armee der Knechtschaft europäisch nennt, aber wir tun es, um eifersüchtig den Sinn rein zu erhalten, den es weiterhin für uns besitzt und den ich Ihnen auseinandersetzen will.

Ihr sprecht von Europa, aber der Unterschied besteht darin, daß für euch Europa ein Besitz ist, während wir uns von ihm abhängig fühlen. Ihr habt erst von dem Tag an so von Europa gesprochen, an dem ihr Afrika verloren hattet. Das ist nicht die richtige Art zu lieben. Der Boden, auf dem so viele Jahrhunderte ihre Zeugnisse hinterlassen haben, ist für euch nur ein Zwangsaufenthalt, während er für uns immer unsere schönste Hoffnung darstellte. Eure zu plötzliche Leidenschaft setzt sich aus enttäuschter Wut und

Notwendigkeit zusammen. Dieses Gefühl gereicht niemand zur Ehre, und vielleicht verstehen Sie nun, warum kein Europäer, der dieses Namens würdig ist, etwas davon wissen will.

Ihr sagt Europa, aber ihr meint soldatenreiches Land, Getreidespeicher, dienstbare Industrien, gelenkten Geist. Gehe ich zu weit? Zumindest weiß ich dies eine: wenn ihr von Europa sprecht – selbst wenn ihr es am aufrichtigsten meint und euch von euren eigenen Lügen mitreißen laßt –, könnt ihr nicht umhin, an eine Schar gefügiger Nationen zu denken, die von einem Deutschland der Herren einer großartigen und blutigen Zukunft entgegengeführt werden. Ich möchte, daß Ihnen dieser Unterschied ganz deutlich wird: für euch ist Europa jener von Meeren und Bergen umgürtete, von Stauwehren durchzogene, von Bergwerken unterhöhlte, von Ernten strotzende Raum, in dem Deutschland eine Partie spielt, deren einziger Einsatz sein eigenes Schicksal ist. Für uns jedoch ist Europa jener Boden, auf dem sich seit zwanzig Jahrhunderten das erstaunlichste Abenteuer des menschlichen Geistes abspielt. Es ist jene einzigartige Arena, in der der Kampf des abendländischen Menschen gegen die Welt, gegen die Götter, gegen sich selber, heute den Höhepunkt seines wilden Wogens erreicht. Sie sehen, die beiden Auffassungen lassen sich nicht miteinander vergleichen.

Fürchten Sie nicht, daß ich die Themen einer alten Propaganda wieder gegen Sie ins Feld führe: ich berufe mich nicht auf die christliche Tradition. Das ist ein anderes Problem. Auch davon habt ihr zuviel geredet und euch dabei als Roms Verteidiger aufgespielt; ihr habt euch nicht gescheut, für Christus eine Werbetrommel zu rühren, die ihm seit dem Tag, da er den Judaskuß empfing, nicht mehr neu ist. Aber die christliche Tradition ist nur eine unter den Traditionen, die Europa geschaffen haben, und ich bin nicht befugt, sie euch gegenüber in Schutz zu nehmen. Dazu brauchte es die Veranlagung und die Neigung eines Gott hingegebenen Herzens. Sie wissen, daß dies bei mir nicht der Fall ist. Aber wenn ich mir erlaube, zu denken, daß mein Land im Namen Europas spricht und daß wir mit dem einen gleichzeitig auch das andere verteidigen, dann stehe auch ich in meiner Tradition, einer, die sowohl ein paar großen Individuen als auch einem unerschöpflichen Volk eigen ist. Meine Tradition hat zwei Häupter, den Geist und den Mut, sie hat ihre Geistesfürsten und ihr zahlloses Fußvolk. Beurteilen Sie nun selber, ob dieses Europa, dessen Grenzen vom Genie einiger weniger und vom Wesenskern all seiner Völker umrissen werden, sich von jenem farbigen Klecks unterscheidet, den ihr euch auf provisorischen Karten angeeignet habt.

Erinnern Sie sich: als Sie sich einmal über meine Empörung lustig machen wollten, sagten Sie: «Don Quichotte ist nicht stark genug, wenn Faust ihn besiegen will.» Darauf habe ich Ihnen erwidert, daß weder Faust noch Don Quichotte dazu geschaffen seien, einander zu besiegen, und daß die Kunst nicht dazu da sei, Böses in die Welt zu bringen. Sie liebten damals übertriebene Vergleiche und sagten weiter, man müsse wählen zwischen Hamlet und Siegfried. Zu jener Zeit wollte ich nicht wählen, und vor allem schien mir, das Abendland sei ausschließlich in diesem Gleichgewicht zwischen Kraft und Erkenntnis angesiedelt. Sie jedoch machten sich nichts aus Erkenntnis, Sie sprachen einzig von Macht. Heute sehe ich in mir selber klarer und weiß, daß auch Faust Ihnen nichts nützen wird. Denn wir haben uns in der Tat mit dem Gedanken abgefunden, daß in gewissen Fällen eine Wahl nötig ist. Aber unsere Entscheidung wäre nicht bedeutsamer als die eure, wenn sie nicht im Bewußtsein getroffen worden wäre, daß sie unmenschlich ist und daß die geistigen Werte ein unteilbares Ganzes bilden. Wir werden es später verstehen, zu einen, und das habt ihr nie verstanden. Sie sehen, ich komme immer wieder auf den gleichen Gedanken zurück: wir haben einen weiten Weg hinter uns. Aber wir haben diese Idee teuer genug bezahlt, um das Recht zu besitzen, sie nicht aufzugeben. Aus diesem Grunde sage ich, daß euer Europa nicht das richtige ist. Es hat nichts, das einen oder begeistern könnte. Das unsere ist ein gemeinsames Abenteuer, in dem der Geist weht, und das wir euch zum Trotz fortführen werden.

Ich habe nicht viel hinzuzufügen. Manchmal geschieht es, daß ich in jenen kurzen Ruhepausen, die die langen Stunden des gemeinsamen Kampfes uns vergönnen, unvermittelt an all die Orte in Europa denken muß, die ich gut kenne. Es ist ein herrliches, aus Leid und Geschichte geschaffenes Land. Ich gehe wieder auf die Pilgerfahrten, die ich mit allen abendländischen Menschen unternommen habe: die Rosen in den Kreuzgängen von Florenz, die goldenen Zwiebeldächer von Krakau, der Hradschin mit seinen toten Palästen, die barocken Statuen auf der Karlsbrücke über der Moldau, die lieblichen Gärten von Salzburg. All die Blumen und die Steine, die Hügel und die Landschaften, in denen die Zeit der

Menschen und die Zeit der Welt die alten Bäume mit den Bauwerken haben verwachsen lassen! Mein Gedächtnis hat die übereinandergelagerten Bilder verschmolzen, um ein einziges Antlitz daraus zu machen, das meiner großen Heimat. Und mein Herz schnürt sich zusammen, wenn ich dann denke, daß seit Jahren auf dieses kraftvolle und gequälte Gesicht euer Schatten fällt. Und doch haben Sie und ich ein paar dieser Orte gemeinsam besucht. Damals ahnte ich nicht, daß wir sie eines Tages von euch befreien müßten. Und in gewissen Augenblicken der Wut und der Verzweiflung bedaure ich, daß im Kreuzgang von San Marco die Rosen weiterhin blühen, daß die Tauben sich in Schwärmen vom Salzburger Dom lösen und daß auf den kleinen schlesischen Friedhöfen die Geranien unermüdlich ihre roten Blüten treiben.

Aber in anderen Augenblicken, den einzig wahren, freue ich mich darüber. Denn all diese Landschaften, diese Bäume und diese Ackerfurchen, der älteste Erdboden, beweisen euch jedes Frühjahr, daß es Dinge gibt, die ihr nicht im Blut ersticken könnt. Mit diesem Bild kann ich aufhören. Es würde mir nicht genügen, zu denken, daß alle großen Toten des Abendlandes und dreißig Völker auf unserer Seite stehen: ich könnte der Erde nicht entbehren. Und so weiß ich, daß alles in Europa, Landschaft und Geist, euch in aller Ruhe, ohne wirren Haß, mit der bedächtigen Kraft des Siegers ablehnt. Die Waffen, über die der europäische Geist gegen euch verfügt, sind die gleichen, die auch diese unaufhörlich in Ernten und Blüten wiedergeborene Erde besitzt. Der Kampf, den wir führen, ist des Sieges gewiß, weil ihm die Hartnäckigkeit des Frühlings eignet.

Und schließlich weiß ich auch, daß mit eurer Niederlage nicht alles getan ist. Europa muß dann erst geschaffen werden. Es muß immer geschaffen werden. Aber zumindest wird es noch Europa sein, das heißt das, was ich Ihnen eben beschrieben habe. Nichts wird verloren sein. Stellen Sie sich doch vor, was wir jetzt sind, unserer Gründe gewiß, unser Land liebend, von ganz Europa mitgerissen und im wahren Gleichgewicht zwischen dem Opfer und dem Verlangen nach Glück, zwischen dem Geist und dem Schwert. Ich sage es Ihnen noch einmal, weil ich es Ihnen sagen muß, ich sage es Ihnen, weil es die Wahrheit ist und die Wahrheit Ihnen den Weg klarmachen wird, den mein Land und ich seit der Zeit unserer Freundschaft zurückgelegt haben: von nun an erfüllt uns eine Überlegenheit, die euch vernichten wird.

April 1944

VIERTER BRIEF

«Der Mensch ist vergänglich. Das mag sein;
aber wir wollen widerstrebend vergehen
und dem Nichts, wenn es unser wirklich wartet,
keinen Anschein von Gerechtigkeit geben!»
Senancour: Obermann, 90. Brief

Nun naht die Zeit Ihrer Niederlage. Ich schreibe Ihnen aus einer Stadt, die berühmt ist auf der ganzen Welt und die sich gegen euch zu einem Morgen der Freiheit rüstet. Sie weiß, daß das nicht leicht ist und daß sie zuvor durch eine noch dunklere Nacht schreiten muß, als jene war, die vor vier Jahren mit eurem Kommen begann. Ich schreibe Ihnen aus einer Stadt, der es an allem mangelt, an Licht und Feuer, einer ausgehungerten, aber immer noch nicht besiegten Stadt. Bald wird sich hier ein Wind erheben, von dem Sie noch keine Ahnung haben. Wenn wir Glück hätten, würden wir uns dann begegnen und könnten uns als Wissende bekämpfen. Ich habe einen klaren Begriff von Ihren Gründen, und Sie können sich die meinen gut vorstellen.

Diese Julinächte sind gleichzeitig leicht und schwer. Leicht über der Seine und in den Bäumen, schwer im Herzen der Menschen, die auf das einzige Morgengrauen warten, nach dem sie fortan verlangen. Ich warte und ich denke an Sie: noch etwas, ein Letztes, muß ich Ihnen sagen. Ich will Ihnen sagen, wie es möglich ist, daß wir so ähnlich waren und heute Feinde sind, wie ich an Ihrer Seite hätte stehen können und warum jetzt alles aus ist zwischen uns.

Lange Zeit haben wir gemeinsam geglaubt, diese Welt habe keinen tieferen Sinn und wir seien um etwas betrogen. In gewisser Hinsicht glaube ich es heute noch. Aber ich habe andere Schlüsse daraus gezogen als jene, von denen Sie mir damals sprachen und denen Sie seit so vielen Jahren geschichtliche Wirklichkeit zu verleihen suchen. Ich sage mir heute, daß ich Ihnen in Ihrem Tun recht geben müßte, wenn ich mich wirklich von Ihren Gedankengängen hätte überzeugen lassen. Und das ist so schwerwiegend, daß ich mich damit befassen muß, im Herzen dieser Sommernacht, die so trächtig ist an Verheißungen für uns und Drohungen für Sie.

Sie haben nie an den Sinn dieser Welt geglaubt und sind dabei zum Schluß gekommen, daß alles gleichwertig sei und Gut und Böse nach Belieben definiert werden könnten. Sie haben angenommen, daß es angesichts des Fehlens aller menschlichen oder göttlichen Moral einzig die Werte gebe, die im Tierreich herrschen, nämlich Gewalt und List. Daraus haben Sie geschlossen, daß der Mensch nichts sei und man seine Seele töten könne, daß in unserer höchst sinnlosen Geschichte die Aufgabe eines Individuums nur im Erlebnis der Macht bestehen könne und seine Moral nur im Realismus der Eroberung. Und in Tat und Wahrheit sah ich, der ich gleich zu denken wähnte wie Sie, kaum ein Argument, das Ihnen widersprochen hätte, außer einem heftigen Bedürfnis nach Gerechtigkeit, das mir schließlich ebenso unvernünftig vorkam wie irgendeine plötzliche Leidenschaft.

Wo lag der Unterschied? Sie fanden sich leichten Sinnes damit ab zu verzweifeln, während ich nie dazu bereit war. Sie waren so überzeugt von der Ungerechtigkeit unseres Seins, daß Sie sich entschlossen, dazu beizutragen, während mir im Gegenteil schien, der Mensch müsse auf Gerechtigkeit pochen, um gegen die ewige Ungerechtigkeit zu kämpfen, Glück schaffen, um sich gegen die Welt des Unglücks aufzulehnen. Weil Sie aus Ihrer Verzweiflung einen Rausch gemacht haben, weil Sie sich davon befreiten, indem Sie sie zum Prinzip erhoben, haben Sie eingewilligt, die Werke des Menschen zu zerstören und gegen ihn zu kämpfen, um das Elend seines Daseins zu vollenden. Ich dagegen lehnte diese Verzweiflung und diese gequälte Welt ab und begehrte nur, daß die Menschen ihre Solidarität wiederfinden, um den Kampf gegen ihr empörendes Schicksal aufzunehmen.

Sie sehen, wir haben aus dem gleichen Grundsatz zwei verschiedene Lehren gezogen. Denn unterwegs haben Sie die Klarsicht aufgegeben und es praktischer (Sie hätten gesagt, gleichgültig) gefunden, daß ein anderer für Sie und für Millionen Deutsche denkt. Weil Sie es müde waren, gegen den Himmel zu kämpfen, haben Sie in diesem aufreibenden Abenteuer Ruhe gesucht, bei dem Ihre Aufgabe darin besteht, die Seelen zu verstümmeln und die Erde zu vernichten. Mit einem Wort: Sie haben sich für die Ungerechtigkeit entschieden. Sie haben sich auf die Seite der Götter geschlagen. Ihre Logik war ein Trug.

Ich jedoch habe mich für die Gerechtigkeit entschieden, um der Erde treu zu bleiben. Ich glaube weiterhin, daß unserer Welt kein tieferer Sinn innewohnt. Aber ich weiß, daß etwas in ihr Sinn hat, und das ist der Mensch, denn er ist das einzige Wesen, das Sinn fordert. Diese Welt besitzt zumindest die Wahrheit des Menschen, und unsere Aufgabe besteht darin, ihm seine Gründe gegen das Schicksal in die Hand zu geben. Und die Welt hat keine anderen Seinsgründe als den Menschen, und ihn muß man retten, wenn man die Vorstellung retten will, die man sich vom Leben macht. Ihr abschätziges Lächeln wird sagen: was heißt das, den Menschen retten? Ich aber schreie es Ihnen mit jeder Faser meines Wesens zu: es heißt, ihn nicht verstümmeln, und es heißt, der Gerechtigkeit, die er als einziger sich vorzustellen vermag, ihre Chance gewähren.

Darum befinden wir uns im Kampf. Darum mußten wir Ihnen zuerst auf einen Weg folgen, von dem wir nichts wissen wollten und an dessen Ende wir schließlich die Niederlage erfuhren. Denn Ihre Verzweiflung macht Ihre Stärke aus. Vom Augenblick an, da nur noch die Verzweiflung übrigbleibt, rein und unbarmherzig in ihren Schlußfolgerungen, besitzt sie eine gnadenlose Macht. Sie hat uns zerschmettert, als wir zögerten und mit einem Auge noch auf Bilder des Glücks blickten. Wir glaubten, das Glück sei die höchste aller Eroberungen, die man dem uns aufgezwungenen Schicksal abringt. Selbst in der Niederlage ließ diese Sehnsucht uns nicht los.

Aber ihr habt das Nötige getan, und wir sind in die Geschichte eingetreten. Und fünf Jahre lang war es nicht mehr möglich, sich in der Abendkühle am Gesang der Vögel zu freuen. Es mußte mit Gewalt verzweifelt werden. Wir waren von der Welt getrennt, denn an jeden Augenblick der Welt heftete sich ein ganzer Schwarm tödlicher Bilder. Seit fünf Jahren gibt es auf dieser Erde keinen Morgen ohne Todeskampf, keinen Abend ohne Kerker, keinen Mittag ohne Gemetzel. Ja, wir waren gezwungen, euch zu folgen. Aber unsere schwer zu vollbringende Heldentat bestand darin, euch in den Krieg zu folgen, ohne das Glück zu vergessen. Und durch das Getümmel und die Gewalt hindurch versuchten wir, die Erinnerung an ein glückhaftes Meer, einen nie vergessenen Hügel, das Lächeln eines geliebten Gesichts im Herzen zu bewahren. Gleichzeitig war dies unsere stärkste Waffe, die Waffe, die wir nie niederlegen werden. Denn an dem Tag, da wir sie aufgäben, wären wir ebenso tot wie ihr. Nur wissen wir jetzt, daß es viel Zeit und zu viel Blut braucht, um die Waffen des Glücks zu schmieden.

Wir mußten auf eure Philosophie eingehen, einwilligen, euch ein wenig ähnlich zu werden. Ihr hattet das ziellose Heldentum gewählt, denn es ist der einzige Wert, der einer ihres Sinnes verlustigen Welt verbleibt. Und indem ihr es für euch wähltet, wähltet ihr es für alle und auch für uns. Wir waren gezwungen, euch nachzuahmen, um nicht zu sterben. Aber da merkten wir, daß unsere Überlegenheit euch gegenüber darin bestand, daß wir ein Ziel hatten. Jetzt, da das Ende naht, können wir euch sagen, was wir gelernt haben: daß nämlich Heldentum etwas Geringes ist und Glück ein größeres Bemühen erfordert.

Jetzt muß Ihnen alles klar sein; Sie wissen, daß wir Feinde sind. Sie sind der Mann der Ungerechtigkeit, und es gibt nichts auf der Welt, das mein Herz mehr verabscheute. Aber jetzt ist mir klar bewußt, was früher nur ein blindes Gefühl war. Ich bekämpfe Sie, weil Ihre Logik ebenso verbrecherisch ist wie Ihr Herz. Und an dem Grauen, mit dem ihr uns vier Jahre lang überschwemmt habt, hat Ihre Vernunft ebensoviel Anteil wie Ihr Instinkt. Darum verurteile ich euch restlos, in meinen Augen seid ihr schon tot. Aber während ich euer entsetzliches Benehmen richte, werde ich daran denken, daß ihr und wir von der gleichen Einsamkeit ausgegangen sind, daß ihr und wir und ganz Europa die gleiche Tragödie des Geistes erleben. Und euch zum Trotz werde ich euch den Namen Mensch nicht absprechen. Wenn wir unserem Glauben treu sein wollen, sind wir gezwungen, das in euch zu achten, was ihr bei den anderen nicht achtet. Lange Zeit war das ein gewaltiger Vorteil für euch, da euch das Töten leichterfällt als uns. Und bis ans Ende der Zeiten wird das der Vorteil all derer sein, die euch gleichen. Aber bis ans Ende der Zeiten werden wir, die wir euch nicht gleichen, Zeugnis abzulegen haben, damit der Mensch über seine schlimmsten Irrtümer hinweg seine Rechtfertigung und seinen Adel der Unschuld erlangt.

Darum kann ich Ihnen am Ende dieses Kampfes von der Stadt aus, die ein Höllengesicht bekommen hat, trotz aller den Unseren zugefügten Foltern, trotz unserer entstellten Toten und unserer Dörfer voll Waisen sagen, daß wir selbst im Augenblick, da wir euch mitleidlos vernichten werden, keinen Haß gegen euch empfinden. Und sogar wenn wir morgen wie so viele andere sterben müßten, würden wir keinen Haß empfinden. Wir können nicht gewährleisten, daß wir keine Angst hätten, wir würden nur versuchen, uns zu beherrschen. Aber wir können gewährleisten, nichts zu hassen. Mit dem einzigen auf Erden, das ich heute hassen könnte, sind wir im reinen, ich wiederhole es; wir wollen euch in eurer Macht vernichten, ohne eure Seele zu verstümmeln.

Sie sehen, daß Sie uns gegenüber auch jetzt noch Ihren Vorteil bewahren. Aber er macht gleichzeitig unsere Überlegenheit aus. Und sie bewirkt, daß mir diese Nacht nun leicht wird. Unsere Stärke besteht darin, daß wir über das Wesen der Welt denken wie Sie, daß wir nichts ablehnen von der Tragödie des Menschen, die uns eigen ist, daß wir aber gleichzeitig am Ende dieser Katastrophe des Geistes die Idee des Menschen gerettet haben und daraus den unermüdlichen Mut zur Neugeburt schöpfen. Gewiß wird die Anklage, die wir gegen die Welt erheben, dadurch nicht geringer. Wir haben dieses neue Wissen zu teuer bezahlt, als daß unser Dasein uns nicht mehr verzweifelt erschiene. Hunderttausend im Morgengrauen ermordete Menschen, die entsetzlichen Gefängnismauern, ein Europa, dessen Erde von Millionen Leichen seiner Kinder dampft, das alles war nötig, um den Erwerb von zwei oder drei Nuancen zu bezahlen, die vielleicht keinen anderen Nutzen haben werden, als ein paar wenigen unter uns zu einem sinnvolleren Tod zu verhelfen. Ja, das kann einen wohl zur Verzweiflung treiben. Aber wir müssen beweisen, daß wir so viel Ungerechtigkeit nicht verdienen. Das ist die Aufgabe, die wir uns vorgenommen haben, und sie beginnt morgen. In dieser europäischen, vom Hauch des Sommers durchwehten Nacht rüsten sich Millionen bewaffneter und wehrloser Menschen zum Kampf. Der Tag bricht an, da ihr endlich besiegt seid. Ich weiß, daß der Himmel, der eure furchtbaren Siege voll Gleichgültigkeit betrachtete, eure gerechte Niederlage ebenfalls gleichgültig hinnehmen wird. Auch heute erwarte ich nichts von ihm. Aber wir werden zumindest dazu beigetragen haben, die Kreatur vor der Einsamkeit zu retten, in die ihr sie verweisen wolltet. Weil ihr diese Treue zum Menschen verachtet habt, werdet nun ihr zu Tausenden einsam sterben. Jetzt kann ich Ihnen Lebewohl sagen.

Juli 1944

Die Befreiung von Paris

DAS BLUT DER FREIHEIT

Paris feuert aus all seinen Waffen in die Augustnacht. In der gewaltigen Landschaft aus Stein und Wasser, rings um den geschichtsbeladenen Strom, erheben sich wiederum die Barrikaden der Freiheit. Wiederum muß die Gerechtigkeit mit dem Blut der Menschen erkauft werden.

Wir kennen diesen Kampf zu gut, wir sind zu sehr mit Leib und Seele daran beteiligt, um diese Bedingung ohne Bitterkeit hinzunehmen. Aber wir kennen auch seinen Einsatz und seine Wahrheit zu gut, um das schwere Schicksal abzulehnen, das wir wohl oder übel allein tragen müssen.

Die Zeit wird bezeugen, daß Frankreichs Männer nicht töten wollten und daß sie mit reinen Händen in einen Krieg getreten sind, den sie nicht gewollt hatten. Wie überwältigend müssen also ihre Gründe sein, damit sie plötzlich das Gewehr in die Faust nehmen und ohne Unterlaß in der Dunkelheit auf die Soldaten schießen, die zwei Jahre lang geglaubt haben, der Krieg sei ein Kinderspiel!

Ja, ihre Gründe sind überwältigend, weit gespannt wie die Hoffnung und tiefgründig wie die Revolte. Es sind die Gründe, die einem so lange Zeit zu einem trüben Wiederkauen seiner Vergangenheit angehaltenen Land die Zukunft möglich machen. Paris kämpft heute, damit Frankreich morgen die Stimme erheben kann. Das Volk steht heute abend in Waffen, weil es für morgen eine Gerechtigkeit erwartet. Es gibt Leute, die erklären, das lohne sich nicht und mit ein bißchen Geduld werde Paris ohne großen Aufwand befreit. Sie sagen das, weil sie verworren fühlen, wie viele Dinge durch diesen Aufstand bedroht werden, die bestehen blieben, wenn alles anders verliefe.

Im Gegenteil, und dies muß ganz klar sein: niemand darf denken, daß eine in solchen Krämpfen eroberte Freiheit das geruhsame, zahme Gesicht haben wird, von dem gewisse Leute gerne träumen. In diesen furchtbaren Wehen wird eine Revolution geboren.

Man kann nicht hoffen, daß Menschen, die vier Jahre lang im Schweigen und tagelang im Gedröhn des Himmels und der Gewehre gekämpft haben, bereit sind, die Mächte der Abdankung und der Ungerechtigkeit in irgendeiner Gestalt zurückkehren zu sehen. Man kann nicht erwarten, daß sie, die Besten, bereit sind, zu wiederholen, was die Besten und die Reinen fünfundzwanzig Jahre lang getan haben, nämlich ihre Heimat schweigend zu lieben und ihre Führer schweigend zu verachten. Das Paris, das heute abend kämpft, will morgen befehlen. Nicht um der Macht, sondern um der Gerechtigkeit willen, nicht um der Politik, sondern um der Moral willen, nicht um der Herrschaft über das Land, sondern um seiner Größe willen.

Wir sind überzeugt, nicht daß dies geschehen wird, sondern daß es heute geschieht, im Leiden und in der Hartnäckigkeit des Kampfes. Und darum gilt es, über das Leid der Menschen hinweg, trotz des Blutes und des Zorns, trotz der unersetzlichen Toten, der ungerechten Wunden und der blinden Kugeln, nicht Worte des Bedauerns zu sprechen, sondern Worte der Hoffnung, der schrecklichen Hoffnung von Menschen, die ihrem Schicksal allein gegenüberstehen.

Das riesige, schwarze, heiße Paris im doppelten Gewitter am Himmel und in den Straßen scheint uns schließlich heller erleuchtet als jene *Ville Lumière*, um die uns die ganze Welt beneidete. Es gleißt in allen Feuern der Hoffnung und des Schmerzes, es lodert in hellsichtigem Mut und erstrahlt im Glanz nicht nur der Befreiung, sondern der nahen Freiheit.

DIE NACHT DER WAHRHEIT

Während die Kugeln der Freiheit noch durch die Stadt schwirren, ziehen, von Geschrei und Blumen begrüßt, die Kanonen der Befreiung durch die Tore von Paris. In der schönsten und heißesten aller Augustnächte gesellt der Pariser Himmel den ewigen Sternen die Leuchtspurgeschosse hinzu, den Rauch der Feuersbrünste und die bunten Raketen der Volksfreude. In dieser unvergleichlichen Nacht gehen vier Jahre einer ungeheuerlichen Geschichte und eines unsagbaren Kampfes zu Ende, in dem Frankreich mit seiner Schande und seiner Wut fertig werden mußte.

Die Menschen, die nie an sich oder ihrem Land verzweifelten, finden ihren Lohn unter diesem Himmel. Denn diese Nacht ist eine ganze Welt wert – es ist die Nacht der Wahrheit. Der bewaffneten, kämpfenden Wahrheit, der starken Wahrheit, die so lange mit leeren Händen und entblößter Brust dagestanden hat. Überall ist sie in dieser Nacht gegenwärtig, da das Volk und die Kanonen gleichzeitig grollen. Ist sie doch die Stimme dieses Volkes und dieser Kanonen; sie trägt die triumphierenden und erschöpften Züge der Straßenkämpfer mit ihren Narben und ihrem Schweiß. Ja, es ist in der Tat die Nacht der Wahrheit, der einzigen Wahrheit, die Gültigkeit besitzt: jener, die bereit ist, zu kämpfen und zu siegen.

Vor vier Jahren sind inmitten der Trümmer und der Verzweiflung Männer aufgestanden und haben voll Ruhe versichert, daß nichts verloren sei. Sie haben gesagt, es müsse weitergemacht werden und die Kräfte des Guten könnten immer über die Kräfte des Bösen siegen, wenn man den Preis zu zahlen gewillt sei. Sie haben den Preis gezahlt. Und zweifellos war er hoch, er besaß das ganze Gewicht des Blutes, die entsetzliche Last der Gefängnisse. Viele dieser Menschen sind tot, andere leben seit Jahren hinter blinden Mauern. Das war der Preis, der gezahlt werden mußte. Aber wenn diese gleichen Menschen sprechen könnten, würden sie uns keinen Vorwurf machen ob der schrecklichen und wunderbaren Freude, die uns überflutet.

Denn diese Freude ist ihnen nicht untreu. Im Gegenteil, sie rechtfertigt sie und verkündet, daß sie recht gehabt haben. Vier Jahre lang im gleichen Leiden vereint, sind wir auch in dieser Trunkenheit nicht getrennt, denn wir sind eins geworden. Und voll Erstaunen erkennen wir in dieser erschütternden Nacht, daß wir vier Jahre lang nie allein gewesen sind. Wir haben die Jahre der Brüderlichkeit erlebt.

Noch stehen uns harte Kämpfe bevor. Aber auf die zerfetzte Erde, in die von Hoffnungen und Erinnerungen gemarterten Herzen wird wieder Friede einkehren. Man kann nicht ständig von Mord und Gewalttat leben. Die Zeit wird kommen, da Glück und Zärtlichkeit wieder recht und billig sind. Und das Antlitz unserer von den Kugeln entstellten Gefährten, die gewaltige, mannhafte Brüderlichkeit dieser Jahre wird einige unter uns nicht mehr loslassen. Mögen unsere toten Kameraden den Frieden, den uns die keuchende Nacht verspricht und den sie schon errungen haben, für sich behalten. Unser Kampf wird der ihre sein.

Nichts wird den Menschen geschenkt, und das Wenige, das sie erobern können, muß mit ungerechtem Sterben bezahlt werden. Aber nicht darin liegt die Größe des Menschen. Sondern in seinem Willen, stärker zu sein als die conditio humana. Und wenn die conditio humana ungerecht ist, hat er nur eine Möglichkeit, sie zu überwinden: indem er selber gerecht ist. Die Wahrheit des heutigen Abends, die Wahrheit, die an diesem Augusthimmel steht, bedeutet eben gerade den Trost des Menschen. Und es bringt unserm Herzen Frieden, wie es dem unserer gefallenen Kameraden Frieden brachte, angesichts des wiedererlangten Sieges ohne Rachegeist noch Groll sagen zu können: «Wir haben das Richtige getan.»

René Leynaud

RENÉ LEYNAUD

Es fiel uns gestern schwer, von René Leynaud zu sprechen. Die Leser, denen ihre Zeitung kurz meldete, ein Journalist und Widerstandskämpfer dieses Namens sei von den Deutschen erschossen worden, haben diese Nachricht wohl nur zerstreut zur Kenntnis genommen, während sie uns mit Schrecken, mit Grauen erfüllte. Und doch müssen wir von ihm sprechen. Wir müssen es, damit die Erinnerung an den Widerstand wach bleibe, nicht in einem Volk, das Gefahr läuft, vergeßlich zu werden, sondern wenigstens in ein paar Herzen, denen menschliche Größe etwas bedeutet.

In den ersten Monaten schon war er der Résistance beigetreten. Alles, was sein sittliches Leben ausmachte, das Christentum und die Ehrfurcht vor dem gegebenen Wort, trieb ihn dazu, in dieser Schlacht zwischen Schatten schweigend seinen Platz einzunehmen. Er hatte den Decknamen gewählt, der seinem reinen Wesen entsprach: für alle seine Kameraden der Gruppe ‹Combat› hieß er Clair.

Er hatte alles Persönliche abgelegt außer seiner Schamhaftigkeit und seiner Liebe zur Dichtung. Er hatte Gedichte geschrieben, die nur zwei oder drei unter uns kannten. Sie waren wie er: durchsichtig. Aber im Kampf eines jeden Tages hatte er das Schreiben aufgegeben und begnügte sich damit, die verschiedenartigsten Gedichtbände zu kaufen, um sie nach dem Krieg lesen zu können. In allem übrigen teilte er unsere Überzeugung, daß eine bestimmte Sprache und eine beharrliche Redlichkeit unserem Land das unvergleichliche Antlitz wiederschenken würden, das wir erhofften. Seit Monaten war sein Platz an dieser Zeitung für ihn bereit, und mit der ganzen Hartnäckigkeit der Freundschaft und der Zuneigung weigerten wir uns, an seinen Tod zu glauben. Heute ist dies nicht mehr möglich.

Jene Sprache, die gesprochen werden muß, wird nicht mehr aus seinem Munde kommen. Die sinnlose Tragik des Widerstands wird in diesem grausamen Unglück völlig offenbar. Denn Männer wie Leynaud hatten sich in den Kampf gestürzt, weil sie überzeugt waren, daß kein Mensch das Wort ergreifen dürfe, ohne zuerst sein Leben einzusetzen. Unglücklicherweise besaß der Krieg ohne Uniform nicht jene furchtbare Gerechtigkeit des Krieges schlechthin. Die blinden Kugeln an der Front treffen den Besten so gut wie den Schlechtesten. Aber in den vergangenen vier Jahren haben die Besten sich selbst bezeichnet und sind gefallen, haben die Besten das Recht erworben zu sprechen – und die Möglichkeit dazu verloren.

Der Mann, den wir liebten, wird jedenfalls nicht mehr sprechen. Und doch hatte Frankreich eine Stimme wie die seine nötig. Dieser so überaus stolze, seinen Glauben und seine Ehre lange Zeit verschweigende Mensch hätte die Worte zu sagen vermocht, die not tun. Aber jetzt ist er auf immer verstummt. Und andere, die unwürdig sind, sprechen von jener Ehre, zu der er sich bekannte, wie andere, die zweifeln, im Namen des Gottes sprechen, den er gewählt hatte.

Es ist heute möglich, die Widerstandskämpfer zu kritisieren, ihre Schwächen aufzuzeigen und anzuprangern. Aber das ist vielleicht dem Umstand zuzuschreiben, daß die Besten unter ihnen tot sind. Es ist unsere tiefinnere Überzeugung, daß wir noch am Leben sind, weil wir nicht genug getan haben. Leynaud hat genug getan. Und heute, da er zu der Erde zurückgekehrt ist, die für uns keine Zukunft besitzt und für ihn nur einen Zwischenhalt bedeutete, da er sich von jener Leidenschaft abgewendet hat, der er alles opferte, hoffen wir wenigstens, ihm möge der Trost zuteil werden, die Worte der Bitterkeit und der üblen Nachrede nicht vernehmen zu müssen, die unserem armseligen menschlichen Erleben gelten.

Nur keine Angst, wir werden uns seiner nicht bedienen, denn auch er hat sich nie eines anderen bedient. Als Unbekannter hat er den Kampf verlassen, in den er als Unbekannter getreten war. Wir werden ihm das bewahren, was ihm am liebsten wäre: das Schweigen unseres Herzens, ein aufmerksames Andenken und die grenzenlose Trauer über das Unwiederbringliche. Aber er wird uns verzeihen, wenn wir der Bitterkeit nachgeben, die wir hier sonst nie aufkommen lassen wollen, und wenn wir nachgerade finden, daß der Tod eines solchen Menschen vielleicht ein zu hoher Preis ist, um anderen Menschen das Recht wiederzugeben, in ihrem Tun und Schreiben zu vergessen, was der Mut und das Opfer einiger Franzosen vier Jahre lang bedeutet haben.

VORWORT ZU DEN GEDICHTEN VON RENÉ LEYNAUD

Am 16. Mai 1944 wurde René Leynaud, der Geheimdokumente bei sich trug, in Lyon von Milizsoldaten angehalten. Als er zu fliehen versuchte, streckte ein in die Beine gezielter Schuß ihn zu Boden. Nach einem kurzen Aufenthalt im Krankenhaus wurde er in die Festung Montluc verbracht und blieb dort bis zum 13. Juni 1944 eingesperrt. An jenem Tage wählten die Deutschen, die die Räumung von Lyon vorbereiteten, in Montluc neunzehn Gefangene aus, die in ihren Augen eine wichtige Rolle in der Widerstandsbewegung gespielt hatten. Wir kennen nur elf unter ihnen mit Namen. Zwischen fünf und sechs Uhr morgens wurden Leynaud und achtzehn seiner Kameraden im Hof der Festung versammelt. Es gab Kaffee, dann legte man ihnen Handschellen an. Sie mußten einer nach dem anderen einen Lastwagen besteigen und wurden ins Gestapo-Hauptquartier an der Place Bellecour gebracht. In den Kellern dieses Gebäudes warteten sie drei Viertelstunden. Als man sie heraufholte, nahm man ihnen die Handschellen ab, dann mußten sie in Gesellschaft einiger deutscher mit Maschinengewehren bewaffneter Soldaten wiederum den Lastkraftwagen besteigen. Sie verließen Lyon in Richtung Villeneuve. Um elf Uhr fuhren sie ganz langsam durch jenes Dorf und begegneten einer Schar Kinder, die von einem Spaziergang zurückkehrten. Die Gefangenen und die Kinder blickten sich lange an, wechselten jedoch kein Wort. Am Ausgang von Villeneuve hielt der Lastkraftwagen einem kleinen Pappelgehölz gegenüber an, die Soldaten sprangen herunter und befahlen den Gefangenen, auszusteigen und zu dem Wäldchen hinüberzugehen. Eine erste Sechsergruppe ging auf die Bäume zu. Alsogleich knatterten die Maschinengewehre in ihrem Rücken und mähten sie nieder. Eine zweite Gruppe folgte, dann eine dritte. Gnadenschüsse machten dem Leben der noch Atmenden ein Ende. Einer indessen vermochte sich trotz seiner gräßlichen Verwundungen zu Bauern zu schleppen. Durch ihn kennen wir diese Einzelheiten. Leynauds Freunde werden nur eines nie erfahren: ob er der ersten oder einer der folgenden Gruppen angehört hat.

Leynaud war vierunddreißig Jahre alt. Seine Eltern stammten aus der Ardèche, lebten aber bereits in Lyon-Vaize, als er am 24. August 1910 zur Welt kam. Er besuchte zuerst die Volksschule und dann das Ampère-Gymnasium in Lyon. Während er noch Jurisprudenz studierte, wirkte er schon als Journalist an der Lyoner Zeitung *Le Progrès.* In diesen Vorkriegsjahren wurde er sich über seine Liebe zur Dichtkunst und seinen tiefen christlichen Glauben klar.

Im September 1939 wird Leynaud eingezogen, kämpft in Lothringen und in Belgien, nimmt am Rückzug von Dünkirchen teil und kann dank einem günstigen Zufall schlecht und recht den Ärmelkanal überqueren und bis Plymouth gelangen. Er kehrt nach Frankreich zurück und hält sich im Augenblick des Waffenstillstands erschöpft und krank in Agen auf. Ich möchte nur beiläufig darauf hinweisen, daß Leynaud keinem seiner Freunde je von seinen Kriegserlebnissen erzählt hat; seine Frau hat uns diese Einzelheiten berichtet. Schon zu Beginn des Jahres 1942 nimmt Leynaud mit Widerstandsgruppen Fühlung auf und beendet sein Leben unter dem Namen Clair als Führer der Gruppe ‹Combat› im Kreis Lyon.

Durch seinen Tod ist Leynaud für uns alle ein Beispiel geworden. Dabei hatte schon die besondere Art unserer Verbundenheit mit ihm uns ahnen lassen, daß sein Leben, dessen kurze unerbittliche Bahn wir soeben nachgezeichnet haben, beispielhaft war. Da er sehr zurückgezogen lebte, ganz in der Liebe zu Frau und Sohn und in den Notwendigkeiten des Kampfes aufging, besaß er nicht sehr viele Freunde. Aber ich kenne keinen einzigen Menschen, der ihn liebgewonnen und dann nicht mit aller Kraft geliebt hätte. Denn er strahlte Vertrauen aus. Soweit dies einem Menschen überhaupt möglich ist, setzte er sich in allem, was er tat, rückhaltlos ein. Er hat nie gefeilscht, und darum ist er ermordet worden. Kräftig wie die kleinen, stämmigen Eichen seiner Heimat, war er seelisch und körperlich aus kernigem Holz geschnitzt. Nichts vermochte ihn zu beirren, wenn er einmal entschieden hatte, was richtig war. Es brauchte einen Kugelregen, um ihn zu bezwingen.

Bisher habe ich mit knappen, trockenen, sozusagen allgemeinen Worten von Leynaud gesprochen. Aber wenn ich zweifellos auch nie mehr frei und gelöst von ihm zu sprechen vermag, der mein Freund war, so kann ich doch wenigstens versuchen, jetzt in ein paar lebendigen Bildern von ihm zu berichten.

Er war kaum mehr als mittelgroß, hatte sprödes, gelocktes Haar, ein rauhes Gesicht mit hellen Augen, einen beweglichen, eher breiten Mund, eine fleischige Nase, ein kräftiges Kinn. Er achtete nicht auf seine Kleidung, aber seine Gestalt war stärker als der Anzug und verlieh ihm Eleganz.

Wenn ich im Jahre 1943 nach Lyon kam, übernachtete ich oft in seinem kleinen, seinen Freunden wohlbekannten Zimmer in der Rue Vieille-Monnaie. Leynaud spielte sich nicht als Gastgeber auf, sondern schenkte seine ganze Aufmerksamkeit der Nachttischlampe; dann richtete er sich auf, holte Zigaretten aus einem Tongeschirr und teilte sie mit mir. «Ich rauche nicht so viel wie Sie», pflegte er zu sagen, «und überhaupt ist mir meine Pfeife lieber.» Er zog sie in der Tat aus der Tasche und setzte sich noch ein Weilchen zu mir. In meiner Erinnerung sind diese Stunden der Inbegriff der Freundschaft geblieben. Leynaud, der anderswo schlief, leistete mir Gesellschaft bis zur Zeit des Ausgehverbots. Um uns herrschte das schwere Schweigen der Besetzungsnächte. Das große, düstere Lyon, damals die Stadt der Verschwörung, leerte sich allmählich. Aber wir sprachen nicht von der Verschwörung. Leynaud erwähnte sie übrigens nur, wenn es unumgänglich nötig war. Wir erkundigten uns nach unseren gemeinsamen Freunden. Hin und wieder diskutierten wir über Literatur. Er liebte die Dichter des 16. Jahrhunderts, und zwar besonders die Lyoner Schule. Seine Bibliothek, die das Zimmer füllte, bestand beinahe nur aus kostbaren, seltenen Gedichtbänden aller Länder und aller Zeiten. Ich war weniger beschlagen als er. Indessen wagte ich es doch, ihm zu gestehen, wie wenig mich das kurze Gedicht befriedigte, die flüchtige Aufzeichnung, der so viele Moderne huldigten. Wir waren uns in diesem Punkt einig, und bei einem dieser Gespräche vertraute er mir seinen Plan an, ein langes Gedicht zu schreiben, in dem er niederlegen wollte, was er zu sagen hatte. Wiedergefundene Bruchstücke dieses Gedichts sind in diesem Band enthalten.

Aber zu jener Zeit schrieb Leynaud nichts. Er hatte beschlossen, *nachher* zu arbeiten. Ein paar Anzeichen verrieten mir, daß er dieses *Nachher* ungeduldig erwartete. Dieser Mann entzog sich keiner Pflicht und besaß darin um so größeres Verdienst, als er die ganze Last der Pflicht fühlte. Zuweilen übermannte ihn Müdigkeit und verlieh ihm jenes verstockte Aussehen, das ihn vorübergehend der Welt entfremdete. Er war allem, was er liebte, zu nahe, seiner Frau, seinem Kind, einem bestimmten Leben, um nicht von einer

Zukunft zu träumen, da diese Liebe nicht in Gefahr schweben würde und er selbst der sein könnte, der er wirklich war. – «Was werden Sie tun, wenn es vorbei ist?» fragte er mich. Aber damals wie heute besaß ich keine Phantasie, und meine Antworten waren unbestimmt. Für Leynaud war alles einfach: er würde sein Leben dort wiederaufnehmen, wo er es hatte liegen lassen, denn in seinen Augen war es ein gutes Leben. Und schließlich hatte er ein Kind aufzuziehen. So selten er ein Gefühl verriet – der Name seines Sohnes genügte, um seine Augen aufleuchten zu lassen.

Doch meistens waren unsere Gespräche weniger ernsthafter Natur. Ich liebte es, ihn lachen zu sehen. Wenn ich es recht bedenke, lachte er selten, dann aber von ganzem Herzen und mit Ausgelassenheit. Im nächsten Augenblick stand er wieder in seiner gewohnten Haltung da, mit leicht gespreizten Beinen, krempelte seine Ärmel weit über den Bizeps hinauf und hob seine starken Arme im Versuch, sein stets wirres Haar zu bändigen. Wir sprachen vom Boxen, vom Baden im Meer und von Zeltferien. Er liebte körperliche Betätigung, die Anstrengung, die brüderliche Erde, doch ohne Aufhebens davon zu machen, mit der gleichen Selbstverständlichkeit, mit der er sich hungrig zu Tisch setzte. Gegen Mitternacht klopfte er seine Pfeife aus, legte mir für die Nacht einen Vorrat an Zigaretten bereit, klemmte die Jacke unter den Arm und ging. Ich hörte seinen kräftigen Schritt auf der Treppe verhallen und betrachtete rings um mich die Dinge, die ihm gehörten.

Ich verabredete mich in St-Etienne mit ihm, und dann verbrachten wir ein paar Stunden zwischen zwei Zügen in dieser trübseligen Stadt. Ich erinnere mich noch genau an die erste dieser Begegnungen im September 1943, weil alles dabei schiefging. Ich hatte Leynaud gewarnt, daß in St-Etienne nichts zu wollen und insbesondere von mir nichts zu erwarten sei, denn sooft ich mich in dieser Stadt aufhielt, wurde ich von einer ganz und gar unvernünftigen Lähmung befallen. Wenn es eine Hölle gab, mußte sie meiner Meinung nach diesen endlosen grauen Straßen gleichen, in denen alle Welt schwarz gekleidet ging. Leynaud versicherte, ich übertreibe, und wir hatten uns verabredet, weil er einen meiner Freunde kennenlernen wollte, einen tatkräftigen, aufrührerischen Dominikaner, der die christlichen Demokraten zu verabscheuen behauptete und von einem von Nietzsche gefärbten Christentum träumte. Leynaud, der sich von jedem vorsichtigen Christentum abgestoßen fühlte, brachte diesem streitlustigen Mönch Interesse entgegen. Ich sollte ihn in Gesellschaft des Paters im Bahnhofbüfett von St-Etienne treffen. Der Dominikaner war jedoch gezwungen, einen frühen Nachmittagszug zu nehmen, und mußte infolgedessen leider sehr früh zu Mittag essen. Leynaud kam denn auch gerade noch recht zum Nachtisch, doch litt er an einer furchtbaren Erkältung und war unfähig, zusammenhängend zu reden. Fünf Minuten später entschwand die weiße Kutte meines Freundes bahnsteigwärts. Und Leynaud und ich, die wir späte Nachmittagszüge benutzen mußten, wanderten, betäubt von Hitze und Langeweile, in der Hölle herum und landeten in regelmäßigen Abständen in menschenleeren, von Fliegen schwirrenden Cafés bei einer sacharingesüßten Limonade. Leynaud schluckte unablässig Aspirin. Gegen vier Uhr konnten wir dann ein paar Worte wechseln. Ein bißchen später brachte ich ihn an den Zug, und er stand schon auf dem Trittbrett, als das Lachen uns übermannte. «Da sehen Sie», sagte ich, «hier geht einfach alles schief.» Er lachte aus vollem Hals, der Zug fuhr an, er lachte weiter und winkte mir freundschaftlich mit der Hand. Von allen Erinnerungen, die ich an ihn bewahre, ist diese mir besonders lieb.

Ein anderes Mal standen wir inmitten von Kindern und ein paar wenigen vom Hunger der Lyoner verschonten Tauben auf der Place Bellecour und sprachen von Moral. Wir waren beide der Ansicht, es müsse, wenn ich so sagen darf, etwas für sie getan werden. Bei dieser Gelegenheit konnte ich ermessen, was ihn besonders auszeichnete: die Kraft und das Wesen seines Schweigens, denn wir verbrachten nachher mehr als eine halbe Stunde miteinander, äußerlich damit beschäftigt, den Vorübergehenden zuzuschauen, doch einzig darauf bedacht, einem gemeinsamen Gedanken nachzuhängen.

Das letzte Mal sah ich ihn in Paris im Frühling 1944. Wir standen uns nie näher als bei diesem letzten Zusammensein. Wir hatten uns in einem Restaurant in der Rue St-Benoît getroffen, waren dann bei herrlichem Wetter die Quais entlangspaziert und hatten lange von der Zukunft gesprochen. Unsere Übereinstimmung gründete so tief, daß ich zum erstenmal rückhaltloses Vertrauen in die Zukunft unseres Landes empfand. Ich kann unser Gespräch hier nicht wiedergeben, obwohl es mir noch völlig gegenwärtig ist und mehrere seiner Briefe mir bezeugen, daß es für ihn ebenso bedeutsam war wie für mich. Wir beschlossen damals, nach der

Befreiung gemeinsam zu wirken. Leynaud sollte nach Paris ziehen und seinen guten Willen mit dem unseren verbinden. Jetzt jedoch gehört er niemand, und ich will mich hüten, den Glauben zu erwecken, er stünde heute unbedingt an meiner Seite. An jenem Tag trennten wir uns gegen vier Uhr nachmittags auf dem Pont du Carrousel. Zu meiner Schande muß ich gestehen, daß ich mich nicht erinnere, welches seine letzten Worte waren. Ich konnte mir auch seinen Tod nicht vorstellen. In der beschränkten Zuversicht der Menschen befangen, seiner und seiner Zukunft gewiß, grüßte ich ihn von einem Brückenende zum anderen, wie er mich grüßte, indem er einen kurzen Augenblick den Arm hob.

Ein paar Wochen zuvor hatte er mir geschrieben: «Möge Gott uns noch dieses Jahr und ein paar andere gewähren, und das Glück, derselben Wahrheit zu dienen. Das ist es, was ich Ihnen und mir für das Jahr 1944 wünsche, da mir heute daran liegt, Sie nicht von einer gewissen Idee zu trennen, die ich von mir selber hege und die hoffentlich nicht unwürdig ist.»

Dieses Jahr ist ihm nicht gewährt worden.

Es bleibt mir, von Leynauds Gedichten zu sprechen. Seine Freunde und insbesondere Françis Ponge, der Berufenste unter uns, haben sie aus einem von Ellen Leynaud wiedergefundenen Stoß Entwürfe und Manuskripte ausgesucht.

Ich kann diese Gedichte schlecht beurteilen. Denn ich liebte Leynaud. Und noch nie hat der Tod eines Menschen mich so tief berührt. Ich vermag darum diese Schulhefte, in denen mein Freund versuchte, seinem geheimsten Wesen Gestalt zu geben, nicht unvoreingenommen zu betrachten. Ich weiß auch, daß die Form der Gedichte nicht endgültig ist und daß er voll Ernst und Gewissenhaftigkeit ein umfangreiches Werk plante. Aber ich glaube nicht, daß Freundschaft und Zuneigung mich verblenden, wenn ich behaupte, daß in diesem Band die zwei oder drei Töne zu finden sind, die zur Rechtfertigung eines Werkes genügen.

Vielleicht könnte ich Leynaud selber hier zu Wort kommen lassen. Ich besitze ungefähr fünfzehn Briefe von ihm, aus denen ich leider nur wenig zitieren kann, denn meistens, und das ist bezeichnend, sprach er von mir. Einer seiner Briefe betrifft jedoch seine Gedichte, von denen er mir ein paar Abschriften zuschickte. Was er in seinem Übermaß an Bescheidenheit darüber sagt, enthüllt uns, was für ein Künstler er war. «Sie sind, was sie eben sind, und ich glaube nicht, daß sie großen Wert besitzen. Ich zeige sie Ihnen, wie ich sie hin und wieder meinen Freunden zeige, aus Ehrlichkeit, und damit Sie nicht nur gut, sondern auch schlecht von mir denken können. Ich habe mich oft gefragt, ob ich mich nicht an der Dichtung versuche, um mir selbst zu beweisen, daß ich kein Dichter bin, oder um das große Ansehen, das die Worte bei mir genießen, in mir zu vernichten. Die Worte hintergehen, überlisten, die uns von uns selbst und von Gott trennen ... Denn vielleicht ist es wahr, daß die Worte uns eher die unsichtbaren Dinge verbergen als die sichtbaren enthüllen. Manchmal ekelt mich vor der Dichtung, meiner tiefen Leidenschaft. In solchen Augenblicken fühle ich mich etwas anderem am nächsten ...»

Von jeder Leidenschaft erlöst, von der Dichtung befreit, gehört Leynaud heute ausschließlich diesem anderen an. Er wußte, daß dieses andere für mich keinen Sinn besaß und daß der einzige Ort, wohin ich ihm nicht folgen konnte, diese seine Gewißheit war. Aber er liebte meine Andersartigkeit wie ich die seine. Und mag der Ruf, den er vernahm, auch die Wahrheit sein, die Zerrissenheit, die er empfand und von der er mir in so schlichten Worten sprach, genügt, ihm unrecht zu geben, wenn er an seiner Dichterbegabung zweifelte. Wir hoffen, die von uns ausgewählten Gedichte werden davon Zeugnis ablegen. Zudem hat er unser Unternehmen mit dem freundschaftlichen Wort gerechtfertigt: «Ich lebe nicht, außer in euren Herzen ...» Wir erfüllen die Aufgabe der Freundschaft, die darin besteht, soweit dies möglich ist, seinem Fortleben zu dienen.

Im übrigen aber eine Vorstellung von dieser Seele zu vermitteln, die ich nie schwach sah, geht über meine Kraft, denn ich müßte fürchten, Leynaud zu verraten. Wenn ich indessen einen seiner Briefe abwandeln dürfte, würde ich einfach sagen, daß ich oft ein Bild um Rat frage, das er in mich gelegt hat, oder eine Kraft, die seinen Namen und sein Antlitz trägt. Die Wahrheit hat Zeugen nötig. Leynaud war einer dieser Zeugen und darum fehlt er mir heute. Mit ihm zusammen war mir vieles klarer, und sein Tod hat mich nicht nur nicht besser gemacht, wie in den Trostbüchlein zu lesen steht, sondern meine Auflehnung noch blinder werden lassen. Er hätte mir in dieser Auflehnung nicht beigepflichtet, und das ist wohl das Höchste, was ich von ihm sagen kann. Aber man tut den Menschen nicht Gutes, indem man ihre Freunde umbringt, das weiß ich jetzt bis zum Überdruß. Und wer vermöchte diesen schrecklichen Tod je zu rechtfertigen? Was sind Pflicht, Tugend, Ehre verglichen mit dem Unersetzlichen in Leynaud? Ja, was sind sie außer armselige Entschuldigungen für die Überlebenden? Wir sind vor drei Jahren um einen Menschen betrogen worden, und seither ist uns das Herz schwer, das ist alles, was ich sagen kann. Für uns, die wir ihn liebten, und für alle, die ihn nicht gekannt haben, doch verdient hätten, ihn zu lieben, bedeutet dieser Tod einen durch nichts aufzuwiegenden Verlust.

Pessimismus und Tyrannei

PESSIMISMUS UND MUT

Seit einiger Zeit schon erscheinen Artikel über Werke, die des Pessimismus bezichtigt werden und die demzufolge angeblich geradewegs zur feigsten Unterwürfigkeit führen. Die Überlegung ist primitiv. Eine pessimistische Philosophie ist ihrem Wesen nach eine mutlose Philosophie, und wer nicht glaubt, daß die Welt gut sei, muß es demnach zwangsläufig auf sich nehmen, der Tyrannei zu dienen. Der beste und daher wirksamste dieser Artikel stammte von M. George Adam und erschien in den *Lettres Françaises*. In einer eben veröffentlichten Nummer der Zeitung *Aube* macht M. Georges Rabeau unter dem unannehmbaren Titel «Nazigeist lebt weiter» sich diese Anklage zu eigen.

Meiner Ansicht nach gibt es nur eine Art, diesem Kesseltreiben zu begegnen, und das ist eine offene Antwort. Obwohl das Problem nicht nur mich betrifft, obwohl die Vorwürfe auf Malraux, Sartre und ein paar andere Schriftsteller gemünzt sind, die bedeutender sind als ich, wäre es Heuchelei, wollte ich nicht in meinem Namen sprechen. Indessen will ich nicht auf den Kern der Streitfrage eingehen. Die Vorstellung, pessimistisches Denken sei zwangsläufig mutlos, ist kindisch, aber sie bedarf einer zu gründlichen Widerlegung. Ich will deshalb nur von der Mentalität sprechen, die solchen Artikeln zugrunde liegt.

Halten wir gleich fest, daß diese Mentalität die Tatsachen nicht berücksichtigen will. Die Schriftsteller, auf die in diesen Artikeln angespielt wird, haben bewiesen, jeder an seinem Platz und so gut er es vermochte, daß in Ermangelung einer optimistischen Philosophie ihnen zumindest der Begriff Menschenpflicht nicht fremd war. Ein unvoreingenommener Geist würde also die Feststellung erlauben, daß eine negative Philosophie in der Praxis nicht unvereinbar ist mit einer Ethik der Freiheit und des Mutes. Er würde darin nur die Gelegenheit erblicken, etwas über das Menschenherz zu erfahren.

Dieser unvoreingenommene Geist hätte recht. Denn die Tatsache, daß bei ein paar Menschen eine Philosophie der Verneinung mit einer positiven Moral zusammenfällt, bildet in Wahrheit das große Problem, das unsere ganze Epoche schmerzlich erschüttert.

Es ist kurz gesagt ein Problem der Entwicklung, und uns geht es darum, zu erfahren, ob der Mensch ohne die Hilfe des Ewigen oder des rationalistischen Denkens, auf sich selbst gestellt, seine eigenen Werte schaffen kann. Dieses Beginnen ist unendlich viel größer als wir alle. Es ist meine feste Überzeugung, daß Frankreich und Europa heute eine neue Kultur schaffen oder untergehen müssen.

Um eine Kultur zu schaffen, genügt es jedoch nicht, mit dem Lineal auf die Finger zu klopfen. Es braucht dazu die Gegenüberstellung der Ideen, das Herzblut des Geistes, den Schmerz und den Mut. Es geht nicht an, daß Themen, mit denen Europa sich seit hundert Jahren auseinandersetzt, in der Zeitung *Aube* im Schwuppdich von einem Journalisten abgetan werden, der Nietzsche, ohne mit der Wimper zu zucken, Freude an Geilheit zuschreibt und Heidegger die Vorstellung, das Dasein sei unnütz. Ich fühle mich von der allzu berühmten Existenzphilosophie nicht besonders angesprochen und bin offengestanden sogar der Ansicht, daß ihre Schlußfolgerungen falsch sind. Aber sie stellt immerhin ein großes Abenteuer des menschlichen Denkens dar, und es ist schwer, mitanzusehen, wie Herr Rabeau sie mit der Elle des kurzsichtigen Konformismus mißt.

Denn in Tat und Wahrheit werden diese Themen und Unterfangen im gegenwärtigen Augenblick nicht nach sachlichen Gesichtspunkten bewertet. Man beurteilt sie nicht nach den Tatsachen, sondern nach einer Doktrin. Unsere kommunistischen und unsere christlichen Kameraden sprechen im Namen von Doktrinen, die wir achten. Es sind nicht die unseren, aber es wäre uns nie eingefallen, in dem Ton davon zu sprechen, den sie in bezug auf uns anschlagen, und mit der Selbstsicherheit, die sie an den Tag legen. Man soll uns doch mit unseren schwachen Kräften diesen Versuch fortführen und unseren Gedankengang weiterverfolgen lassen. Herr Rabeau wirft uns vor, Gehör zu finden. Ich glaube, das ist zuviel gesagt. Hingegen stimmt es, daß das Unbehagen, mit dem wir uns auseinandersetzen, unsere ganze Epoche kennzeichnet, und von ihr wollen wir uns nicht trennen. Im Rahmen unserer Geschichte wollen wir denken und leben. Wir glauben, daß wir die Wahrheit dieses Jahrhunderts nur finden können, indem wir seiner eigenen Tragödie auf den Grund gehen. Wenn die Epoche an Nihilismus leidet, finden wir die Moral, die wir brauchen, nicht, indem wir den Nihilismus unter den Tisch wischen. Es läßt sich wahrhaftig nicht alles auf Verneinung oder Absurdität zurückführen. Das wissen wir wohl. Aber zuerst müssen die Probleme der Verneinung und der Absurdität gestellt werden, denn auf sie ist unsere Generation gestoßen und mit ihnen müssen wir fertig werden.

Die Männer, die in diesen Artikeln aufs Korn genommen werden, versuchen offen und ehrlich, dieses Problem im doppelten Spiel ihres Werks und ihres Lebens zu lösen. Ist es so schwer, einzusehen, daß man eine solche Frage nicht mit ein paar Zeilen abtun kann, wenn andere Menschen ihrer Beantwortung ihr ganzes Sein widmen und doch des Erfolgs nicht sicher sind? Kann man ihnen nicht die Geduld zubilligen, die man jedem in gutem Glauben unternommenen Werk zubilligt? Und schließlich – kann man sich nicht in etwas bescheidenerem Ton an sie wenden?

Damit will ich meinen Protest beschließen. Ich hoffe, das Maß nicht verloren zu haben. Doch möchte ich, daß meine Empörung deutlich spürbar sei. Sachliche Kritik ist in meinen Augen etwas Vortreffliches, und ich nehme ohne weiteres an, daß ein Werk als schlecht oder eine Philosophie als dem Schicksal des Menschen abträglich bezeichnet wird. Es ist richtig, daß die Schriftsteller für ihre Werke einstehen müssen. Das stimmt sie nachdenklich, und wir haben das Nachdenken alle bitter nötig. Aber aus diesen Grundsätzen Urteile über die Neigung zur Knechtschaft dieses oder jenes Menschen ableiten, vor allem wenn das Gegenteil erwiesen ist, daraus schließen, daß dieser oder jener Gedankengang notwendigerweise zu Nazitum führen müsse, heißt ein Bild des Menschen entwerfen, das ich lieber nicht näher definieren will, und liefert einen kläglichen Beweis für die moralischen Wohltaten der optimistischen Philosophie.

DEN GEIST HOCHHALTEN

Ansprache anläßlich des im großen Saal
der «Mutualité» am 15. März 1945
von *L'Amitié Française* organisierten Meetings

Wenn die französische Freundschaft, von der hier die Rede ist, sich in gefühlvollen Ergüssen Gleichgesinnter erschöpfte, wäre sie keinen Pfifferling wert. Nichts könnte bequemer und nichts weniger nützlich sein. Und ich nehme an, daß die Veranstalter etwas anderes anstrebten, eine weniger selbstverständliche, aber dafür aufbauende Freundschaft. Um uns vor der Versuchung des geringsten Widerstands und der Beschränkung auf gegenseitige Lobhudeleien zu bewahren, möchte ich die zehn Minuten, die mir zur Verfügung stehen, dazu benützen, die Schwierigkeiten dieses Unternehmens aufzuzeigen. Zu diesem Zweck könnte ich kein besseres Thema wählen als das, was jederzeit der Widersacher der Freundschaft ist, nämlich Lüge und Haß.

Wir werden in der Tat nichts für die französische Freundschaft vollbringen, wenn wir uns nicht von Lüge und Haß freimachen. Denn leider sind wir in gewissem Sinn nicht frei davon. Seit allzu langer Zeit gehen wir durch ihre Schule. Und vielleicht bedeuten die zurückbleibenden schändlichen Male in den Herzen der Menschen, die das Hitlertum mit aller Kraft bekämpft haben, gerade dessen letzten und dauerhaftesten Sieg. Wie denn auch nicht? Seit Jahren ist diese Welt einer Sturzflut des Hasses ausgeliefert, wie es ihresgleichen nie gegeben hat. Vier Jahre lang haben wir in unserem eigenen Land die berechnete Übung dieses Hasses erlebt. Menschen wie Sie und ich, die morgens in der Untergrundbahn mit der Hand streichelnd über Kinderköpfe fuhren, verwandelten sich abends in gewissenhafte Folterknechte. Sie wurden zu Beamten des Hasses und der Tortur. Vier Jahre lang haben diese Beamten ihren Verwaltungsapparat in Gang gehalten: dort wurden Dörfer mit Waisen bevölkert, dort wurde Menschen ins Gesicht geschossen, um sie unkenntlich zu machen, dort wurden die Leichen von Kindern mit dem Absatz in zu kleine Särge getrampelt, dort wurde der Bruder im Beisein der Schwester gefoltert, dort wurden Feiglinge gezüchtet und die stolzesten Seelen gebrochen. Es scheint, daß diese Geschichten im Ausland keinen Glauben finden. Aber vier Jahre lang mußten sie wohl oder übel in unserem Fleisch und in unserer Herzensangst Glauben finden. Vier Jahre lang erhielt jeder Franzose jeden Morgen seine Ration Haß und seine Ohrfeige. Und zwar wenn er die Zeitung aufschlug. Das konnte unmöglich alles spurlos an uns vorübergehen.

Von dorther ist uns der Haß geblieben. Von dorther ist uns jenes Aufbrausen geblieben, das kürzlich in Dijon einen Vierzehnjährigen dazu trieb, sich auf einen gelynchten Kollaborationisten zu stürzen, um ihm das Gesicht zu zerfetzen. Von dorther ist uns die blinde Wut geblieben, die uns in der Erinnerung an bestimmte

Szenen und Gesichter die Seele versengt. Der Haß der Henker hat den Haß der Opfer hervorgerufen. Und als die Henker abzogen, blieben die Franzosen mit einem ungesättigten Rest Haß zurück. Noch stehen sie sich grollend gegenüber.

Nun wohl, dies alles müssen wir zuerst einmal überwinden. Es gilt, die vergifteten Herzen zu heilen. Und morgen werden wir den schwersten Sieg, den wir über den Feind zu erringen haben, in uns selbst erkämpfen müssen, dank jener höherstrebenden Anstrengung, die unser Verlangen nach Haß in Verlangen nach Gerechtigkeit verwandeln wird. Dem Haß nicht nachgeben, der Gewalttätigkeit kein Jota zugestehen, nicht zulassen, daß unsere Leidenschaften blind werden – das ist es, was wir inskünftig für die Freundschaft und gegen das Hitlertum tun können. Noch heute lassen einzelne Zeitungen sich zu Maßlosigkeit und Schmähungen hinreißen. Aber damit gehorcht man wiederum dem Gesetz des Feindes. Wir müssen vielmehr bestrebt sein, die Kritik nie in Beleidigung ausarten zu lassen, wir müssen als möglich annehmen, daß unsere Gegner recht haben oder zumindest, daß auch ihre schlechten Gründe uneigennützig sein können. Und schließlich müssen wir unser politisches Denken erneuern.

Was bedeutet das, genau besehen? Es heißt, daß wir den Geist bewahren müssen. Denn ich bin überzeugt, daß darin der Kern des Problems liegt. Als die Nazi eben an die Macht gekommen waren, vermittelte Göring eine treffende Vorstellung von ihrer Philosophie, indem er erklärte: «Wenn ich das Wort Kultur höre, ziehe ich meinen Revolver.» Diese Philosophie griff über Deutschlands Grenzen hinaus. Zur gleichen Zeit wurden allenthalben im zivilisierten Europa die Ausschweifungen des Geistes und die Makel der Intellektuellen gebrandmarkt. Aus einer merkwürdigen Reaktion heraus beteiligten sich nicht zuletzt die Intellektuellen selbst an diesem Prozeß. Überall triumphierten die Philosophien des Instinkts im Verein mit jener üblen Romantik, die Fühlen über Verstehen stellt, als wäre das eine ohne das andere möglich. Seither ist der Geist unablässig angeklagt worden. Es kam der Krieg, dann die Niederlage. Vichy hat uns eingetrichtert, der Hauptschuldige sei der Geist. Die Bauern hatten zu viel Proust gelesen. Und es ist sattsam bekannt, daß *Paris-Soir*, Fernandel und Vereinsbankette Symptome des Geistes waren. Die Kläglichkeiten der Eliten, an der Frankreich dahinsiechte, hatte ihren Ursprung anscheinend in der Literatur.

Noch jetzt wird der Geist schlecht behandelt. Das beweist lediglich, daß der Feind noch nicht besiegt ist. Und das bloße Bemühen um unvoreingenommenes Verstehen, die bloße Erwähnung der Sachlichkeit genügt, damit einem Arglist und jede nur denkbare Überheblichkeit angekreidet wird. Nein und nochmals nein! Gerade das muß anders werden. Wohl kenne ich wie jedermann die Ausschweifungen des Geistes, wohl weiß ich wie jedermann, daß der Intellektuelle ein gefährliches, leicht zu Verrat neigendes Raubtier ist. Aber der Geist, um den es sich dabei handelt, ist nicht der richtige. Der Geist, den wir meinen, stützt sich auf den Mut, der Geist, den wir meinen, hat vier Jahre lang den nötigen Preis gezahlt, um das Recht auf Achtung zu erwerben. Wenn dieser Geist erlischt, bricht die Nacht der Diktatur an. Deshalb müssen wir ihn in allen seinen Pflichten und in allen seinen Rechten hochhalten. Um diesen Preis, und nur um diesen Preis, wird die französische Freundschaft einen Sinn haben. Denn die Freundschaft ist die Kunst der freien Menschen. Und es gibt keine Freiheit ohne gegenseitiges Verständnis.

Zum Schluß will ich mich an euch Studenten richten. Ich gehöre nicht zu den Leuten, die euch Tugend predigen. Zu viele Franzosen verwechseln sie mit Blutleere. Wenn ich im geringsten das Recht dazu besäße, würde ich euch vielmehr Leidenschaftlichkeit predigen. Aber ich möchte, die französische geistige Elite von morgen werde wenigstens in einem oder zwei Punkten entschlossen sein, niemals klein beizugeben. Ich möchte, sie werde nie klein beigeben, wenn man ihr wird einreden wollen, daß der Geist immer überflüssig sei, wenn man ihr wird beweisen wollen, daß es gestattet sei zu lügen, um leichter ans Ziel zu gelangen. Ich möchte, sie werde nie weder der Verschlagenheit noch der Gewalt, noch der Charakterlosigkeit gehorchen. Dann wird vielleicht eine französische Freundschaft möglich sein, die sich nicht in eitlem Geschwätz erschöpft. Dann wird vielleicht in einer freien und wahrheitshungrigen Nation der Mensch wieder anfangen, die Freude am Menschen zu empfinden, ohne die die Welt nie etwas anderes sein wird als eine unermeßliche Einsamkeit.

Der Ungläubige und die Christen

DER UNGLÄUBIGE UND DIE CHRISTEN

Auszüge aus einem 1948 im Dominikanerkloster von Latour-Maubourg gehaltenen Vortrag

Da Sie mich, der ich Ihre Überzeugungen nicht teile, so freundlich aufgefordert haben, auf die ganz allgemein gehaltene Frage zu antworten, die Sie im Verlauf dieser Gespräche zu stellen pflegen, möchte ich zuerst – bevor ich Ihnen sage, was die Ungläubigen meiner Ansicht nach von den Christen erwarten – meinen Dank für Ihre großzügige Gesinnung dadurch ausdrücken, daß ich mich zu ein paar Grundsätzen bekenne.

Es gibt zunächst ein gewisses areligiöses Pharisäertum, das zu vermeiden ich versuchen will. Als areligiöse Pharisäer bezeichne ich die Leute, die vorgeben, es sei eine Kleinigkeit, Christ zu sein, und die sich anschicken, im Namen eines nur von außen gesehenen Christentums mehr von den Christen zu fordern als von sich selbst. Ich bin in der Tat überzeugt, daß der Christ zu vielen Dingen verpflichtet ist, daß es aber einem Menschen, der selber diese Verpflichtungen ablehnt, nicht zusteht, sie einem anderen, der sie bereits anerkannt hat, in Erinnerung zu rufen. Wenn jemand irgend etwas vom Christen fordern darf, dann nur der Christ selber. Sollte ich mir am Ende meiner Darlegungen erlauben, von Ihnen die Beobachtung gewisser Pflichten zu fordern, so könnte es sich demzufolge nur um Pflichten handeln, deren Erfüllung heute von jedem Menschen gefordert werden muß, sei er nun Christ oder nicht.

Zum zweiten möchte ich auch festhalten, daß ich mich nicht im Besitz irgendeiner absoluten Wahrheit oder einer Botschaft fühle und deshalb niemals vom Grundsatz ausgehen werde, die christliche Wahrheit sei eine Illusion, sondern nur von der Tatsache, daß ich ihrer nicht teilhaftig zu werden vermochte. Um diese Haltung zu verdeutlichen, will ich gerne etwas eingestehen: vor drei Jahren befand ich mich in einem Meinungsstreit mit einem der Ihren, und es war nicht der Geringsten einer. Meine Anmaßung erklärte sich aus dem Fieber jener Jahre und der schmerzlichen Erinnerung an zwei oder drei ermordete Freunde. Ich kann indessen bezeugen, daß ich trotz einiger Ausfälligkeiten in François Mauriacs Ausdrucksweise nie aufgehört habe, über seine Worte nachzudenken. Als Ergebnis dieses Nachdenkens – das Ihnen zugleich meine Ansicht über das Zwiegespräch zwischen Gläubigen und Ungläubigen verrät – gelangte ich zuerst still für mich und heute in aller Öffentlichkeit zur Einsicht, daß François Mauriac grundsätzlich und in bezug auf den genauen Gegenstand unseres Streits recht hatte.

Nach diesem Bekenntnis fällt es mir leichter, meinen dritten und letzten Grundsatz auszusprechen. Er ist einfach und eindeutig. Ich werde nicht versuchen, irgend etwas an meinen oder Ihren Gedanken (so weit ich sie beurteilen kann) zu ändern, um eine uns allen wohlgefällige Versöhnung der Standpunkte herbeizuführen. Vielmehr möchte ich Ihnen heute sagen, daß die Welt ein echtes Zwiegespräch nötig hat, daß das Gegenteil eines Dialogs ebenso gut Lüge heißt wie Schweigen und daß ein Zwiegespräch deshalb nur zwischen Menschen möglich ist, die das bleiben, was sie sind, und die wahr sprechen. Mit anderen Worten: die heutige Welt verlangt von den Christen, daß sie Christen bleiben. Kürzlich hörte ich in der Sorbonne, wie ein katholischer Priester sich an einen marxistischen Redner wandte und öffentlich versicherte, auch er sei antiklerikal. Wohlan, ich liebe keine Priester, die antiklerikal sind, wie ich auch keine Philosophien liebe, die sich ihrer selbst schämen. Ich werde also nicht versuchen, mich vor Ihnen als Christ zu gebärden. Ich teile mit Ihnen das Grauen vor dem Bösen. Aber Ihre Hoffnung teile ich nicht und werde nie aufhören, gegen diese Welt zu kämpfen, in der Kinder leiden und sterben.

Warum soll ich hier nicht sagen, was ich anderen Orts geschrieben habe? Während jener Jahre des Schreckens habe ich lange Zeit darauf gewartet, daß sich in Rom eine laute Stimme erhöbe. Ich, der Ungläubige? Eben deshalb. Denn ich wußte, daß der Geist verlorengehen mußte, wenn er angesichts der Gewalt nicht den Schrei der Verdammung ausstieß. Es heißt, diese Stimme sei laut geworden. Aber ich schwöre Ihnen, daß Millionen Menschen wie ich selbst sie nicht gehört haben und daß sich deshalb in allen Herzen, ob gläubig oder ungläubig, eine Einsamkeit einnistete, die immer weiter um sich griff, je mehr Zeit verstrich und je zahlreicher die Henker wurden.

Seither wurde mir erklärt, die Verdammung sei wirklich und wahrhaftig erfolgt, aber in der Sprache der Enzykliken, und diese Sprache ist nicht klar. Die Verdammung war ausgesprochen worden, und sie wurde nicht verstanden! Wer spürte hier nicht, wo die wirkliche Verdammung liegt, wer sähe nicht, daß dieses Beispiel einen Teil der Antwort, vielleicht die ganze Antwort, die Sie von mir erwarten, bereits in sich birgt? Die Welt erwartet von den Christen, daß sie den Mund auftun, laut und deutlich, und ihre Verdammung ganz unmißverständlich aussprechen, damit nie auch nur der geringste Zweifel im Herzen des einfachsten Mannes zu keimen vermag; daß sie sich aus der Abstraktion befreien und dem blutüberströmten Gesicht gegenübertreten, das die Geschichte in unseren Tagen angenommen hat. Die Vereinigung, die uns nottut, ist eine Vereinigung von Menschen, die gewillt sind, eine klare Sprache zu sprechen und sich mit ihrer Person einzusetzen. Wenn ein spanischer Bischof politische Hinrichtungen segnet, ist er kein Bischof mehr und kein Christ, ja nicht einmal ein Mensch; dann ist er ein Hund, genausogut wie jener, der von der hohen Warte einer Ideologie aus die Hinrichtung befiehlt, ohne die Arbeit selbst zu verrichten. Wir warten, und ich warte darauf, daß sich die Menschen vereinigen, die keine Hunde sein wollen und die entschlossen sind, den Preis zu zahlen, den es kostet, damit der Mensch mehr ist als der Hund.

Und was können nun die Christen für uns tun?

Vor allem das nichtige Gezänk einstellen, wobei in erster Linie der Streit um den Pessimismus zu nennen wäre. Ich halte zum Beispiel dafür, daß Gabriel Marcel wohl daran täte, Gedankengänge in Frieden zu lassen, die ihn leidenschaftlich interessieren und zugleich in die Irre führen. Gabriel Marcel kann sich nicht als Demokraten bezeichnen und gleichzeitig das Verbot von Sartres Stück fordern. Eine solche Einstellung ist für alle Beteiligten ermüdend. Gabriel Marcel will nämlich absolute Werte verteidigen, wie etwa das Schamgefühl und die göttliche Wahrheit des Menschen, während es darum geht, die paar vorläufigen Werte zu bewahren, die ihm gestatten werden, eines Tages und völlig unbehelligt für diese absoluten Werte weiterzukämpfen ...

Mit welchem Recht wollte übrigens ein Christ oder ein Marxist mich des Pessimismus bezichtigen? Nicht ich habe das Elend der Kreatur oder die entsetzlichen Formulierungen des göttlichen

Fluchs erfunden. Nicht ich habe dieses *Nemo bonus* gerufen oder die Verdammung der ungetauften Kinder ausgesprochen. Nicht ich habe behauptet, der Mensch sei der Selbsterlösung unfähig und besitze im Abgrund seiner Erniedrigung einzig die Hoffnung auf die Gnade Gottes. Was andererseits den berühmten marxistischen Optimismus angeht, so hat niemand das Mißtrauen gegenüber dem Menschen weitergetrieben als seine Anhänger, und letzten Endes wirken die schicksalhaften ökonomischen Gesetze dieser Welt fürchterlicher als die göttlichen Launen.

Die Christen und die Kommunisten werden mir entgegenhalten, daß ihr Optimismus auf weitere Sicht angelegt ist, daß es nichts Höheres gibt als ihn und daß Gott oder die Geschichte, je nachdem, den befriedigenden Endpunkt ihrer Dialektik bildet. Ich kann mich derselben Überlegung bedienen. Das Christentum ist in bezug auf den Menschen pessimistisch, aber in bezug auf das Los der Menschheit optimistisch. Nun gut! Ich sage, daß ich in bezug auf das Los der Menschheit pessimistisch bin, aber optimistisch in bezug auf den Menschen. Und zwar nicht unter Berufung auf eine Humanität, die mir immer recht beschränkt vorgekommen ist, sondern im Namen einer Unwissenheit, die bestrebt ist, nichts zu verneinen.

Daraus folgt, daß die Ausdrücke Pessimismus und Optimismus genauer definiert werden müssen und daß wir uns inzwischen auf das besinnen sollten, was uns verbindet, anstatt das zu suchen, was uns trennt.

Das ist, glaube ich, alles, was ich zu sagen hatte. Wir befinden uns dem Bösen gegenüber. Was mich selbst angeht, so fühle ich mich allerdings ein wenig wie Augustin vor seiner Bekehrung, als er sagte: «Ich forschte nach dem Ursprung des Bösen und blieb darin befangen.» Aber ich weiß auch, und ein paar andere Menschen wissen es mit mir, was getan werden muß, um das Böse wenn nicht zu verringern, so doch wenigstens nicht zu vermehren. Wir können es vielleicht nicht verhindern, daß diese Schöpfung eine Welt ist, in der Kinder gemartert werden. Aber wir können die Zahl der gemarterten Kinder verringern. Und wenn Sie uns dabei nicht helfen, wer soll uns dann helfen?

Zwischen den Mächten des Schreckens und denen des Zwiegesprächs ist ein gewaltiger, ungleicher Kampf entbrannt. Ich hege nur sehr mäßige Illusionen in bezug auf den Ausgang dieses

Kampfes. Aber ich glaube, daß er durchgefochten werden muß, und ich weiß, daß es zumindest Menschen gibt, die dazu entschlossen sind. Nur fürchte ich, daß sie sich zuweilen ein wenig einsam fühlen, ja es tatsächlich sind, und daß wir Gefahr laufen, mit zweitausend Jahren Abstand der vervielfachten Hinopferung des Sokrates beizuwohnen. Die morgige Tagesordnung bringt uns entweder die Civitas des Zwiegesprächs oder die feierliche und bedeutungsschwere Hinrichtung der Zeugen des Zwiegesprächs. Nachdem ich meine Antwort abgegeben habe, richte ich nun meinerseits folgende Frage an die Christen: «Wird Sokrates wiederum allein stehen und gibt es nichts in seiner und in eurer Lehre, das euch dazu bewegen könnte, zu uns zu stoßen?»

Ich weiß, es kann wohl sein, daß das Christentum nein sagt. Oh, nicht aus Ihrem Munde, das will ich gerne glauben. Aber es kann auch sein und ist sogar wahrscheinlich, daß es beharrlich weiter Kompromisse schließt oder seine Verurteilungen in das dunkle Gewand der Enzyklika kleidet. Es kann sein, daß es sich darauf versteift, sich endgültig die Tugend der Auflehnung und der Empörung entreißen zu lassen, die ihm vor langer Zeit eigen war. Dann werden die Christen leben, und das Christentum wird sterben. Dann werden es wirklich die anderen sein, die für das Opfer bezahlen. Auf jeden Fall ist dies eine Zukunft, über die zu entscheiden mir nicht zusteht, so manche Hoffnung und Angst sie in mir wecken mag. Ich kann nur von dem sprechen, was ich weiß. Ich weiß jedoch, und weiß es manchmal mit wehem Herzen, daß die Christen sich nur dazu entschließen müßten, damit Millionen von Stimmen, Millionen, hören Sie, auf der ganzen Welt in den Schrei einer Handvoll Einzelgänger einfallen, die heute ohne Glauben noch Gesetz allenthalten und unermüdlich für die Kinder und für die Menschen eintreten.

[illegible]

[illegible] Zustand [illegible]

[illegible] zwischen den Zeilen [illegible]

[illegible] allen [illegible]

[illegible] Kompromiß [illegible] Vermittlungs [illegible]

[illegible] zu haben [illegible]

[illegible] vom Zaren [illegible] auf [illegible]

[illegible] Nationen [illegible]

Warum Spanien?

ANTWORT AN GABRIEL MARCEL

Ich will hier nur auf zwei Stellen des Artikels antworten, den Sie in den *Nouvelles Littéraires* über den *‹Belagerungszustand›* veröffentlicht haben. Auf gar keinen Fall beabsichtige ich, auf die Kritik einzugehen, mit der Sie – oder andere – dieses Werk in seiner Eigenschaft als Theaterstück bedacht haben. Wenn man es sich einfallen läßt, ein Stück auf die Bühne zu bringen oder ein Buch zu veröffentlichen, setzt man sich wissentlich der Kritik aus und nimmt das Urteil seiner Zeit entgegen. Was immer man dazu zu sagen hätte, muß dann ungesagt bleiben.

Indessen haben Sie Ihre Rechte als Kritiker überschritten, als Sie Ihrem Erstaunen darüber Ausdruck gaben, daß ein Stück über die totalitäre Tyrannei in Spanien spiele, während es Ihrer Ansicht nach viel eher nach Osteuropa gehörte. Und Sie lösen mich erst recht von meiner Schweigepflicht, indem Sie schreiben, es handle sich hier um einen Mangel an Mut und Ehrlichkeit. Allerdings haben Sie die Güte, anzunehmen, ich sei für diese Wahl nicht verantwortlich (mit anderen Worten: die Schuld trägt der garstige, schon mit so vielen Verbrechen behaftete Barrault). Unglücklicherweise spielt das Stück in Spanien, weil ich beschlossen, und zwar nach reiflicher Überlegung und allein beschlossen habe, daß dem so sein solle. Infolgedessen muß ich Ihre Vorwürfe in bezug auf Opportunismus und Unehrlichkeit auf meine Kappe nehmen. Unter diesen Umständen wird es Sie nicht verwundern, wenn ich mich gezwungen fühle, Ihnen zu antworten.

Wahrscheinlich würde ich mich übrigens nicht einmal gegen diese Anschuldigungen zur Wehr setzen – denn vor wem soll man sich heute rechtfertigen? –, wenn Sie nicht an ein so ernstes Thema wie Spanien gerührt hätten. Denn es besteht wirklich keinerlei Notwendigkeit, zu erklären, daß ich mit dem *‹Belagerungszustand›* niemand zu schmeicheln versucht habe. Ich wollte eine Art politische Gesellschaft angreifen, die sich rechts und links nach totalitärem Muster gebildet hat oder noch bildet. Kein unvoreingenommener Zuschauer kann bezweifeln, daß das Stück für das Individuum einsteht, für das Fleisch in seinem Adel, kurzum für die irdische Liebe, gegen die Abstraktionen und die Schrecken des totalitären Staates, sei es nun russisch, deutsch oder spanisch. Ernsthafte, gelehrte Männer stellen jeden Tag Untersuchungen an über den Niedergang unserer Gesellschaft und spüren seinen geheimen Gründen nach. Zweifellos gibt es diese Gründe. Aber für die einfachen Gemüter unter uns wird das Übel unserer Zeit durch seine Folgen, nicht durch seine Ursuchen gekennzeichnet. Es heißt Staat, Polizeistaat oder Bürokratenstaat. Sein in allen Ländern und unter den verschiedenartigsten ideologischen Vorwänden feststellbares Wuchern und die freche Sicherheit, die ihm die mechanischen und psychologischen Hilfsmittel der Unterdrückung gewähren, machen eine tödliche Gefahr aus ihm, die das Beste in einem jeden von uns bedroht. Von diesem Standpunkt aus betrachtet, ist die zeitgenössische politische Gesellschaft, welches auch ihr Inhalt sein mag, verachtenswert. Einzig das habe ich gesagt, und darum ist ‹*Der Belagerungszustand*› der Ausdruck eines Bruchs, der keine Ausnahme gelten lassen will.

Nun, das klar ist – warum Spanien? Ich muß gestehen, daß ich mich ein bißchen schäme, an Ihrer Stelle die Frage aufzuwerfen. Warum Guernica, Gabriel Marcel? Warum jenes Stelldichein, wo Hitler, Mussolini und Franco, einer noch in ihrem Komfort und ihrer armseligen Moral dösenden Welt spottend, zum erstenmal Kindern vor Augen führten, was totalitäre Technik ist? Ja, warum jenes Stelldichein, das auch uns galt? Zum erstenmal stießen die Menschen meiner Generation in der Geschichte auf den Triumph der Ungerechtigkeit. Das Blut der Unschuldigen floß damals inmitten eines lauten Pharisäergeschwätzes, das heute noch nicht verstummt ist. Warum Spanien? Weil ein paar unter uns sind, die sich angesichts dieses Bluts die Hände nicht in Unschuld waschen. Welche Gründe der Antikommunismus auch haben mag, und ich kenne triftige Gründe dafür, so können wir doch diese Einstellung nicht akzeptieren, solange sie in ihrer Ausschließlichkeit so weit geht, jene Ungerechtigkeit zu vergessen, die mit dem stillen Einverständnis unserer Regierenden weiterdauert. Ich habe so laut wie möglich gesagt, was ich von den russischen Konzentrationslagern halte. Aber darüber vergesse ich Dachau und Buchenwald nicht und nicht den namenlosen Todeskampf von Millionen von Menschen, so wenig wie die grauenvolle Unterdrükkung, die die spanische Republik heimgesucht hat. Ja, ungeachtet der mitleidigen Herablassung unserer großen Politiker muß das alles zusammen an den Pranger gestellt werden. Und ich werde diese abscheuliche Pest in Westeuropa nicht entschuldigen, weil sie im Osten größere Räume verheert. Sie schreiben, daß dem gut Unterrichteten gegenwärtig nicht aus Spanien die Nachrichten zukommen, die den auf Menschenwürde Bedachten am ehesten zur Verzweiflung treiben könnten. Sie sind schlecht unterrichtet, Gabriel Marcel. Erst gestern sind in Spanien wieder fünf politische Gegner zum Tode verurteilt worden. Aber Sie wollten schlecht unterrichtet sein und züchteten darum das Vergessen. Sie haben vergessen, daß die ersten Waffen des totalitären Krieges in spanischem Blut gehärtet wurden. Sie haben vergessen, daß im Jahre 1936 ein aufständischer General im Namen Christi eine Armee von Mauren aushob, um sie gegen die rechtmäßige Regierung der spanischen Republik einzusetzen, daß er nach unsühnbaren Metzeleien einer ungerechten Sache zum Sieg verhalf und dann eine unerbittliche Unterdrückung begann, die zehn Jahre dauerte und heute noch fortdauert. Ja, wahrhaftig, warum Spanien? Weil Sie und viele andere das Gedächtnis verloren haben.

Und auch, weil ich zu der kleinen Anzahl Franzosen gehöre, die manchmal nicht eben stolz sind auf ihr Land. Soviel ich weiß, hat Frankreich nie Sowjetgegner an die russische Regierung ausgeliefert. Zweifellos kommt das noch, unsere Eliten sind zu allem bereit. Was hingegen Spanien betrifft, so haben wir uns schon ganz ordentlich ins Zeug gelegt. Auf Grund der entehrendsten Klausel des Waffenstillstands haben wir auf Hitlers Befehl Republikaner an Franco ausgeliefert, darunter den großen Luis Companys. Und Companys ist bei diesem fürchterlichen Handel erschossen worden. Das war Vichy, gewiß, das waren nicht wir. Wir hatten bloß 1938 den Dichter Antonio Machado in ein Konzentrationslager gesteckt, das er nur zum Sterben verließ. Wer jedoch hat damals, als der französische Staat sich zum Zutreiber der totalitären Henker machte, die Stimme erhoben? Niemand. Zweifellos weil die Menschen, die hätten protestieren können, wie Sie, Gabriel Marcel, fanden, das alles sei wenig im Vergleich zu dem, was sie am russischen System am meisten verabscheuten. Nicht wahr, ob da nun einer mehr oder weniger erschossen wird! Aber das Gesicht eines Erschossenen ist eine häßliche Wunde, die schließlich brandig wird. Der Brand hat den Sieg davongetragen.

Wo befinden sich denn Companys' Mörder? In Moskau oder bei uns? Die Antwort lautet: bei uns. Es muß gesagt werden, daß wir Companys erschossen haben, daß wir für alles Nachfolgende verantwortlich sind. Es muß erklärt werden, daß wir uns dessen schämen und das unsere einzige Möglichkeit, wiedergutzumachen, darin besteht, die Erinnerung an ein Spanien wachzuhalten, das frei war und das wir verraten haben, so gut wir es vermochten, an unserem bescheidenen Plätzchen, auf unsere kleinliche Weise. Allerdings gibt es keine Macht, die es nicht verraten hätte, außer Deutschland und Italien; sie für ihr Teil erschossen die Spanier von vorne. Doch kann dies kein Trost sein, und das freie Spanien verlangt durch sein Schweigen weiterhin Wiedergutmachung von uns. Ich habe mit meinen schwachen Kräften getan, was ich vermochte, und gerade das erregte Anstoß bei Ihnen. Wenn ich mehr Talent besäße, wäre die Wiedergutmachung größer, mehr kann ich nicht sagen. Feige und unehrlich wäre es gewesen, hier Kompromisse zu schließen. Doch will ich auf dieses Thema nicht weiter eingehen, und aus Rücksicht auf Sie meine Gefühle für mich behalten. Ich könnte höchstens noch bemerken, daß sich kein feinfühliger Mensch hätte wundern dürfen, wenn ich das spanische Volk wählte, um das Volk des Fleisches und des Stolzes sprechen zu lassen und es der Schande und den Schatten der Diktatur gegenüberzustellen. Ich konnte beim besten Willen weder das internationale Publikum von *Reader's Digest* noch die Leser von *Samedi-Soir* und *France-Dimanche* dazu ausersehen.

Indessen liegt Ihnen wohl sehr daran, daß ich mich zum Schluß über die Rolle ausspreche, die ich der Kirche zugewiesen habe. In dieser Beziehung kann ich mich kurz fassen. Sie sind der Ansicht, diese Rolle sei widerlich, was sie in meinem Roman nicht war. Im Roman mußte ich jedoch den Christen unter meinen Freunden, die ich während der Besetzung in einem gerechten Kampf kennenlernte, Gerechtigkeit widerfahren lassen. Im Stück hatte ich vielmehr die Aufgabe, darzulegen, welche Rolle die spanische Kirche gespielt hat. Und wenn ich sie widerlich gestaltet habe, so liegt der Grund darin, daß in den Augen der Welt die Rolle der spanischen Kirche widerlich war. So hart diese Wahrheit Sie auch treffen mag, Sie werden sich mit dem Gedanken trösten, daß die leidige Szene nur eine Minute dauert, während das Schauspiel, das heute noch das europäische Gewissen beleidigt, seit zehn Jahren andauert. Und die gesamte Kirche wäre in dieses unglaubliche

Ärgernis der spanischen, die Hinrichtungsgewehre segnenden Bischöfe verwickelt worden, hätten nicht in den ersten Tagen schon zwei große Christen ihre Stimme erhoben: Bernanos, der heute tot ist, und José Bergamin, der aus seiner Heimat verbannt wurde. Bernanos hätte nicht geschrieben, was Sie zu diesem Thema geschrieben haben. Er wußte, daß der meine Szene beschließende Satz «Christen Spaniens, man hat euch im Stich gelassen» keine Beleidigung für Ihren Glauben darstellt. Er wußte, daß ich mit anderen Worten oder mit meinem Schweigen vielmehr die Wahrheit beleidigt hätte.

Wenn ich den ‹*Belagerungszustand*› neu schreiben müßte, würde ich ihn wiederum in Spanien spielen lassen, das ist mein Schluß. Und morgen wie heute wäre es jedermann klar, daß die darin augesprochene Verdammung durch Spanien hindurch alle totalitären Gesellschaften trifft. Aber zumindest nicht um den Preis einer schmählichen Beihelferschaft. So, nur so und nie anders können wir uns das Recht bewahren, gegen den Terror zu protestieren. Darum kann ich mich Ihrer Meinung nicht anschließen, wenn Sie behaupten, in politischer Hinsicht stimmten wir völlig überein. Denn Sie sind bereit, einen Terror schweigend hinzunehmen, um dafür einen anderen wirksamer zu bekämpfen. Wir sind eine kleine Schar, die nichts schweigend hinnehmen will. Unsere ganze politische Gesellschaft bereitet uns Übelkeit. Und so wird es kein Heil geben, bis alle, die noch einen gewissen Wert besitzen, sich in ihrer Gesamtheit von ihr abgewendet haben, um den Weg der Erneuerung anderswo als in unlösbaren Widersprüchen zu suchen. Bis dann muß gekämpft werden. Aber mit dem Wissen, daß die totalitäre Tyrannei nicht auf den Tugenden der Totalitären aufgebaut wird, sondern auf den Fehlern der Liberalen. Talleyrands Ausspruch, wonach ein Fehler schlimmer sei als ein Verbrechen, verdient Verachtung. Aber der Fehler rechtfertigt schließlich das Verbrechen und verschafft ihm sein Alibi. Dann treibt er das Opfer der Verzweiflung in die Arme und wird dadurch zur Schuld. Und das eben kann ich der zeitgenössischen politischen Gesellschaft nicht verzeihen, daß sie eine Einrichtung ist, die die Menschen zur Verzweiflung treibt.

Zweifellos werden Sie finden, da werde um eines nichtigen Vorwandes willen viel Leidenschaft aufgewendet. So lassen Sie mich für einmal in meinem eigenen Namen sprechen. Mich ekelt vor der Welt, in der ich lebe, aber ich fühle mich solidarisch mit den Menschen, die leiden. Es gibt ehrgeizige Ziele, die nicht die meinen sind, und mir wäre nicht behaglich zumute, wenn ich meinen Weg machen müßte mit Hilfe der armseligen Vorrechte, die allen mit dieser Welt Paktierenden vorbehalten sind. Mir scheint jedoch, die Schriftsteller sollten sich ein anderes Ziel stecken: nämlich Zeugnis abzulegen und, wann immer es möglich ist und jeder nach seiner Begabung, denen ihre Stimme zu leihen, die geknechtet sind wie wir. Dieses Bestreben haben Sie in Ihrem Artikel in Frage gestellt, und ich werde nicht aufhören, Ihnen das Recht dazu abzusprechen, solange die Ermordung eines Menschen Sie nur in dem Maß zu empören scheint, als dieser Mensch Ihre Ansichten teilte.

Verteidigung der Freiheit

BROT UND FREIHEIT

Ansprache vom 10. Mai 1953 an der Arbeitsbörse von St-Etienne

Wenn wir die Rechtsbrüche und die vielfältigen Mißbräuche zusammenzählen, von denen heute die Rede war, können wir den Tag voraussehen, da sich in einem Konzentrationslager-Europa nur noch Gefängniswärter auf freiem Fuß befinden. Auch sie werden sich gegenseitig ins Gefängnis stecken müssen, bis nur noch einer übrig bleibt, der zum Oberaufseher ernannt wird, und so gelangen wir zur vollkommenen Gesellschaft, in der die Probleme der Opposition, dieser Nachtmahr aller Regierungen des 20. Jahrhunderts, endlich und endgültig erledigt sein werden.

Freilich handelt es sich dabei nur um eine Prophezeiung, und obwohl in allen Ländern der Welt die Regierungen und ihre Polizei mit viel gutem Willen bemüht sind, zu diesem glücklichen Ergebnis zu gelangen, ist es noch nicht soweit. Bei uns in Westeuropa, zum Beispiel, steht die Freiheit offiziell hoch im Kurs. Nur gemahnt sie mich unwillkürlich an jene arme Verwandte, der wir in gewissen bürgerlichen Familien begegnen. Die Verwandte ist verwitwet, sie hat ihren naturgegebenen Beschützer verloren. Also hat man sie aufgenommen, ihr ein Dachstübchen zugewiesen und ihr Zutritt zur Küche gewährt. Zuweilen zeigt man sie sonntags in Gesellschaft vor, um zu beweisen, daß man der Tugendhaftigkeit nicht entbehrt und kein Unmensch ist. Aber im übrigen, und insbesondere bei feierlichen Gelegenheiten, ist sie gebeten, die Klappe zu halten. Und wenn ein zerstreuter Polizist sie auch ein bißchen in dunklen Ecken vergewaltigt, macht man kein Aufhebens davon; sie ist noch ganz andere Dinge gewöhnt, vor allem vom Hausherrn, und schließlich lohnt es sich nicht, deswegen Scherereien mit der Obrigkeit zu kriegen. Im Osten ist man da allerdings offener vorgegangen. Man hat ein für allemal mit der armen Verwandten abgerechnet und sie in einen Wandschrank hinter Schloß und Riegel gesetzt. Es heißt, in ungefähr einem halben Jahrhundert werde man sie wieder hervorholen, sobald die ideale Gesellschaft endgültig eingerichtet sei. Dann sollen ihr zu

Ehren Feste gefeiert werden. Aber meiner Ansicht nach wird sie dann ein bißchen von Motten zerfressen sein, und ich fürchte sehr, daß man sie nicht mehr wird verwenden können. Wenn wir noch hinzufügen, daß diese beiden Auffassungen der Freiheit – Wandschrank und Küche – beschlossen haben, sich gegeneinander durchzusetzen, so daß sie gezwungen sind, in all dem Trubel die arme Verwandte noch straffer an der Kandare zu halten, dann verstehen wir mühelos, warum unsere Geschichte viel eher die Geschichte der Sklaverei ist als die der Freiheit und warum die Welt, in der wir leben, so aussieht, wie sie uns dargestellt wurde, wie sie uns jeden Morgen aus der Zeitung in die Augen springt und somit unsere Tage und Wochen zu einem einzigen Tag der Empörung und des Ekels macht.

Am einfachsten und demzufolge verlockendsten ist es, die Regierungen oder irgendwelche dunklen Mächte für diese häßlichen Manieren verantwortlich zu machen. Es stimmt freilich, daß sie schuldig sind, und zwar auf eine so undurchdringliche und altvererbte Weise schuldig, daß die Ursprünge nicht mehr entwirrt werden können. Aber sie sind nicht allein verantwortlich. Denn, nicht wahr, wenn die Freiheit immer nur die Regierungen als Zieheltern gehabt hätte, steckte sie aller Wahrscheinlichkeit nach heute noch in den Kinderschuhen oder wäre unwiderruflich unter einem Grabstein mit der Inschrift «Ein Engel im Himmel» begraben. Die Gesellschaft des Kapitals und der Ausbeutung wurde meines Wissens nie beauftragt, für Freiheit und Gerechtigkeit zu sorgen. Die Polizeistaaten sind nie in den Verdacht gekommen, in den Kellern, wo sie ihre Kunden befragen, rechtswissenschaftliche Hochschulkurse abzuhalten. Wenn sie also unterdrücken oder ausbeuten, gehorchen sie nur ihrem Daseinszweck, und wer immer ihnen unkontrolliertes Verfügungsrecht über die Freiheit einräumt, darf sich nicht wundern, sie alsogleich entehrt zu sehen. Wenn die Freiheit heute erniedrigt oder in Fesseln gelegt wird, dann nicht, weil ihre Feinde Verrat geübt hätten, sondern gerade eben weil sie ihren naturgegebenen Beschützer verloren hat. Ja, die Freiheit ist Witwe; aber wir müssen der Wahrheit zuliebe hinzufügen: sie ist unser aller Witwe.

Die Freiheit ist Sache der Unterdrückten, und ihre Beschützer stammten zu allen Zeiten aus unterdrückten Völkern. Im Europa der Feudalherren haben die Gemeinden das Salz der Freiheit bewahrt; die Bewohner von Dörfern und Städten haben ihr 1789 zu einem flüchtigen Sieg verholfen; vom 19. Jahrhundert an haben die Arbeiterbewegungen die ehrenvolle doppelte Verantwortung für Freiheit und Gerechtigkeit übernommen, und es wäre ihnen nie im Traum eingefallen, sie als unvereinbar zu bezeichnen. Die Hand- und die Kopfarbeiter haben der Freiheit einen Körper verliehen und ihr Wachstum auf Erden gefördert, bis sie zum eigentlichen Prinzip unseres Denkens wurde, zur unentbehrlichen Luft, die wir selbstverständlich atmen, bis zum Augenblick, da wir uns auf den Tod krank fühlen, weil sie uns fehlt. Und wenn sie heute in so weiten Teilen der Welt ins Hintertreffen gerät, erklärt sich dies zweifellos aus dem Umstand, daß die Bestrebungen der Versklavung nie zynischer und besser gerüstet waren, daß aber andererseits ihre eigentlichen Verteidiger sich aus Müdigkeit, aus Verzweiflung oder aus einer falschen Vorstellung von Strategie und Zweckdienlichkeit von ihr abgekehrt haben. Ja, das entscheidende Ereignis des 20. Jahrhunderts bestand darin, daß die revolutionäre Bewegung die Werte der Freiheit aufgab, daß der Sozialismus der Freiheit immer weiter vor dem Sozialismus des Cäsarentums und des Militärs zurückwich. Im gleichen Augenblick verschwand eine gewisse Hoffnung aus der Welt, und für jeden freien Menschen begann Einsamkeit.

Als sich am Anschluß an Marx das Gerücht zu verbreiten begann, die Freiheit sei eine bürgerliche Schaukel, war in dieser Formulierung nur ein Wort falsch gestellt, aber diese falsche Wortstellung müssen wir noch heute in den Umwälzungen des Jahrhunderts teuer bezahlen. Denn es hätte einfach heißen müssen, die bürgerliche Freiheit sei eine Schaukel, nicht aber jede Freiheit. Man hätte im Gegenteil sagen müssen, die bürgerliche Freiheit sei keine Freiheit oder bestenfalls noch keine Freiheit, aber es gebe Freiheiten zu erobern und auf immer zu bewahren. Es stimmt allerdings, daß es für einen Mann, der den ganzen Tag an die Drehbank gefesselt ist und sich abends mit seiner Familie in einen einzigen Raum zusammengepfercht sieht, keine mögliche Freiheit gibt. Aber das bricht den Stab über einer Klasse, einer Gesellschaft und der Knechtschaft, auf der sie gründet, nicht über der Freiheit selbst, der auch der Ärmste unter uns nicht entraten kann. Denn selbst wenn die Gesellschaft sich mit einem Schlag verwandeln und jedermann anständige, behagliche Lebensbedingungen bieten sollte, aber der Freiheit ermangelte, wäre sie noch immer eine Barbarei. Und wenn die bürgerliche Gesellschaft von der Freiheit redet, ohne sie in die Tat umzusetzen, heißt das dann, daß auch die Arbeitergesellschaft darauf verzichten soll, sie zu üben, um sich lediglich zu rühmen, sie nicht im Munde zu führen? Indessen griff die Verwirrung um sich, und innerhalb der revolutionären Bewegung wurde die Freiheit allmählich verurteilt, weil die bürgerliche Gesellschaft einen betrügerischen Gebrauch von ihr machte. Ausgehend von einem guten, gesunden Mißtrauen gegenüber aller Art Prostitution, zu der die Freiheit von der bürgerlichen Gesellschaft gezwungen wurde, ist man schließlich der Freiheit selbst gegenüber mißtrauisch geworden. Im besten Fall hat man sie ans Ende der Zeiten verwiesen und alle Welt gebeten, bis dahin nicht mehr von ihr zu sprechen. Man versicherte, zunächst müsse Gerechtigkeit geschaffen werden, als könnten Sklaven jemals hoffen, Gerechtigkeit zu erlangen. Wortkräftige Intellektuelle verkündeten dem Arbeiter, sein einziges Problem sei das Brot und nicht die Freiheit, als wüßte der Arbeiter nicht, daß sein Brot auch von der Freiheit abhängt. Und gewiß war angesichts der beharrlichen Ungerechtigkeit der bürgerlichen Gesellschaft die Versuchung groß, eine so überspitzte Haltung einzunehmen. Genau besehen findet sich vielleicht kein einziger unter uns, der ihr nicht in Tat oder Gedanken einmal nachgegeben hätte. Aber die Geschichte ist weitergegangen, und was wir gesehen haben, muß uns jetzt zum Nachdenken bewegen. Die Revolution der Arbeiter hat 1917 gesiegt, und damals erhob sich wirklich die Morgenröte der echten Freiheit und die gewaltigste Hoffnung, die diese Welt je gekannt hat. Aber diese eingekreiste, von innen wie von außen bedrohte Revolution schuf sich Waffen, eine Polizei. Sie trat das Erbe einer Formel und einer Doktrin an, die ihr die Freiheit unseligerweise verdächtig erscheinen ließen, und so erschöpfte sich ihr Schwung nach und nach, während die Polizei immer stärker wurde, bis die gewaltigste Hoffnung der Welt in der tüchtigsten Diktatur der Welt verknöcherte. Die falsche Freiheit der bürgerlichen Gesellschaft fühlt sich dabei kein bißchen weniger wohl. Was in den Prozessen von Moskau und anderswo, was in den Lagern der Revolution getötet wurde, was ermordet wird, wenn zum Beispiel ein Eisenbahner in Ungarn wegen beruflicher Fahrlässigkeit erschossen wird, ist nicht etwa die bürgerliche Freiheit, sondern die Freiheit von 1917. Die bürgerliche Freiheit kann ihrerseits zur selben Zeit mit ihrer ganzen Bauernfängerei weitermachen. Die Prozesse, die Entartungen der revolutionären Gesellschaft liefern ihr ein gutes Gewissen und Argumente.

Was schließlich die Welt kennzeichnet, in der wir leben, ist gerade diese zynische Dialektik, die der Verknechtung die Ungerechtigkeit entgegenhält und die eine durch die andere verschärft. Wenn man Franco, den Freund von Goebbels und Himmler, zur Hochburg der Kultur Zutritt gewährt, Franco, dem wahren Sieger des Zweiten Weltkriegs, und jemand Einspruch erhebt und versichert, daß die in der Charta der Vereinten Nationen niedergelegten Menschenrechte tagtäglich in Francos Gefängnissen verhöhnt werden, erhält er die ganz ernsthafte Antwort, auch Polen sei Mitglied der Vereinten Nationen, und was die Achtung vor den öffentlichen Freiheiten angehe, hätten beide Länder sich gegenseitig nichts vorzuwerfen. Ein stumpfsinniges Argument, fürwahr! Wenn Ihnen das Unglück zugestoßen ist, Ihre ältere Tochter mit einem Feldwebel des afrikanischen Strafbataillons zu verheiraten, ist das kein Grund, die jüngere mit einem Inspektor der Sittenpolizei zu verehelichen: ein räudiges Schaf in der Familie ist genug. Indessen ist das stumpfsinnige Argument wirksam, das beweist man uns alle Tage. Wenn jemand auf die Kolonialsklaven hinweist und nach Gerechtigkeit schreit, hält man ihm die Insassen russischer Konzentrationslager entgegen und umgekehrt. Und wenn jemand gegen die Ermordung des Historikers Kalandra protestiert, der in Prag der Opposition angehörte, so wirft man ihm zwei oder drei amerikanische Neger an den Kopf. In dieser widerlichen gegenseitigen Übersteigerung bleibt nur eines sich immer gleich: das Opfer, stets dasselbe. Ein einziges Gut wird unablässig vergewaltigt oder prostituiert: die Freiheit; und dann wird man gewahr, daß zugleich mit ihr überall auch die Gerechtigkeit in den Kot getreten wird.

Wie soll man diesen Höllenkreis durchbrechen? Es ist klar, daß dies nur geschehen kann, indem wir von dieser Stunde an, in uns und rings um uns, den Wert der Freiheit erneuern und nie wieder darein willigen, daß sie – und wäre es vorübergehend – geopfert oder von unserer Forderung nach Gerechtigkeit getrennt wird. Für uns alle kann heute nur eine einzige Parole gelten: in nichts nachgeben, was die Gerechtigkeit betrifft, und auf nichts verzichten, was die Freiheit angeht. Insbesondere sind die paar demokratischen Freiheiten, deren wir noch teilhaftig bleiben, keine leeren Illusionen, die wir uns widerspruchslos rauben lassen dürfen. Sie stellen genau das dar, was uns von den großen revolutionären Eroberungen der letzten zwei Jahrhunderte verbleibt. Sie sind keineswegs die Verneinung der echten Freiheit, wie so viele listige Demagogen uns dies aufschwatzen wollen. Es gibt keine Idealfreiheit, die uns eines Tages mit einem Schlag geschenkt würde, so wie man am Ende seines Lebens seine Rente bezieht. Die Freiheiten müssen erkämpft werden, eine nach der anderen, und die uns verbleibenden sind Etappen, unzureichende, gewiß, aber doch Etappen auf dem Weg zu einer greifbaren Befreiung. Wenn wir einwilligen, sie abschaffen zu lassen, bringt uns das keinen Schritt vorwärts. Im Gegenteil, es ist ein Rückschritt, ein Rückzug, und eines Tages werden wir den Weg von neuem gehen müssen, aber dieser neue Kampf wird wiederum den Schweiß und das Blut der Menschen kosten.

Nein, die Freiheit wählen, das heißt nicht wie in Kravschenkos Fall die Vergünstigungen des sowjetischen Regimes mit den Vergünstigungen des bürgerlichen Regimes vertauschen. Das hieße vielmehr zweimal die Knechtschaft wählen, und zwar – schlimmstes aller Urteile – beide Male nicht für sich, sondern für die anderen. Die Freiheit wählen, das heißt nicht, gegen die Gerechtigkeit wählen, wie man uns dies weismacht. Im Gegenteil, man wählt die Freiheit heute nur auf der Ebene derer, die allenthalben leiden und kämpfen, dort und nur dort. Man wählt sie zugleich mit der Gerechtigkeit, und wahrhaftig, in Zukunft ist es für uns nicht mehr möglich, die eine ohne die andere zu wählen. Wenn jemand euch euer Brot entzieht, beraubt er euch gleichzeitig eurer Freiheit. Aber wenn jemand euch eurer Freiheit beraubt, dann wißt, daß euer Brot bedroht ist, denn es hängt nicht mehr von euch und eurem Kampf ab, sondern von der Eigenmächtigkeit irgendeines Herrn. Je mehr die Freiheit in der Welt an Boden verliert, desto mehr wächst das Elend und umgekehrt. Und wenn dieses unerbittliche Jahrhundert uns etwas gelehrt hat, dann die Tatsache, daß die wirtschaftliche Revolution entweder frei oder aber nicht sein wird, so wie auch die Befreiung entweder wirtschaftlich oder aber überhaupt nicht sein wird. Die Unterdrückten wollen nicht nur von ihrem Hunger befreit sein, sondern auch von ihren Herren. Sie wissen genau, daß sie den Hunger nur dann wirklich loswerden, wenn sie ihre Herren, alle ihre Herren, in Schach halten.

Zum Schluß möchte ich noch hinzufügen, daß eine Trennung von Freiheit und Gerechtigkeit der Trennung von Kultur und Arbeit gleichkommt, die recht eigentlich die soziale Todsünde darstellt. Die Ratlosigkeit der europäischen Arbeiterbewegung rührt zum Teil daher, daß sie ihre wahre Heimat verloren hat, die ihr nach allen Niederlagen stets neue Kraft spendete, nämlich den Glauben an die Freiheit. Aber in gleicher Weise rührt die Ratlosigkeit der europäischen Intellektuellen daher, daß der doppelte, bürgerliche und pseudo-revolutionäre Betrug sie von ihrer einzigen lauteren Quelle, der Arbeit und den Leiden aller, und von ihren einzigen natürlichen Verbündeten, den Arbeitern, abgeschnitten hat. Ich habe meinerseits stets nur zwei Arten von Aristokratie anerkannt: die der Arbeit und die des Geistes, und jetzt weiß ich, daß es verrückt und verbrecherisch ist, die eine der anderen unterordnen zu wollen; ich weiß, daß sie beide vereint nur einen einzigen Adel bilden, daß ihre Wahrheit und vor allem ihre Kraft in der Einheit liegt, daß sie sich getrennt von den Mächten der Tyrannei und der Barbarei unterjochen lassen, daß sie aber vereint im Stande sind, der Welt ihr Gesetz aufzuprägen. Deshalb ist jeder Versuch, sie zu entzweien und zu trennen, ein Unterfangen, das gegen den Menschen und seine erhabensten Hoffnungen gerichtet ist. Jede Diktatur ist somit zuallererst bestrebt, gleichzeitig die Arbeit und die Kultur zu versklaven. In der Tat müssen sie alle beide geknebelt werden, denn die Tyrannen wissen wohl, daß andernfalls früher oder später die eine für die andere aufstehen wird. Deshalb kann ein Intellektueller meiner Ansicht nach heutzutage auf zweierlei Art Verrat üben, und zwar in beiden Fällen, weil er sich mit einer einzigen Tatsache abfindet: der Trennung von Arbeit und Kultur. Die erste ist bezeichnend für die bürgerlichen Intellektuellen, die es hinnehmen, daß ihre Privilegien mit der Knechtung der Arbeiter bezahlt werden. Diese Leute behaupten oft, sie verteidigten die Freiheit, aber sie verteidigen vor allen Dingen die Privilegien, die die Freiheit ihnen und nur ihnen verleiht. (Und überdies verteidigen sie meistens nicht einmal diese Freiheit, sobald die geringste Gefahr damit verbunden ist.) Die zweite ist bezeichnend für die Intellektuellen, die sich als Linksstehende betrachten und die es aus Mißtrauen gegenüber der Freiheit hinnehmen, daß die Kultur – und die Freiheit, die sie voraussetzt – unter dem eitlen Vorwand, einer zukünftigen Gerechtigkeit zu dienen, von oben gelenkt wird. In beiden Fällen, ob Schmarotzer der Ungerechtigkeit oder Abtrünniger der Freiheit, unterzeichnet und besiegelt man die Trennung zwischen intellektueller und manueller Arbeit, die Arbeit und Kultur ein und derselben Ohnmacht überantwortet, und erniedrigt sowohl die Freiheit als auch die Gerechtigkeit!

Es stimmt, daß die Freiheit der Arbeit Hohn spricht und sie von der Kultur trennt, wenn sie in erster Linie aus Privilegien besteht. Aber die Freiheit besteht in erster Linie nicht aus Privilegien, sondern aus Pflichten. Wenn aber ein jeder von uns sich bemüht, die Pflichten der Freiheit über die Privilegien zu stellen, dann wird die Freiheit von diesem Augenblick an Arbeit und Kultur verbinden und die einzige Kraft auf den Plan rufen, die der Gerechtigkeit wirksam dienen kann. Die Richtschnur unseres Handelns, das Geheimnis unseres Widerstands, ist dann leicht in Worte zu fassen: alles, was die Arbeit erniedrigt, erniedrigt den Geist, und umgekehrt. Und der revolutionäre Kampf, das jahrhundertealte Streben nach Befreiung, besteht vor allem in einer unablässigen Ablehnung der Erniedrigung.

In Tat und Wahrheit sind wir noch nicht aus dieser Erniedrigung herausgetreten. Aber das Rad dreht sich, die Geschichte geht weiter und es naht eine Zeit, dessen bin ich gewiß, da wir nicht mehr allein sein werden. Für mich ist unsere heutige Begegnung bereits ein Zeichen. Wenn Gewerkschaftler sich versammeln und sich um die Freiheiten scharen, um sie zu verteidigen, ja, dann lohnt es sich wirklich, daß von allen Seiten alle herbeiströmen, um ihre Gleichgesinntheit und ihre Hoffnung zu bekunden. Ein langer Weg liegt vor uns. Und doch, wenn der Krieg nicht alles in seine gräßliche Verwirrung stürzt, werden wir Zeit haben, der Gerechtigkeit und der Freiheit, deren wir bedürfen, endlich Gestalt zu verleihen. Aber zu diesem Zweck müssen wir in Zukunft eindeutig, ohne Erbitterung, aber unnachgiebig, die Lügen von uns weisen, mit denen wir gefüttert wurden. Nein, auf die Konzentrationslager, auf die versklavten Kolonialvölker, auf das Elend der Arbeiter kann die Freiheit nicht aufgebaut werden! Nein, die Friedenstauben lassen sich nicht auf den Galgen nieder, nein, die Kräfte der Freiheit können die Söhne der Opfer nicht mit den Henkern von Madrid und anderswo vermengen! Dessen wenigstens sind wir von nun an völlig gewiß, so wie wir auch gewiß sind, daß die Freiheit kein Geschenk ist, das man von einem Staat oder von einem Führer empfängt, sondern ein Gut, das Tag um Tag erkämpft sein will, durch das Bemühen jedes einzelnen, durch die Einheit aller.

EHRUNG EINES VERBANNTEN

Ansprache zu Ehren des Präsidenten Eduardo Santos, der von der Diktatur aus Kolumbien vertrieben wurde

Es erfüllt uns mit Stolz, heute unter uns einen Botschafter willkommen heißen zu dürfen, der anders ist als die anderen. Ich habe in der Tat gelesen, daß die Regierung, deren trauriges Privileg es war, die größte Tageszeitung Südamerikas zu verbieten, dem Schriftleiter dieser Zeitung, Präsident Eduardo Santos, zuvor einen Botschafterposten in Paris angetragen hat. Sie haben diese Ehre abgelehnt, Herr Präsident, nicht weil Sie Paris gering schätzen, das wissen wir wohl, sondern aus Liebe zu Kolumbien und gewiß auch aus der Einsicht, daß die Regierungen eine Botschaft im Ausland zuweilen als den Ort einer samtverbrämten Verbannung für lästige Bürger betrachten. Sie sind in Bogotà geblieben, Sie sind also Ihrer Berufung getreu lästig gefallen und gemaßregelt worden, diesmal ohne diplomatische Handschuhe, mit vollkommenem Zynismus. Aber dadurch wurde Ihnen gleichzeitig der Ehrentitel verliehen, um dessentwillen Sie heute von uns allen als der wahre Botschafter Kolumbiens betrachtet werden, und dies nicht nur in Paris, sondern in allen Hauptstädten, in denen das bloße Wort Freiheit die Herzen höherschlagen läßt.

Ein freier Mensch zu sein, ist gar nicht so einfach, wie man glaubt. In Wirklichkeit wird diese Behauptung nur von den Leuten aufgestellt, die beschlossen haben, auf die Freiheit zu verzichten. Denn die Freiheit wird nicht ihrer Vorrechte wegen abgelehnt, wie man uns dies einreden möchte, sondern der kraftraubenden Aufgaben wegen, die sie mit sich bringt. Die Menschen aber, deren Beruf und Leidenschaft es ist, der Freiheit ihren Inhalt an Rechten und Pflichten zu geben, wissen, daß es sich um ein täglich neues Bemühen handelt, eine nie versagende Wachsamkeit, ein Tag um Tag erneuertes Zeugnis, an dem Stolz und Demut gleichermaßen teil haben. Wenn wir heute versucht sind, Sie, Herr Präsident, und auch Herrn Roberto Garcia Penas unserer herzlichen Gefühle zu versichern, so geschieht dies, weil Sie dieses Zeugnis rückhaltlos abgelegt haben, ohne sich selbst zu schonen. Als Sie das entehrende Angebot ablehnten, die Aufforderung zu einem Widerruf und zu einer Bußfertigkeit, die eine Regierung

Ihnen vorzuschreiben wagte, als Sie Ihre schöne Zeitung opferten, um sie nicht in den Dienst der Lüge und des Despotismus zu stellen, waren Sie ohne Zweifel einer jener unbeugsamen Zeugen, denen unter allen Umständen Achtung gebührt. Doch genügte dies noch nicht, um Sie zu einem Zeugen der Freiheit zu machen. Viele Menschen haben alles einem Irrtum geopfert, und mir schien schon immer, Heroismus und Opfermut reichten nicht aus, um eine Sache zu rechtfertigen. Starrsinn ist an sich noch keine Tugend. Was Ihrem Widerstand jedoch seine wahre Bedeutung verleiht, was Sie selbst zu jenem beispielhaften Gefährten macht, dem unser Gruß gilt, ist der Umstand, daß Sie als geachteter Präsident Kolumbiens nicht nur darauf verzichteten, Ihre Macht zur Knebelung Ihrer Gegner zu verwenden, sondern überdies verhindert haben, daß die Zeitung Ihrer politischen Feinde verboten wurde.

Schon allein diese Tat erlaubt uns, in Ihnen einen wahrhaft freien Mann zu erkennen. Die Freiheit besitzt nicht lauter rechtmäßige und bewundernswerte Söhne. Wer ihr nur Beifall spendet, solange sie seine Privilegien bedroht, gehört nicht zu uns. Wer aber, wie Benjamin Constant sagte, die Mittel der Unterdrückung weder dulden noch besitzen will, wer die Freiheit sowohl für sich als auch für die anderen fordert, der gehört in diesem von Elend und Terror dem Wahnsinn der Unterdrückung geweihten Jahrhundert zu jenem Samen unter dem Schnee, von dem einer der Größten unter uns gesprochen hat. Wenn der Sturm vorbei ist, wird die Welt sich von dieser Saat nähren.

Wir wissen, daß solche Menschen selten sind. Die Freiheit besitzt heutzutage nicht viele Verbündete. Ich habe einmal gesagt, die eigentliche Leidenschaft des 20. Jahrhunderts sei die Knechtschaft. Das war ein bitteres Wort, ungerecht all den Menschen gegenüber, die uns wie Sie durch Opfer und Beispiel Tag für Tag helfen, weiterzuleben. Doch wollte ich nur die Beklemmung ausdrücken, die mich täglich befällt, wenn ich die Erniedrigung der liberalen Kräfte sehe, die Prostitution der Worte, die Verleumdung der Opfer, die selbstgefällige Rechtfertigung der Unterdrücker, die blinde Bewunderung der Gewalt. Wir erleben das Überhandnehmen der Leute, von denen man sagen konnte, sie hätten den Geschmack an der Knechtschaft zu einem Bestandteil der Tugend gemacht. Wir sehen, wie der Geist nach Rechtfertigung der Angst sucht und sie mühelos findet, besitzt doch jede

Feigheit ihre Philosophie. Die Entrüstung wird berechnet, das Schweigen abgewogen, die Geschichte ist nur noch der Mantel Noahs, mit dem die anstößige Blöße der Opfer bedeckt wird. Alle fliehen vor der eigentlichen Verantwortung, vor der Anstrengung der Treue oder der eigenen Meinung, um sich den Parteien oder Phalangen in die Arme zu stürzen, die endlich an ihrer Statt denken, sich entrüsten und berechnen werden. Unsere Zeitgenossen scheinen die Wahrheit einer Doktrin oder einer Sache nur noch an der Zahl der Panzerdivisionen zu messen, die sie aufzustellen vermag. Dann ist alles willkommen, was den Mord der Freiheit rechtfertigt, sei es nun die Nation, das Volk oder die Größe des Staates. Insbesondere war die Volkswohlfahrt seit jeher das Alibi der Tyrannen. Sie bietet zudem den Vorteil, den Knechten der Tyrannei ein gutes Gewissen zu verschaffen. Dabei wäre es leicht, dieses gute Gewissen zu zerstören, indem man ihnen zuriefe: wenn ihr das Glück des Volkes im Auge habt, so gebt ihm das Wort, damit es sagen kann, welches Glück es will und welches es ablehnt! Aber in Wirklichkeit wissen die Leute, die sich solcher Alibis bedienen, daß es sich um Lügen handelt; sie überlassen es ihren Intellektuellen vom Dienst, daran zu glauben und zu beweisen, daß Religion, Patriotismus oder Gerechtigkeit um der Zukunft willen das Opfer der Freiheit erfordern. Als wäre die Freiheit nicht das Gut, das wir als letztes einbüßen, nach allen anderen Gütern, die unser Leben lebenswert erscheinen ließen. Nein, die Freiheit stirbt nicht allein. Zugleich mit ihr wird die Gerechtigkeit auf immer verbannt, während das Vaterland mit dem Tode ringt und die Unschuld jeden Tag neu ans Kreuz geschlagen wird.

Gewiß genügt die Freiheit nicht für alles, sie besitzt ihre Grenzen. Die Freiheit jedes einzelnen wird durch die seiner Mitmenschen eingeschränkt; niemand hat Anrecht auf absolute Freiheit. Die Grenze, an der die Freiheit beginnt und aufhört, an der ihre Rechte und ihre Pflichten ihr Gleichgewicht finden, heißt das Gesetz, und selbst der Staat muß sich dem Gesetz unterwerfen. Wenn er sich ihm entzieht, wenn er die Bürger der Wohltaten dieses Gesetzes beraubt, dann herrscht Willkür. Im vergangenen August war dies in Kolumbien der Fall, so wie es seit zwanzig Jahren in Spanien der Fall ist. Und hier wie überall hilft uns Ihr Beispiel, nicht zu vergessen, daß man mit der Willkür keine Kompromisse schließt. Man lehnt sie ab, man bekämpft sie.

Sie haben Ihren Kampf auf dem Feld der Presse ausgetragen.

Gerade die Pressefreiheit hat vielleicht am meisten unter dem langsamen Verfall des Begriffs der Freiheit gelitten. Die Presse besitzt ihre Zuhälter und ihre Polizei. Der Zuhälter erniedrigt sie, der Polizist knebelt sie, und jeder beruft sich auf den anderen, um seine Machtübergriffe zu rechtfertigen. Diese Herren sind wetteifernd bemüht, die Waise zu beschützen und ihr Obdach zu gewähren, mag dieses Obdach nun Gefängnis oder Bordell heißen. Die Waise ist durchaus berechtigt, eine so zudringliche Dienstfertigkeit abzulehnen und zu beschließen, allein zu kämpfen, allein über ihr Schicksal zu entscheiden.

Nicht daß die Presse an sich ein absolutes Gut wäre. Victor Hugo versicherte in einer Rede, sie sei der Geist, der Fortschritt und was weiß ich sonst noch. Als langjähriger Journalist bin ich mir darüber klar, daß sie nichts von alldem ist und daß die Wirklichkeit ein weniger tröstliches Gesicht bietet. Aber in anderer Hinsicht ist die Presse mehr als Geist oder Fortschritt; sie birgt diese Möglichkeiten neben zahlreichen anderen. Die freie Presse kann sicherlich gut oder schlecht sein, aber ohne die Freiheit wird sie ganz gewiß nie anders als schlecht sein können. Wenn man weiß, wozu der Mensch im Bösen wie im Guten fähig ist, weiß man auch, daß es nicht darum geht, die menschliche Person zu beschützen, sondern die Möglichkeiten, die sie in sich schließt, das heißt letzten Endes ihre Freiheit. Ich gebe zu, daß ich selbst nicht die ganze Menschheit zu lieben vermag, es sei denn mit einer weitschweifigen, ein bißchen abstrakten Liebe. Aber ich liebe ein paar lebende oder tote Menschen mit solcher Innigkeit und Bewunderung, daß ich jederzeit ängstlich darauf bedacht bin, bei den anderen die Anlagen unangetastet zu lassen, dank denen sie vielleicht eines Tages diesen geliebten Menschen gleichen werden. Die Freiheit ist nichts anderes als die Möglichkeit, besser zu sein, während die Knechtschaft die Gewißheit des Schlimmsten bedeutet.

Wenn der freie Journalismus, so sehr er sich kompromittiert oder zu Bauche kriecht, weiterhin als einer der größten Berufe unserer Zeit betrachtet werden muß, dann nur, insofern er Männer wie Ihnen und Ihren Mitarbeitern erlaubt, ihrem Land und ihrer Zeit im besten Sinne zu dienen. Selbst mit der Pressefreiheit sind die Völker nicht gewiß, der Gerechtigkeit und dem Frieden entgegenzugehen. Aber ohne sie sind sie gewiß, sie nie zu erreichen. Denn Gerechtigkeit widerfährt den Völkern nur dann, wenn ihre

Rechte anerkannt werden, und es gibt kein Recht ohne den Ausdruck dieses Rechts. In diesem Punkt darf man mit Rosa Luxemburg einiggehen, die sagte: «Ohne unbegrenzte Pressefreiheit, ohne uneingeschränkte Versammlungs- und Vereinsfreiheit ist keine Herrschaft der breiten Volksmassen denkbar.»

Es gilt also, unnachgiebig an dem Prinzip dieser Freiheit festzuhalten. Sie begründet nicht nur kulturelle Privilegien, wie man uns dies scheinheilig einreden will. Sie begründet auch die Rechte der Arbeit. Die Leute, die Arbeit und Kultur in Gegensatz stellen, um ihre Tyrannei leichter zu rechtfertigen, können nicht darüber hinwegtäuschen, daß jede Verknechtung des Geistes eine Fesselung der Arbeit bedeutet und umgekehrt. Wenn der Geist geknebelt ist, wird auch der Arbeiter in Bälde unterjocht, so wie es nach der Knechtung des Proletariers nicht lange dauert, bis der Intellektuelle sich vor die Wahl gestellt sieht, zu schweigen oder zu lügen. Kurzum, wer der Wahrheit oder ihrem Ausdruck Gewalt antut, verstümmelt letzten Endes die Gerechtigkeit, selbst wenn er ihr zu dienen vermeint. Von diesem Standpunkt aus bestreiten wir ein für allemal, daß eine Presse wahr sein muß, weil sie revolutionär ist; sie wird nur dann revolutionär sein, wenn sie wahr ist, andernfalls nie. Solange wir uns diese Tatsachen vor Augen halten, wird Ihr Widerstand, Herr Präsident, seinen echten Sinn bewahren und anstatt einsam zu sein, uns zu dem langen Kampf leuchten, den nicht aufzugeben Sie uns dadurch helfen werden.

Die kolumbische Regierung hat *El Tiempo* beschuldigt, ein Superstaat im Staat zu sein, und Sie haben diese Behauptung mit Recht von sich gewiesen. Aber die Regierung hatte ebenfalls recht, wenn auch in einem Sinn, der ihr durchaus nicht genehm wäre. Denn mit ihrer Anklage anerkannte sie die Macht des Worts. Zensur und Unterdrückung liefern nur den Beweis, daß das Wort mächtig genug ist, den Tyrannen erzittern zu lassen, sofern Opferwille es unterstützt. Denn einzig das mit Herz und Blut genährte Wort vermag die Menschen zu einen, während das Schweigen der Tyrannei sie trennt. Die Tyrannen führen über millionenfache Einsamkeit hinweg ihren Monolog. Wenn wir die Unterdrückung und die Lüge von uns weisen, so lehnen wir gerade eben die Einsamkeit ab. Sooft sich ein Widerspenstiger gegen die Unterdrückung erhebt, verkündet er damit die Solidarität aller Menschen. Nein, nicht sich selbst, nicht irgendeine ferne Zeitung haben Sie verteidigt, als Sie der Unterdrückung Trotz boten, sondern die ganze Gemeinschaft, die uns über die Grenzen hinweg verbindet.

Ist es übrigens nicht wahr, daß Ihr Name landauf, landab stets mit der Sache der Freiheit verbunden war? Und wie sollte ich in diesem Zusammenhang nicht daran erinnern, daß Sie einer der treuesten Freunde unseres Spanien waren und bleiben, des republikanischen Spanien, das heute in alle Winde zerstreut, von seinen Verbündeten und von seinen Freunden verraten, von allen vergessen ist, des erniedrigten Spanien, das sich nur dank der Kraft seines Schreis aufrechthält! An dem Tag, da das andere Spanien, das christliche, straflagerliche, mit seinen Kerkermeistern und seiner Zensur der Organisation der sogenannt freien Nationen beitreten wird, an dem Tag werden Sie – dessen bin ich gewiß – an unserer Seite stehen, stumm aber unwiderruflich, an der Seite unseres Spanien, des freien und unglücklichen.

Für diese Treue möchte ich Ihnen danken, im Namen meiner Wahlheimat und im Namen all derer, die hier versammelt sind und Ihnen ihren Dank und ihre Freundschaft aussprechen. Dank, weil Sie zu den wenigen gehören, die in der Zeit der Knechtschaft und der Angst unerschütterlich an ihrem Recht festhalten. Allenthalben wird die Klage laut, das Pflichtbewußtsein gehe verloren. Wie denn auch nicht, wenn man nicht mehr an seinen Rechten festhält? Nur wer kein Quentchen von seinen Rechten abgibt, bewahrt die Kraft zur Pflicht. Die vornehmsten Bürger eines Landes finden sich nicht unter den Leuten, die vor der Obrigkeit das Knie beugen, sondern vielmehr unter denen, die gewillt sind, nötigenfalls auch gegen die Obrigkeit die Unantastbarkeit der Ehre und der Freiheit ihres Landes zu wahren. Und wie wir heute wird Ihr Land jederzeit in Ihnen seinen vornehmsten Bürger erblicken, weil Sie fähig waren, unter Verachtung jeglichen Opportunismus der totalen Ungerechtigkeit entgegenzutreten, die Ihnen zugefügt wurde. Zur Stunde, da der beschränkteste Realismus, eine entwürdigte Auffassung von der Macht, das Verlangen nach Ehrlosigkeit, die Verheerungen der Angst das Antlitz der Welt entstellen, zur Stunde, da man alles verloren glauben kann, fängt im Gegenteil etwas an, weil wir nichts mehr zu verlieren haben. Was aber anfängt, ist die Zeit der Unversöhnlichen, die sich inskünftig der bedingungslosen Verteidigung der Freiheit weihen. Eben deshalb bietet Ihre Haltung Beispiel und Trost für alle Menschen, die sich heute wie ich von zahlreichen altvertrauten Freunden trennen, weil sie jede selbst vorläufige, selbst und vor allem taktische Mithelferschaft mit den Regimes oder den Parteien ablehnen, die – seien sie nun rechts oder links – im allergeringsten die Abschaffung auch nur einer einzigen unserer Freiheiten rechtfertigen!

Lassen Sie mich zum Schluß noch sagen, daß ich kürzlich beim Lesen Ihrer bewundernswerten Botschaft an Ihr Volk ermessen habe, wie gewaltig nicht nur Ihre Unbeugsamkeit und Treue ist, sondern auch das Leid, durch das Sie gegangen sind. Wir alle hier wissen, daß wir mit all unserem Glauben an die Gerechtigkeit unserer Sache bei der Entdeckung der offenkundigen Ohnmacht der Gerechtigkeit eine Art erstaunten Schmerz empfinden, wenn die Unterdrückung siegt. Dann erleben wir jene Stunden des Exils und der Einsamkeit, die wir alle kennen. Ich möchte Ihnen indessen sagen, was meiner Ansicht nach das Schlimmste ist, das der Welt, in der wir leben, zustoßen kann: daß nämlich einer der von mir erwähnten Männer der Freiheit und des Muts unter dem Gewicht der Vereinsamung und der langen Unbill wankend wird und dann an sich selbst und an den Werten, die er vertritt, zu zweifeln beginnt. Und mir will scheinen, daß sich in diesem Augenblick alle, die gleichen Geistes sind, um ihn scharen sollten, um ihm ohne Rücksicht auf Titel und ohne Verklausulierungen mit der einfachen Sprache des Herzens zu sagen, daß er nicht allein steht, daß sein Tun nicht nutzlos ist, daß immer der Tag kommt, da die Paläste der Unterdrückung einstürzen, da die Verbannung zu Ende geht, da die Freiheit auflodert. Diese ruhige Hoffnung rechtfertigt Ihr Tun. Wenn die Menschen nicht immer erreichen können, daß die Geschichte einen Sinn hat, so können sie schließlich ihr Handeln doch stets darauf ausrichten, daß ihr eigenes Leben einen besitzt. Glauben Sie mir, wenn ich Ihnen sage, daß Sie und Ihre Mitarbeiter über Tausende von Kilometern von dem fernen Kolumbien her ein Stück des harten Wegs aufgezeigt haben, den wir noch gemeinsam zurücklegen müssen, der Freiheit entgegen. Und gestatten Sie, daß ich im Namen der unverbrüchlichen und dankbaren Freunde, die Sie hier empfangen, meinen brüderlichen Gruß an Sie und Ihre Mitarbeiter richte, an die großen Gefährten unserer gemeinsamen Befreiung.

Die Guillotine

BETRACHTUNGEN ZUR TODESSTRAFE

Kurz vor dem Ersten Weltkrieg wurde ein Mörder wegen eines ungewöhnlich scheußlichen Verbrechens (er hatte eine ganze Bauernfamilie, Eltern und Kinder, umgebracht) in Algier zum Tode verurteilt. Es handelte sich um einen Landarbeiter, der in einer Art Blutrausch getötet hatte, dessen Fall jedoch durch den Umstand erschwert wurde, daß er seine Opfer außerdem bestahl. Der Prozeß erregte großes Aufsehen. Die Öffentlichkeit war der Meinung, daß für ein solches Ungeheuer selbst die Enthauptung eine zu milde Strafe sei. Dies war auch, wie mir versichert wurde, die Ansicht meines Vaters, den insbesondere die Ermordung der Kinder empört hatte. Jedenfalls gehört zu dem wenigen, das ich von ihm weiß, die Tatsache, daß er zum erstenmal in seinem Leben beschloß, einer Hinrichtung beizuwohnen. Er stand mitten in der Nacht auf, um sich mit vielen anderen Leuten zusammen ans andere Ende der Stadt auf den Richtplatz zu begeben. Was er an jenem Morgen sah, erzählte er keinem Menschen. Meine Mutter berichtet nur, daß er mit verstörtem Gesicht überstürzt nach Hause kam, sich ohne ein Wort der Erklärung einen Augenblick auf sein Bett legte und sich plötzlich erbrach. Er hatte eben die Wirklichkeit entdeckt, die sich hinter den hochtrabenden, bemäntelnden Redensarten verbarg. Anstatt an die hingemetzelten Kinder zu denken, hatte er nur noch den an allen Gliedern zitternden Körper vor Augen, den man auf ein Brett geworfen hatte, um ihm den Hals durchzuschneiden.

Diese althergebrachte Handlung muß wohl ausnehmend gräßlich sein, wenn sie stärker ist als die Empörung eines einfachen, aufrechten Mannes, so daß die Strafe, die ihm hundertmal verdient erschien, schließlich nichts als Übelkeit in ihm hervorrief. Wenn die Vollstreckung des Rechts dem ehrbaren Bürger, zu dessen Schutz es da ist, nur Übelkeit bereitet, kann schwerlich behauptet werden, sie sei dazu angetan, ihrer eigentlichen Aufgabe getreu mehr Frieden und Ordnung in das Gemeinwesen zu bringen. Es wird im Gegenteil deutlich, daß sie genauso empörend ist wie das Verbrechen und daß dieser weitere Mord die der Gesellschaft zugefügte Beleidigung nicht nur nicht wiedergutmacht, sondern durch eine neue Schmach verschärft. Wie wahr diese Feststellung ist, geht aus dem Umstand hervor, daß niemand offen von dieser Zeremonie zu sprechen wagt. Die Beamten und die Journalisten, die von Berufs wegen darüber berichten müssen, scheinen sich bewußt zu sein, daß darin etwas zugleich Aufreizendes und Schändliches zum Ausdruck kommt, denn sie haben dafür so etwas wie eine rituelle, auf schablonenhafte Formulierungen beschränkte Sprache geschaffen. So lesen wir beim Frühstück in der Zeitung, daß der Verurteilte «seine Schuld gegenüber der Gesellschaft bezahlt» oder daß er «gesühnt» hat oder daß «um fünf Uhr Gerechtigkeit geübt» worden ist. Die Beamten nennen den Verurteilten «der Betreffende» oder «der Patient», wenn sie ihn nicht einfach mit einer Abkürzung bezeichnen: der Z. T. V. Über die Todesstrafe wird, wenn ich mich so ausdrücken darf, nur mit gedämpfter Stimme geschrieben. In unserer überfeinerten Gesellschaft erkennen wir die Schwere einer Krankheit daran, daß wir uns nicht getrauen, ohne Umschweife davon zu sprechen. In bürgerlichen Kreisen war es lange Zeit Sitte, höchstens zu sagen, die älteste Tochter sei schwach auf der Brust oder der Vater leide an einem Geschwür, weil Tuberkulose und Krebs als leicht ehrenrührige Krankheiten betrachtet wurden. Auf die Todesstrafe trifft diese Feststellung gewiß noch besser zu, da stets nur in beschönigenden Redensarten davon gesprochen wird. Sie bedeutet für den Staatskörper das gleiche wie der Krebs für den Einzelmenschen, mit dem einzigen Unterschied, daß es noch niemand eingefallen ist, den Krebs als notwendig hinzustellen. Die Todesstrafe wird jedoch gemeinhin ohne Zögern als bedauerliche Notwendigkeit bezeichnet, die dazu befugt zu töten – da es doch notwendig ist – und nicht davon zu sprechen – da es bedauerlich ist.

Ich habe aber im Gegenteil die Absicht, unverblümt davon zu sprechen. Nicht weil ich Gefallen daran fände, Ärgernis zu erregen, und, wie ich glaube, auch nicht aus einer morbiden Veranlagung heraus. Als Schriftsteller habe ich einen gewissen Exhibitionismus immer verabscheut; als Mensch bin ich der Überzeugung, daß manche abstoßenden Züge unseres Menschseins zwar unvermeidlich sind, aber nicht an die große Glocke gehängt werden dürfen. Wenn jedoch das Stillschweigen oder die Winkelzüge der Sprache dazu beitragen, einen Mißbrauch, der abgeschafft werden muß, oder ein Unglück, das gelindert werden kann, andauern zu lassen, dann bleibt nichts anders übrig, als sich deutlich auszudrücken und die Unflätigkeit anzuprangern, die sich hinter dem Deckmantel der Worte verbirgt. Frankreich teilt sich mit Spanien und England in die fragwürdige Ehre, eines der letzten Länder zu sein, die diesseits des Eisernen Vorhangs die Todesstrafe in ihrem Strafrecht bewahren. Die Fortdauer dieses primitiven Brauchs war bei uns nur möglich dank der Gleichgültigkeit oder Unwissenheit der öffentlichen Meinung, denn ihre Reaktion beschränkt sich auf die wenigen geschraubten Phrasen, die ihr eingetrichtert worden sind. Wenn die Phantasie einschläft, verlieren die Worte ihren Sinn: ein träges Publikum nimmt die Verurteilung eines Menschen nur zerstreut zur Kenntnis. Wenn aber das Werkzeug gezeigt, Holz und Eisen handgreiflich vor Augen gestellt, das Geräusch des fallenden Kopfes deutlich vernehmbar gemacht wird, verwirft die jäh wachgerüttelte Phantasie mit den Phrasen auch die Hinrichtung.

Als die Nazi in Polen öffentliche Geiselhinrichtungen veranstalteten, knebelten sie ihre Opfer mit gipsgetränkten Lappen, um zu verhindern, daß sie Worte des Aufruhrs und der Freiheit herausschrien. Es wäre gewiß ungehörig, das Schicksal dieser unschuldigen Menschen mit dem verurteilter Verbrecher zu vergleichen. Aber abgesehen davon, daß bei uns nicht nur Verbrecher geköpft werden, bleibt die Methode dieselbe. Wir vertuschen mit gedämpften Worten eine Strafe, die nicht als rechtmäßig hingestellt werden darf, ehe sie in ihrer Wirklichkeit untersucht worden ist. Anstatt zu versichern, zunächst einmal sei die Todesstrafe notwendig und im weiteren gehöre es sich, nicht davon zu sprechen, ist es vielmehr unerläßlich, zu sagen, was sie wirklich ist, um dann zu entscheiden, ob sie so, wie sie ist, als notwendig zu betrachten sei.

Ich persönlich halte sie nicht nur für unnütz, sondern für zutiefst schädlich, und ich muß diese Überzeugung hier unmißverständlich festhalten, ehe ich auf das eigentliche Thema zu sprechen komme. Ich wäre nicht ehrlich, wenn ich den Glauben erwecken wollte, ich sei erst zu diesem Schluß gekommen, nachdem ich mich in wochenlangen Untersuchungen mit dieser Frage beschäftigt habe. Aber es wäre ebenso unehrlich, meine Überzeugung der bloßen Empfindsamkeit zuzuschreiben. Ich versuche mich im Gegenteil nach Kräften vor der weichlichen Rührung zu hüten, der die humanitären Gemüter sich so gerne überlassen und in der die Werte und Verantwortungen verschwimmen, die Verbrechen gleichwertig werden und die Unschuld am Ende ihre

Rechte einbüßt. Im Gegensatz zu vielen berühmten Zeitgenossen glaube ich nicht, daß der Mensch von Natur aus ein gesellschaftsbedürftiges Wesen ist. Offengestanden bin ich vom Gegenteil überzeugt. Aber ich glaube – und das ist durchaus nicht dasselbe –, daß er heute nicht mehr außerhalb der Gesellschaft zu leben vermag und daß ihre Gesetze für sein physisches Überleben unerläßlich sind. Die Verantwortungen müssen also gemäß einem vernünftigen und wirksamen Wertmaßstab von der Gesellschaft selber festgelegt werden. Das Gesetz aber findet seine letzte Rechtfertigung in dem Wohl, das es der Gesellschaft zu gegebener Zeit und an bestimmtem Ort gewährleistet oder nicht gewährleistet. Jahrelang vermochte ich in der Todesstrafe nur eine für die Phantasie unerträgliche Züchtigung und eine Ausschreitung der Bequemlichkeit zu sehen, die ich verstandesmäßig ablehnte. Ich war indessen geneigt, anzunehmen, daß die Phantasie mein Urteil mitbestimme. In Wirklichkeit ist mir jedoch in all diesen Wochen nichts begegnet, das mich nicht in meiner Überzeugung bestärkt oder in meinen Überlegungen bestätigt hätte. Zu meinen ursprünglichen Gründen haben sich im Gegenteil neue Argumente gesellt. Heute teile ich restlos Arthur Koestlers Überzeugung: die Todesstrafe ist ein Schandfleck unserer Gesellschaft, und ihre Befürworter können sie mit keinerlei Vernunftgründen rechtfertigen.

Die Anhänger der Todesstrafe führen bekanntlich als Hauptargument an, mit dieser Strafe werde ein Exempel statuiert. Die Köpfe würden nicht nur abgehauen, um ihre Inhaber zu bestrafen, sondern ebensosehr, um allfällige Nachahmer durch eine entsetzliche Warnung abzuschrecken. Die Gesellschaft nehme keine Rache, sie wolle bloß vorbeugen. Sie drohe mit dem abgehackten Kopf, damit die Mordanwärter ihr Schicksal erkennen und von ihrem Vorhaben ablassen.

Dieses Argument könnte wohl beeindrucken, wenn wir nicht feststellen müßten, daß

1. die Gesellschaft selber nicht an das Exempel glaubt;

2. nichts beweist, daß die Todesstrafe auch nur einen einzigen zum Mord entschlossenen Menschen von seinem Vorhaben abgebracht hätte, während sie offenkundig auf Tausende von Verbrechern gar keine oder höchstens eine faszinierende Wirkung ausgeübt hat;

3. die Todesstrafe in anderer Hinsicht ein widerliches Beispiel darstellt, dessen Folgen unvorhersehbar sind.

Zunächst einmal glaubt die Gesellschaft selber nicht, was sie sagt. Wenn sie wirklich daran glaubte, würde sie die Köpfe zur Schau stellen. Dann ließe sie den Hinrichtungen den gleichen Aufwand an Reklame zuteil werden, mit dem für gewöhnlich Staatsanleihen oder ein neuer Apéritif lanciert werden. Bekanntlich finden die Hinrichtungen bei uns jedoch nicht mehr in der Öffentlichkeit statt, sondern werden in den Gefängnishöfen in Gegenwart einer beschränkten Zahl von Spezialisten vollzogen. Warum und seit wann dem so ist, kann ebenfalls verraten werden. Es handelt sich dabei um eine Maßnahme aus jüngerer Zeit. Der letzte, der öffentlich hingerichtet wurde, war der Massenmörder Weidmann, der durch seine Taten weithin berühmt geworden war. An jenem Morgen des Jahres 1939 drängte sich in Versailles eine gewaltige Menschenmenge, unter der sich zahlreiche Fotografen befanden. Zwischen dem Augenblick, da Weidmann der Menge vorgeführt wurde, und dem Augenblick der Enthauptung konnten Bilder aufgenommen werden. Ein paar Stunden später veröffentliche *Paris-Soir* einen ganzseitigen Bildbericht über diese erfreuliche Veranstaltung. Das biedere Volk von Paris hatte so Gelegenheit, sich davon zu überzeugen, daß die handliche Präzisionsmaschine, die der Scharfrichter bedient, sich ebenso gründlich vom historischen Fallbeil unterschied wie etwa ein Düsenjäger von der Flugmaschine der Brüder Wright. Entgegen allen Erwartungen nahmen Behörden und Regierung diese vortreffliche Werbung äußerst krumm und verkündeten zornig, die Presse habe den sadistischen Instinkten ihrer Leser entgegenkommen wollen. Es wurde deshalb beschlossen, die Hinrichtungen nicht mehr öffentlich vorzunehmen, und diese Anordnung erleichterte bald darauf die Arbeit der Besatzungsmacht.

In dieser Angelegenheit war der Gesetzgeber nicht von der Logik beraten. Es wäre im Gegenteil richtig gewesen, dem Herausgeber von *Paris-Soir* einen Orden zu verleihen und ihn zu ermuntern, seine Sache das nächste Mal noch besser zu machen. Wenn die Strafe abschreckend wirken soll, muß man nämlich nicht nur mehr Fotos verbreiten, sondern die Maschine um zwei Uhr nachmittags auf einem Blutgerüst in der Mitte der Place de la Concorde aufstellen, die ganze Bevölkerung einladen und die Zeremonie für die Abwesenden im Fernsehen übertragen. Ist man dazu nicht bereit, soll man nicht von Exempel reden. Wie könnte der heimlich und zu nächtlicher Stunde in einem Gefängnishof verübte Mord als Warnung wirken? Er vermag die Bürger höchstens hin und wieder davon in Kenntnis zu setzen, daß sie sterben werden, falls sie einmal töten sollten, eine Prognose, die auch den anderen, die nicht töten, gestellt werden kann. Wenn die Bestrafung wirklich exemplarisch sein soll, muß sie abschreckend wirken. Tuaut de la Bouverie, ein Volksvertreter von 1791 und Befürworter der öffentlichen Hinrichtungen, bewies mehr logischen Sinn, als er vor der Nationalversammlung erklärte: «Es bedarf eines fürchterlichen Schauspiels, um das Volk in Schranken zu halten.»

Heute gibt es kein Schauspiel mehr, sondern eine Bestrafung, die jedermann nur vom Hörensagen kennt, und von Zeit zu Zeit die in beschönigende Formeln gekleidete Nachricht von einer Hinrichtung. Wie sollte ein angehender Verbrecher sich im Augenblick seiner Tat der Strafe bewußt sein, wenn alles darauf angelegt ist, sie immer abstrakter zu gestalten? Und wenn wirklich die Absicht bestünde, ihm die Strafe jederzeit zu vergegenwärtigen, damit sie seinen wahnwitzigen Entschluß zunächst die Waage halte und ihn dann ändere, müßten dann nicht alle Mittel des Bildes und des Wortes eingesetzt werden, um die Strafe und ihre schreckliche Wirklichkeit allen Gemütern unauslöschlich einzuprägen?

Anstatt verschwommen von einer Schuld zu sprechen, die jemand eines Morgens der Gesellschaft bezahlt habe, sollte man diese wunderbare Gelegenheit beim Schopf fassen und jedem Steuerzahler in allen Einzelheiten vor Augen halten, was ihm bevorsteht. Anstatt ihm zu sagen: «Wenn du tötest, wirst du auf dem Schafott sühnen», wäre es doch viel besser, ihm zur Veranschaulichung zu erklären: «Wenn du tötest, wirst du für Monate oder Jahre ins Gefängnis geworfen, wirst hin- und hergerissen zwischen unerträglicher Verzweiflung und ständig erneuertem Grauen, bis wir uns eines Morgens in deine Zelle schleichen, nicht ohne zuvor unsere Schuhe ausgezogen zu haben, um dich in deinem Schlaf zu überraschen, der dich nach den Qualen der durchwachten Nacht bleiern niederdrückt. Wir werden uns auf dich stürzen, deine Handgelenke im Rücken zusammenbinden, deinen Hemdkragen und nötigenfalls auch deine Haare mit der Schere abschneiden. Immer auf Vervollkommnung bedacht, werden wir deine Arme mit einem Riemen fesseln, damit du gezwungen bist, deinen Rücken zu beugen und den Nacken darzubieten. Anschließend werden wir dich durch die Gänge schleppen, wobei du von zwei Gehilfen am Arm geführt wirst und deine Füße über den Boden schleifen. Dann endlich wird unter dem nächtlichen Himmel einer der Scharfrichter dich beim Hosenboden packen und waagerecht auf ein Brett werfen, während ein zweiter deinen Kopf in einen Ring einschließt und ein dritter aus einer Höhe von zwei Metern zwanzig ein sechzig Kilo schweres Beil herunterfallen läßt, das deinen Hals so glatt durchschneidet wie ein Rasiermesser.»

Um das Exempel noch deutlicher zu machen, um den Schrecken, den es verbreitet, in jedem von uns zu einer so elementaren und so unüberwindlichen Macht werden zu lassen, daß er im rechten Augenblick das unwiderstehliche Mordgelüst aufwiegen kann, müßte man noch weitergehen. Anstatt uns mit unserer gewohnten anmaßenden Leichtfertigkeit etwas darauf zugute zu halten, daß wir eine so rasch und human[1] arbeitende Tötungsmaschine erfunden haben, sollten die Zeugnisse und ärztlichen Gutachten über den Zustand des Körpers nach der Hinrichtung in Tausenden von Exemplaren veröffentlicht und obligatorisch an allen Schulen und Universitäten gelesen werden. Insbesondere wären Druck und Verbreitung eines vor kurzem erschienenen Berichts der Doktoren Piedelièvre und Fournier an die Académie de Médicine zu empfehlen. Diese beiden mutigen Ärzte, die im Interesse der Wissenschaft beauftragt waren, die Leichen der Hingerichteten unmittelbar nach der Vollstreckung des Urteils zu untersuchen, haben es als ihre Pflicht erachtet, ihre entsetzlichen Beobachtungen wie folgt zusammenzufassen: «Wenn wir uns erlauben dürfen, unsere Meinung zu diesem Problem zu äußern, so müssen wir sagen, daß es sich um ein furchtbares Schauspiel handelt. Das Blut entströmt den Gefäßen mit dem Pulsschlag der durchschnittenen Arterien, dann gerinnt es. Die Muskeln verkrampfen sich in gräßlichen Zuckungen; die Eingeweide werden von wellenförmigen Bewegungen durchlaufen, und das Herz zieht sich in unregelmäßigen, unvollständigen, faszinierenden Bewegungen zusammen. Der Mund verzerrt sich für Augenblicke zu einer fürchterlichen Gri-

1 Nach Ansicht des optimistischen Dr. Guillotin sollte der Verurteilte allerhöchstens einen «kühlen Hauch im Nacken» spüren.

masse. Allerdings bleiben in diesem vom Rumpf getrennten Haupt die Augen mit ihren geweiteten Pupillen unbeweglich; zum Glück sind sie blicklos, und wenn sie auch keine Trübung, keine Leichenopaleszenz aufweisen, so bewegen sie sich doch nicht mehr; in ihrer Transparenz sind sie lebendig, ihre Starre jedoch ist die des Todes. Dies alles kann Minuten dauern, bei völlig gesunden Personen sogar Stunden: der Tod tritt nicht augenblicklich ein ... So überleben alle vitalen Teile die Enthauptung. Für den Arzt bleibt schließlich nur der Eindruck eines grauenvollen Experiments, einer mörderischen Vivisektion, auf die eine überstürzte Beerdigung folgt.»[2]

Ich zweifle, ob es viele Leser gibt, die diesen entsetzlichen Bericht lesen können, ohne die Farbe zu wechseln. Seine exemplarische, abschreckende Wirkung steht demnach außer Frage. Nichts verbietet übrigens, ihm noch die Augenzeugenberichte beizufügen, die die Wahrheit der ärztlichen Beobachtungen bekräftigen. Es heißt, Charlotte Cordays Gesicht sei noch nach der Enthauptung unter der Ohrfeige des Henkers rot angelaufen. Das wird niemand erstaunen, der die Berichte über jüngere Beobachtungen vernimmt. Ein Hilfsscharfrichter, ein Mann also, der kaum in den Verdacht der Gefühlsduselei kommen dürfte, beschreibt mit folgenden Worten, was er mitansehen mußte: «Einen tollwütigen, von einem richtigen Anfall von Delirium tremens geschüttelten Menschen haben wir unter das Fallbeil geworfen. Der Kopf stirbt augenblicklich. Aber der Rumpf hüpft buchstäblich im Korb herum und zerrt an den Stricken. Zwanzig Minuten später, auf dem Friedhof, sind noch Zuckungen wahrnehmbar.»[3] Pater Devoyod, der derzeitige Gefängnisgeistliche in der Santé, der kein Gegner der Todesstrafe zu sein scheint, gibt in seinem Buch ‹*Les Délinquants*›[4] einen höchst aufschlußreichen Bericht, beinahe eine Wiederholung der Geschichte des Verurteilten Languille, dessen Kopf nach der Enthauptung noch auf den Anruf seines Namens antwortete[5]. «Am Morgen der Hinrichtung war der Verurteilte völlig unzugänglich und verweigerte jeden geistlichen Zuspruch. Da

2 *Justice sans bourreau*, No. 2, Juni 1956

3 Veröffentlicht von Roger Grenier in *Les Monstres* (Gallimard). Diese Erklärungen sind authentisch

4 Matot-Braine, Reims

5 Im Jahre 1905 im Departement Loiret

wir sein wahres Herz und seine Liebe zu seiner Frau kannten, die eine echte Christin war, ermahnten wir ihn: ‹Aus Liebe zu Ihrer Frau sollten Sie sich einen Augenblick sammeln, ehe Sie sterben›, und der Verurteilte willigte ein. Er verharrte lange andächtig vor dem Kruzifix, dann schien er unsere Anwesenheit nicht mehr zu beachten. Als er hingerichtet wurde, standen wir in seiner nächsten Nähe; sein Kopf fiel in den vor der Guillotine aufgestellten Trog, und der Rumpf wurde unverzüglich in den Korb gelegt; aber entgegen dem Brauch wurde der Korb geschlossen, bevor der Kopf dazugelegt worden war. Der Gehilfe, der den Kopf trug, mußte einen Augenblick warten, bis der Korb wieder geöffnet wurde. Während dieser kurzen Zeitspanne hatte ich Gelegenheit, die Augen des Hingerichteten zu sehen; mit einem flehenden, gleichsam um Vergebung bittenden Blick waren sie starr auf mich gerichtet. Unwillkürlich machte ich das Zeichen des Kreuzes, um den Kopf zu segnen. Daraufhin bewegten sich die Lider, und der Ausdruck der Augen wurde weich. Dann verlor sich der ausdrucksvoll gebliebene Blick . . .» Je nach seinem Glauben wird der Leser die hier von dem Priester vorgeschlagene Deutung annehmen oder nicht. Aber zumindest diese «ausdrucksvoll gebliebenen» Augen bedürfen keiner Auslegung.

Ich könnte noch andere, genauso halluzinierende Zeugnisse anführen, möchte es mir indessen ersparen. Schließlich verkünde ja nicht ich, die Todesstrafe sei exemplarisch; die Hinrichtung erscheint mir vielmehr als das, was sie ist: ein brutaler chirurgischer Eingriff unter Bedingungen, die ihn jeglicher belehrenden Wirkung berauben. Die Gesellschaft hingegen und der Staat, der noch ganz andere Dinge gewöhnt ist, können solche Einzelheiten durchaus vertragen; und da sie das Exempel predigen, sollten sie bestrebt sein, diese Einzelheiten allen Leuten einzuprägen, damit jeder Bescheid weiß und die derart terrorisierte Bevölkerung sich in ihrer Gesamtheit zu einem franziskanischen Lebenswandel bekehrt. Wen hoffen sie denn andernfalls durch dieses unablässig verheimlichte Exempel, durch die Androhung einer als rasch und schmerzlos dargestellten Strafe, die genau besehen erträglicher sei als ein Krebs, durch diese mit den Blüten der Rhetorik ausgeschmückte Hinrichtung abzuschrecken? Bestimmt nicht die Leute, die als ehrbar gelten (und es zuweilen auch sind), denn sie schlafen um diese Zeit; das zu statuierende Exempel ist ihnen nicht angekündigt worden, im Augenblick der überstürzten Beerdigung essen sie gerade ihr Frühstücksbrot, und von der Ausübung der Gerechtigkeit erfahren sie, falls sie überhaupt eine Zeitung lesen, nur durch eine süßliche Meldung, die wie Zucker in ihrem Gedächtnis zergehen wird. Dabei stellen gerade diese friedfertigen Geschöpfe das Hauptkontingent der Mörder. Viele dieser ehrbaren Bürger sind potentielle Verbrecher. Ein Richter versicherte, die überwiegende Mehrheit der Mörder, denen er begegnet sei, habe am Morgen beim Rasieren nicht gewußt, daß sie am Abend töten würden. Um des Exempels und der Sicherheit willen wäre es deshalb angezeigt, das Gesicht des Gerichteten nicht zu verhüllen, sondern im Gegenteil all denen, die sich am Morgen rasieren, deutlich vor Augen zu halten.

Aber das tut man nicht. Der Staat verheimlicht die Hinrichtungen und übergeht alle Berichte und Zeugnisse mit Stillschweigen. Also glaubt er nicht – oder nur aus Gewohnheit und ohne sich die Mühe zu nehmen, ein wenig nachzudenken – an die abschreckende Wirkung der Strafe. Der Verbrecher wird getötet, weil dies jahrhundertelang so Brauch war, und die Hinrichtung vollzieht sich in Formen, die am Ende des 18. Jahrhunderts festgelegt wurden. Aus lauter Gewohnheit werden Argumente ins Feld geführt, die vor Jahrhunderten Gültigkeit besaßen, auf die Gefahr hin, ihnen durch Maßnahmen zu widersprechen, die durch die Entwicklung des öffentlichen Empfindens unvermeidlich werden. Das Gesetz wird angewendet, aber nicht mehr vernünftig begründet, und unsere Verurteilten sterben einen auswendig gelernten Tod im Namen einer Theorie, an die die Vollstrecker selber nicht glauben. Wenn sie daran glaubten, wüßte und vor allem sähe man das. Aber die Öffentlichkeit des Vorgangs weckt nicht nur in der Tat sadistische Instinkte, deren Auswirkungen unberechenbar sind und die eines Tages in neuen Morden ihre Befriedigung finden könnten, er läuft zudem Gefahr, beim Publikum Empörung und Ekel hervorzurufen. Es wäre schwieriger, am laufenden Band hinzurichten, wie dies heute bei uns geschieht, wenn diese Hinrichtungen sich in der Phantasie des Volkes in lebhafte Bilder umsetzten. Einer, der genießerisch seinen Morgenkaffee trinkt und in der Zeitung liest, daß «der Gerechtigkeit Genüge» getan worden sei, würde seinen Kaffee wieder von sich geben, erführe er auch nur die kleinste Einzelheit. Und wie dumm müßten sich bei der Lektüre der von mir zitierten Texte manche Strafrechtslehrer vorkommen, die ganz offensichtlich unfähig sind, diese anachronistische Strafe zu rechtfertigen, und sich deshalb mit dem Ausspruch des Soziologen Tarde zu trösten suchen, der versichert, es sei besser, Tod ohne Leiden zu verhängen als Leiden ohne Tod. Deshalb müssen wir Gambetta beipflichten, der ein Gegner der Todesstrafe war und die Gesetzesvorlage, wonach die Hinrichtungen nicht mehr öffentlich stattfinden sollten, mit folgender Begründung bekämpfte: «Wenn ihr das Gräßliche des Schauspiels abschafft, wenn ihr innerhalb der Gefängnismauern hinrichtet, erstickt ihr den seit ein paar Jahren in der Öffentlichkeit wahrnehmbaren Ansatz zur Auflehnung und verstärkt die Stellung der Todesstrafe.»

Es ist in der Tat notwendig, entweder in aller Öffentlichkeit zu töten oder zuzugeben, daß man sich nicht berechtigt fühlt, zu töten. Wenn die Gesellschaft die Todesstrafe durch die Notwendigkeit des Exempels rechtfertigt, muß sie sich selbst rechtfertigen, indem sie die Werbetrommel rührt. Sie muß die Hände des Scharfrichters jedesmal vorzeigen und nicht nur die zu zart besaiteten Bürger zwingen, sie anzusehen, sondern auch alle Leute, die von nahe oder von ferne diesen Scharfrichter berufen haben. Andernfalls gesteht sie, daß sie tötet, ohne zu wissen, was sie sagt und tut, oder aber mit dem Wissen, daß diese widerlichen Zeremonien nicht abzuschrecken vermögen, sondern höchstens dazu angetan sind, Verbrechen zu wecken oder das Publikum in hilflose Verwirrung zu stürzen. Wer könnte das besser verdeutlichen als ein am Ende seiner Laufbahn stehender Richter, Justizrat Falco, über dessen mutiges Bekenntnis nachzudenken lohnt: «... Ich habe mich nur ein einziges Mal in meiner Laufbahn gegen die Umwandlung der Strafe und für die Hinrichtung des Angeklagten entschieden. Ich war damals überzeugt, daß ich der Hinrichtung völlig unbeteiligt bewohnen würde. Der Schuldige verdiente keinerlei Anteilnahme: er hatte sein Töchterchen mißhandelt und zuletzt in einen Ziehbrunnen geworfen. Dennoch verfolgte mich die Erinnerung an seine Hinrichtung wochen- und monatelang jede Nacht ... Ich habe den Krieg mitgemacht und viele unschuldige junge Leute sterben sehen, aber ich muß sagen, daß dieser schreckliche Anblick nie jene Art von schlechtem Gewissen in mir geweckt hat wie der Administrativmord, den man Todesstrafe nennt.»[6]

Aber warum sollte die Gesellschaft denn an dieses Exempel

6 *Réalités*, No. 105, Oktober 1954

glauben, da es das Verbrechen doch nicht verhindert und seine Wirkungen, sofern sie überhaupt vorhanden sind, unsichtbar bleiben? Die Todesstrafe kann weder den Menschen abschrecken, der nicht weiß, daß er töten wird, der sich plötzlich dazu entschließt und seine Tat unter dem Zwang einer fiebrigen Eingebung oder einer fixen Idee vorbereitet, noch den Menschen, der sich zu einer Aussprache begibt und eine Waffe mitnimmt, um den Gegner oder den Treubrüchigen einzuschüchtern, und sich ihrer schließlich bedient, obwohl er es nicht beabsichtigte oder nicht zu beabsichtigen glaubte. Kurzum, sie vermag den Menschen, der ins Verbrechen gerät wie ein anderer ins Unglück, nicht abzuschrecken. Das heißt, daß sie in der Mehrzahl der Fälle wirkungslos ist. Der Gerechtigkeit halber muß anerkannt werden, daß sie bei uns in solchen Fällen nur selten zur Anwendung kommt. Aber schon dieses ‹selten› läßt einen erschauern.

Wird wenigstens jener Schlag Verbrecher abgeschreckt, die sie zu beeindrucken sucht und die vom Verbrechen leben? Nichts ist weniger gewiß. Wir können bei Arthur Koestler nachlesen, daß zur Zeit, da Taschendiebe in England noch hingerichtet wurden, andere Diebe ihre Fingerfertigkeit in der um den Galgen gedrängten Menge ausübten, während ihr Kollege gehängt wurde. Aus einer zu Anfang dieses Jahrhunderts in England aufgestellten Statistik geht hervor, daß von 250 Gehängten 170 zuvor selber einer oder zwei Hinrichtungen beigewohnt hatten. Noch im Jahre 1886 waren von 167 zum Tode Verurteilten, die im Gefängnis von Bristol gesessen hatten, 164 Zeuge mindestens einer Hinrichtung gewesen. Solche Statistiken können in Frankreich nicht mehr aufgestellt werden, weil die Hinrichtungen unter Ausschluß der Öffentlichkeit vollzogen werden. Aber sie lassen den Schluß zu, daß mein Vater am Tag jener Hinrichtung von einer beträchtlichen Anzahl künftiger Mörder umgeben war, die sich im Gegensatz zu ihm nicht erbrechen mußten. Die Abschreckung wirkt nur auf die Schreckhaften, die nicht zum Verbrechen bestimmt sind, und versagt gegenüber den Unbeirrbaren, die es gerade zu beirren galt.

Und doch kann kein Zweifel bestehen: die Menschen fürchten den Tod. Der Verlust des eigenen Leben ist bestimmt die höchste Strafe und sollte eine übermächtige Angst in uns wecken. Die aus der dunkelsten Tiefe des Seins aufsteigende Angst vor dem Tod hat verheerende Wirkungen, der bedrohte Lebenswille gerät in Aufruhr und erleidet die schlimmsten Qualen. Der Gesetzgeber durfte deshalb wohl annehmen, sein Gesetz werde auf eine der geheimnisvollsten und stärksten Triebfedern der menschlichen Natur einwirken. Aber das Gesetz ist immer einfacher als die Natur. Wenn es in die unbekannten Bezirke des Seins einzudringen versucht, um dort zu herrschen, läuft es erst recht Gefahr, der Vielseitigkeit, die es doch zu ordnen strebt, ohnmächtig gegenüberstehen.

Die Angst vor dem Tod ist also eine unbestreitbare Tatsache, aber ebenso unbestreitbar ist, daß diese Angst, und mag sie noch so groß sein, noch nie stark genug war, um die Leidenschaften der Menschen einzudämmen. Bacon versichert mit Recht, keine Leidenschaft sei so schwach, daß sie nicht die Angst vor dem Tod auszuhalten und zu bezwingen vermöchte. Rache, Liebe, Ehre, Schmerz, eine andere Angst vermögen sie zu überwinden. Was die Liebe zu einem Menschen oder zu einem Land, was das unbändige Verlangen nach Freiheit vollbringt, wie sollten Habgier, Haß und Eifersucht es nicht vollbringen? Seit Jahrhunderten versucht die häufig mit grausamen Abgefeimtheiten verbundene Todesstrafe dem Verbrechen zu steuern; das Verbrechen jedoch lebt beharrlich weiter. Warum? Weil die im Menschen widerstreitenden Instinkte nicht, wie das Gesetz dies behauptet, stets gleichbleibende und im Gleichgewicht befindliche Kräfte sind. Es sind veränderliche Kräfte, die bald unterliegen, bald siegen, und deren unablässiger Widerstreit die Nahrung des geistigen Lebens bildet, elektrischen Impulsen vergleichbar, die so rasch aufeinander folgen, daß Strom entsteht. Stellen wir uns nur die Zahl der vom Verlangen bis zur Unlust, vom Entschluß bis zum Verzicht reichenden Schwankungen vor, denen wir alle im Verlauf eines einzigen Tages unterworfen sind, versuchen wir diese Variationen bis ins Unendliche zu vermehren, und wir gewinnen eine Vorstellung der Vielfalt der psychologischen Vorgänge. Diese Gleichgewichtsschwankungen sind im allgemeinen zu flüchtig, als daß eine einzige Kraft das ganze Wesen beherrschen könnte. Aber es kommt vor, daß eine der Seelenkräfte ihre Grenzen sprengt und schließlich das ganze Feld des Bewußtseins ausfüllt; kein Instinkt, nicht einmal der Lebenswille, vermag sich dann der Zwangsherrschaft zu widersetzen. Damit die Todesstrafe wirklich abschreckend wirkte, müßte die menschliche Natur anders geartet und genauso unwandelbar und abgeklärt sein wie das Gesetz selber. Aber dann wäre sie eine leblose Natur.

Das ist sie indessen nicht, und so kommt es, daß der Mörder sich im Augenblick seiner Tat zumeist unschuldig fühlt, so überraschend diese Feststellung für jemand klingen mag, der die menschliche Vielschichtigkeit nicht beobachtet und an sich selber erfahren hat. Jeder Verbrecher spricht sich frei, solange das Urteil nicht gefällt ist. Er glaubt sich zwar nicht im Recht, meint jedoch, daß die Umstände seine Tat entschuldigen. Er kennt weder Überlegung noch Voraussicht; wenn er aber überlegt, so nur, um vorauszusehen, daß er ganz oder teilweise von Schuld freigesprochen werden wird. Wie sollte er fürchten, was ihm höchst unwahrscheinlich vorkommt? Er wird den Tod nach dem Urteilsspruch fürchten, nicht vor dem Verbrechen. Um wirksam abzuschrecken, dürfte das Gesetz dem Mörder also nicht die geringste Chance lassen, es müßte von vornherein unerbittlich sein und insbesondere keine mildernden Umstände zubilligen. Wer aber wagte es bei uns, dies zu fordern?

Und selbst wenn dieser Forderung stattgegeben würde, wäre noch mit einem weiteren Paradox des menschlichen Wesens zu rechnen. Der Lebenswille ist zwar ein elementarer Instinkt, aber er ist nicht mächtiger als ein anderer, den die Schulpsychologie mit Stillschweigen übergeht: das Todesverlangen, das zu gewissen Stunden die Zerstörung seiner selbst und der anderen fordert. Die Wahrscheinlichkeit spricht dafür, daß der Wunsch zu töten sehr oft mit dem Wunsch, selber zu sterben oder sich zu vernichten, zusammenfällt.[7] Dem Selbsterhaltungstrieb entspricht somit der mehr oder weniger stark ausgeprägte Zerstörungstrieb. Er allein vermag die zahlreichen Perversionen, vom Alkohol bis zum Rauschgift, zu erklären, von denen sich der Mensch wissentlich zugrunde richten läßt. Der Mensch will leben, aber es wäre eitel, zu hoffen, dieser Wille werde alle seine Handlungen bestimmen. Er begehrt auch, nichts zu sein, ihn verlangt nach dem Unwiderruflichen und nach dem Tod um des Todes willen. So kommt es vor, daß der Verbrecher nicht nur das Verbrechen will, sondern auch das damit verbundene Unglück, sogar und vor allem dann, wenn dieses Unglück jedes Maß übersteigt. Wenn dieser seltsame Wunsch wächst und alles beherrscht, wird die Aussicht auf den

7 Jede Woche kann man in den Zeitungen von Verbrechern lesen, die anfänglich nicht wußten, ob sie sich selbst oder jemand anderen umbringen sollten.

Straftod den Verbrecher nicht nur nicht zur Umkehr zwingen, sondern wahrscheinlich noch zu dem Taumel beitragen, der ihn ins Verderben reißt. Dann tötet er gewissermaßen, um zu sterben.

Diese Absonderlichkeiten erklären hinlänglich, daß eine anscheinend auf Abschreckung der normalen Gemüter berechnete Strafe in Wirklichkeit nicht das geringste mit der Durchschnittspsychologie zu tun hat. Die Statistiken aller Länder, ob sie die Todesstrafe abgeschafft haben oder nicht, erbringen ausnahmslos den Beweis, daß zwischen der Abschaffung der Todesstrafe und der Kriminalität kein Abhängigkeitsverhältnis besteht.[8] Die Zahl der Verbrechen nimmt weder zu noch ab. Es gibt die Guillotine, und es gibt das Verbrechen; zwischen ihnen besteht keine andere Verbindung als das Gesetz. Aus den langen Reihen der in den Statistiken aufgeführten Zahlen können wir nur folgenden Schluß ziehen: jahrhundertelang sind auch andere Verbrechen als Morde mit dem Tode bestraft worden, und die so oft geübte Todesstrafe hat keines dieser Verbrechen aus der Welt schaffen können. Seit Jahrhunderten werden diese Verbrechen nicht mehr mit dem Tode bestraft. Dennoch hat ihre Zahl nicht zugenommen, und einige sind sogar zurückgegangen. In gleicher Weise ist der Mord jahrhundertelang mit dem Tode bestraft worden, ohne daß die Sippe Kains ausgestorben wäre. Und schließlich ist in den dreiunddreißig Ländern, die die Todesstrafe abgeschafft haben oder nicht mehr anwenden, die Zahl der Morde nicht gestiegen. Wer könnte daraus ableiten, daß die Todesstrafe wirklich abschreckend wirke?

Die Anhänger der Todesstrafe können diese Tatsachen und diese Zahlen nicht abstreiten. Ihre letzte und einzige Antwort ist bezeichnend und erklärt die widerspruchsvolle Einstellung einer Gesellschaft, die sorgsam die angeblich exemplarischen Hinrichtungen verbirgt. «Nichts beweist in der Tat», so sagen diese Leute, «daß die Todesstrafe exemplarisch wirkt; es ist sogar sicher, daß Tausende von Mördern sich nicht haben abschrecken lassen. Aber wir können nicht wissen, wie viele Menschen sie abgeschreckt hat, und infolgedessen beweist auch nichts, daß sie nicht exemplarisch

8 Bericht des englischen Select Committee aus dem Jahre 1930 und der Königlichen Kommission, die diese Untersuchung kürzlich wiederaufgenommen hat: «Alle von uns geprüften Statistiken bestätigen, daß die Abschaffung der Todesstrafe keine Zunahme der Kriminalität nach sich gezogen hat.»

wirkt.» Somit beruht die schwerste aller Strafen, die für den Verurteilten den äußersten Verlust mit sich bringt und der Gesellschaft das gewaltigste aller Vorrechte zuspricht, einzig und allein auf einer unüberprüfbaren Möglichkeit. Der Tod aber kennt weder Gradunterschiede noch Wahrscheinlichkeiten. Er legt alles, die Schuld wie den Körper, in endgültiger Starre fest. Und doch wird er bei uns im Namen einer Möglichkeit und einer Wahrscheinlichkeitsrechnung ausgeteilt. Selbst wenn diese Wahrscheinlichkeitsrechnung vernünftig wäre – bedürfte man nicht der Gewißheit, um dem gewissesten aller Tode seine Berechtigung zuzusprechen? Nun wird aber der Verurteilte nicht so sehr um des von ihm begangenen Verbrechens willen um einen Kopf kürzer gemacht, als auf Grund aller Verbrechen, die hätten begangen werden können und unterblieben sind, die in Zukunft begangen werden könnten und unterbleiben. Die denkbar größte Ungewißheit ermächtigt hier zur denkbar unerbittlichsten Gewißheit.

Ich bin nicht der einzige, der sich über einen so gefährlichen Widerspruch verwundert. Der Staat selber verurteilt ihn, und aus diesem schlechten Gewissen erklärt sich die Widersprüchlichkeit seiner Einstellung. Er benimmt seinen Hinrichtungen jeden öffentlichen Charakter, weil er angesichts der Tatsachen nicht behaupten kann, sie hätten die Verbrecher je wirksam abgeschreckt. Er kann dem Dilemma nicht entgehen, das schon Cesare Beccaria zum Ausdruck brachte, als er schrieb: «Wenn es darauf ankommt, dem Volk häufig Beweise der Macht vor Augen zu führen, müssen auch häufig Hinrichtungen stattfinden; dann müssen aber auch die Verbrechen häufig sein, was beweisen wird, daß die Todesstrafe nicht ganz so viel Eindruck machte, wie sie sollte, woraus folgt, daß sie zugleich unnütz und notwendig ist.» Was kann der Staat mit einer unnützen und notwendigen Strafe anfangen, wenn nicht sie verbergen, ohne sie abzuschaffen? Er wird sie also versteckt beibehalten, nicht ohne etwelche Verlegenheit, in der blinden Hoffnung, daß wenigstens ein Mensch wenigstens einmal durch den Gedanken an die Strafe von seiner Mordtat abgehalten werde und so, ohne daß jemand davon erführe, ein Gesetz rechtfertige, für das weder die Vernunft noch die Erfahrung spricht. Um weiterhin zu behaupten, die Guillotine wirke exemplarisch, sieht der Staat sich also genötigt, die Zahl der durchaus wirklichen Morde zu vermehren, um einen unbekannten Mord zu verhindern, von dem er nie erfahren wird, ob er die geringste Aussicht hat, je verübt zu werden. Wahrhaftig ein merkwürdiges Gesetz, das den Mord kennt, den es nach sich zieht, und ewig ohne Kenntnis von jenem anderen Mord sein wird, den es verhindert.

Was bleibt dann von dieser exemplarischen Macht übrig, wenn erwiesen ist, daß die Todesstrafe eine andere, diesmal durchaus wirkliche Macht besitzt, die die Menschen zur Schande, zum Wahnsinn und zum Mord erniedrigt?

Die exemplarische Wirkung dieser Zeremonien auf die öffentliche Meinung läßt sich an den sadistischen Äußerungen verfolgen, die sie weckt, und dem furchtbaren Glorienschein, den sie einzelnen Verbrechern vorgaukelt. Nicht Erhabenheit umgibt das Schafott, sondern Ekel, Verachtung oder schmählichste Lust. Diese Wirkungen sind bekannt. Auch die Schicklichkeit gebot, die Guillotine von der Place de l'Hôtel-de-Ville vor die Tore von Paris und schließlich in die Gefängnisse zu verbannen. Weniger bekannt sind die Gefühle der Leute, die von Berufs wegen solchen Schauspielen beiwohnen müssen. Erwähnen wir deshalb die Worte eines englischen Gefängnisdirektors, der «ein durchdringendes Gefühl persönlicher Schande» zu empfinden gesteht, oder eines Kaplans, der von «Schrecken, Scham und Schmach» spricht.[9] Stellen wir uns vor allem die Gefühle des Mannes vor, der in Erfüllung seiner Pflicht tötet, das heißt des Scharfrichters. Was sollen wir von jenen Beamten halten, die die Guillotine als «Maschinchen» bezeichnen und den Verurteilten als «Kunde» oder «Packen»? Wir können höchstens darüber denken wie Bela Just, der Priester, der etwa dreißig Verurteilten beistand und schreibt: «Der Jargon der Rechtsvollstrecker steht dem der Sträflinge an Zynismus und Vulgarität in nichts nach.»[10] So äußert sich zum Beispiel ein Hilfsscharfrichter wie folgt über seine Tätigkeit in der Provinz: «Wenn wir uns auf Reisen begaben – das war vielleicht ein Spaß! Wir fuhren nur in Taxis und aßen in den besten Restaurants!»[11] Und die Geschicklichkeit, mit der der Scharfrichter das Fallbeil auslöst, rühmt er mit den Worten: «Wir konnten uns *den Luxus leisten,* den Kunden an den Haaren zu ziehen.» Die Entartung, die hier zum Ausdruck kommt, besitzt noch andere, tiefer gründende

9 Bericht des Select Committee, 1930
10 Bela Just: ‹*La Potence et la Croix*›, Fasquelle, Paris
11 Roger Grenier, a. a. O.

Aspekte. Die Kleider der Verurteilten gehören grundsätzlich dem Scharfrichter. Deibler d. Ä. hing sie alle in einer Holzbaracke auf und *ging hie und da hin, um sie anzuschauen.* Aber es gibt noch Schlimmeres. So erzählt der schon erwähnte Gehilfe: «Der neue Scharfrichter ist ein Guillotinen-Fanatiker. Zuweilen sitzt er tagelang daheim auf einem Stuhl, fix und fertig in Hut und Mantel, und wartet auf einen Anruf vom Ministerium.»[12]

Ja, so sieht der Mensch aus, von dem Joseph de Maistre sagte, für sein Dasein bedürfe es eines besonderen Beschlusses der göttlichen Macht, während ohne ihn «die Ordnung dem Chaos weicht, die Throne stürzen und die Gesellschaft verschwindet». So sieht der Mensch aus, in dessen Hände die Gesellschaft den Schuldigen überantwortet, da doch der Henker den Entlassungsschein unterzeichnet, so daß ein freier Mann seiner Willkür anheimgegeben wird. Das schöne und feierliche, von unseren Gesetzgebern erdachte Exempel hat wenigstens eine unbestreitbare Wirkung: es erniedrigt oder zerstört das Menschentum und den Verstand bei all denen, die unmittelbar damit zu schaffen haben. Nun wird man sagen, es handle sich um Ausnahmewesen, die in dieser Erniedrigung eine Berufung finden. Man wird dies jedoch weniger leicht sagen, wenn man erfährt, daß es Hunderte von Menschen gibt, die ihre Dienste als Scharfrichter anbieten und auf jedes Entgelt zu verzichten bereit sind. Wer wie meine Generation die Ereignisse der letzten Jahre miterlebt hat, wird sich über diese Tatsache nicht verwundern. Er weiß, daß hinter den friedfertigsten, vertrautesten Gesichtern der Trieb zum Foltern und Morden schlummern kann. Die Strafe, die einen unbekannten Mörder abzuschrecken vorgibt, bringt vielen anderen, die mit weit größerer Sicherheit als Ungeheuer zu bezeichnen sind, die Erfüllung ihrer Berufung zum Totschläger. Da wir schon unsere grausamsten Gesetze durch Wahrscheinlichkeitserwägungen rechtfertigen, dürfen wir überzeugt sein, daß von den Hunderten, auf deren Dienste verzichtet wurde, zumindest einer den Blutdurst, den die Guillotine in ihm weckte, anderweitig befriedigt hat.

Will man also die Todesstrafe beibehalten, soll man uns wenigstens die Heuchelei einer Rechtfertigung durch das Exempel ersparen. Wir wollen sie bei ihrem Namen nennen, diese Strafe, von der kein Aufhebens gemacht wird, diese Abschreckung, die

12 Roger Grenier, a. a. O.

auf die anständigsten Leute ohne Wirkung bleibt, solange sie anständig sind, sie fasziniert, wenn sie es nicht mehr sind, und die ihre Vollstrecker erniedrigt oder verdirbt. Gewiß, sie ist eine Strafe, eine entsetzliche, physische und moralische Qual. Exemplarisch ist sie jedoch nur in einer Hinsicht: der Sittenverderbnis. Sie bestraft, aber sie verhütet nichts, ja, sie ist viel eher dazu angetan, Mordgelüste wachzurufen. Es ist, als gäbe es sie nicht, außer für den, der sie erleidet, zunächst seelisch während Monaten oder Jahren, und dann körperlich in jener verzweifelten und gewalttätigen Stunde, da er in zwei Stücke gehauen wird, ohne gleich das Leben zu verlieren. Wir wollen sie bei ihrem Namen nennen, einem Namen, der ihr in Ermangelung eines anderen Adels wenigstens den der Wahrheit verleihen wird, wir wollen sie als das erkennen, was sie ihrem Wesen nach ist: Rache. –

Die Strafe, die züchtigt, ohne zu verhüten, heißt in der Tat Rache. Sie ist eine beinahe mathematische Antwort der Gesellschaft an den Übertreter ihres Grundgesetzes. Diese Antwort ist so alt wie die Menschheit: sie nennt sich Vergeltung. Wer mir Leid zugefügt hat, soll leiden; wer mir ein Auge ausgestochen hat, soll ein Auge verlieren; wer getötet hat, soll sterben. Es handelt sich dabei um ein Gefühl, und zwar um ein ausnehmend heftiges, nicht um einen Grundsatz. Die Vergeltung gehört in den Bereich der Natur und des Triebs, nicht in den des Gesetzes. Das Gesetz kann seinem Wesen nach nicht den gleichen Regeln gehorchen wie die Natur. Wenn der Mord in der Natur des Menschen liegt, ist das Gesetz nicht dazu da, diese Natur nachzuahmen. Es ist dazu da, sie zu bessern. Die Vergeltung aber beschränkt sich darauf, eine bloße Regung der Natur zu bestätigen und ihr Rechtskraft zu verleihen. Wir alle haben diese Regung oft zu unserer Schande empfunden, wir kennen ihre Macht: sie stammt aus den Wäldern der Urzeit. Wir Franzosen, die wir uns zu Recht empören, wenn der Petroleumkönig von Saudi-Arabien internationale Demokratie predigt und einen Fleischer damit beauftragt, die Hand des Diebes mit dem Messer abzuhauen, leben in dieser Beziehung ebenfalls in einer Art Mittelalter, das nicht einmal die Tröstungen des Glaubens besitzt. Wir definieren die Gerechtigkeit noch gemäß den Regeln eines plumpen Einmaleins.[13] Können wir zumindest sagen, daß die Rechnung aufgeht und daß wenigstens diese elemen-

13 Ich habe vor ein paar Jahren um die Begnadigung von sechs zum

tare, auf die legale Rache beschränkte Gerechtigkeit durch die Todesstrafe gewahrt wird? Die Antwort lautet wiederum nein.

Wir wollen den Umstand beiseite lassen, daß das Gesetz der Vergeltung nicht durchführbar ist und daß es ebenso übertrieben wäre, den Brandstifter durch die Einäscherung seines Hauses zu bestrafen, wie unzulänglich, einen Dieb zu bestrafen, indem man sein Bankkonto mit der dem Diebstahl entsprechenden Summe belastet. Wir wollen einmal annehmen, daß es gerecht und notwendig sei, die Ermordung des Opfers durch den Tod des Mörders auszugleichen. Aber die Hinrichtung ist nicht einfach gleichbedeutend mit Tod. Sie ist ihrem Wesen nach vom Verlust des Lebens ebenso verschieden wie das Konzentrationslager vom Gefängnis. Sie ist unzweifelhaft ein Mord und bildet die mathematische Gegenleistung für den begangenen Mord. Aber sie verbindet den Tod mit einem zusätzlichen Reglement, mit einer unverhohlenen, dem zukünftigen Opfer bekannten Vorsätzlichkeit, kurzum mit einer Organisation, die für sich allein eine Quelle seelischen, den Tod an Schrecken weit übertreffenden Leidens darstellt. Von Gleichwertigkeit kann also keine Rede sein. In vielen Gesetzgebungen gilt das vorbedachte Verbrechen schwerwiegender als das reine Affektverbrechen. Aber was ist die Hinrichtung denn anderes als der vorbedachteste aller Morde, mit dem keine noch so berechnete Untat eines Verbrechers verglichen werden kann? Eine Gleichwertigkeit bestünde erst, wenn der mit dem Tode zu bestrafende Verbrecher sein Opfer vorher davon in Kenntnis gesetzt hätte, an welchem Ort er es in einen gräßlichen Tod schicken werde, und es von diesem Augenblick an monatelang gnadenlos eingesperrt hätte. Ein solches Ungeheuer findet sich nicht im Privatleben.

Tode verurteilten Tunesiern nachgesucht, denen vorgeworfen wurde, im Verlauf eines Aufruhrs drei französische Gendarmen getötet zu haben. Die Umstände dieses Totschlags machten es schwierig, die Verantwortung abzuklären. Das Büro des Präsidenten der Republik ließ mich wissen, daß mein Gesuch von den zuständigen Stellen aufmerksam geprüft werde. Als ich diese Mitteilung erhielt, wußte ich leider bereits seit zwei Wochen, daß das Urteil vollstreckt worden war. Drei Verurteilte waren hingerichtet worden, die drei anderen begnadigt. Es gab keine schlüssigen Gründe, die einen eher zu begnadigen als die anderen. Aber da es drei Opfer gegeben hatte, war es ohne Zweifel erforderlich, drei Hinrichtungen vorzunehmen.

Wenn unsere Juristen von einem Tod ohne Leiden sprechen, wissen sie wiederum nicht, wovon sie reden, und vor allem gebricht es ihnen an Phantasie. Die qualvolle, erniedrigende Angst, die dem Verurteilten monate- oder jahrelang auferlegt wird[14], ist eine schlimmere Strafe als der Tod und wurde dem Opfer nicht auferlegt. Trotz dem Entsetzen des gewaltsamen Todes, den das Opfer erleidet, stirbt es zumeist, ohne recht zu wissen, wie ihm geschieht. Die Zeit des Grauens ist ihm mit dem Leben zusammen bemessen, und vermutlich hofft es bis zum Schluß, der wahnwitzigen Drohung zu entrinnen. Dem zum Tode Verurteilten dagegen wird das Grauen in Einzeldosen verabreicht. Die Marter der Hoffnung wechselt mit den Schrecken animalischer Verzweiflung ab. Anwalt, Gefängnisgeistlicher und Wärter, die ersteren aus einfacher Menschlichkeit, die letzteren, damit der Verurteilte ruhig bleibt, versichern ihm einstimmig, er werde begnadigt. Er glaubt mit jeder Faser seines Wesens daran und dann wieder glaubt er es nicht mehr. Er hofft am Tag und verzweifelt des Nachts.[15] Je mehr Zeit verstreicht, desto größer werden Hoffnung und Verzweiflung, bis sie beide gleich unerträglich sind. Alle Zeugen berichten einstimmig, daß die Hautfarbe sich verändert, die Angst wie eine Säure wirkt. «Wissen, daß man sterben wird, ist nichts», sagte ein Verurteilter im Gefängnis von Fresnes. «Nicht wissen, ob man leben wird, das ist das Grauen und die Qual.» Cartouche sagte von der Hinrichtung: «Ach was, eine unangenehme Viertelstunde, die durchgestanden werden muß!» Aber es geht um Monate, nicht um Minuten. Der Verurteilte weiß lange Zeit im voraus, daß er getötet werden soll, und daß nur eine Gnade

14 Roemen, der nach der Befreiung Frankreichs zum Tode verurteilt wurde, hatte siebenhundert Tage in Ketten auf seine Hinrichtung zu warten, was ein Skandal ist. Die Kriminellen warten durchschnittlich drei bis sechs Monate auf den Morgen ihres Todes. Und es ist schwierig, diese Frist zu verkürzen, wenn ihre Aussichten, mit dem Leben davonzukommen, nicht geschmälert werden sollen. Ich kann übrigens bezeugen, daß die Prüfung der Gnadengesuche in Frankreich mit einer Sorgfalt vorgenommen wird, die den sichtlichen Willen zu begnadigen, nicht ausschließt, soweit das Gesetz und die herrschenden Sitten es überhaupt zulassen.

15 Da am Sonntag keine Hinrichtungen stattfinden, ist die Nacht vom Samstag auf den Sonntag im Flügel der zum Tode Verurteilten die ruhigste.

ihn zu retten vermag, die in seinen Augen den Ratschlüssen des Himmels sehr ähnlich ist. Auf jeden Fall kann er nicht selber eingreifen, für sich plädieren oder überzeugen. Alles geschieht ohne ihn. Er ist kein Mensch mehr, sondern ein Ding, das darauf wartet, von den Henkersknechten ergriffen zu werden. Er ist in der äußersten Hilflosigkeit, jener der toten Materie, befangen und besitzt zugleich ein Bewußtsein, das sein schlimmster Feind ist.

Wenn die Beamten, die von Berufs wegen töten, den zu Tötenden einen Packen nennen, wissen sie, wovon sie sprechen. Nichts vermögen gegen die Hand, die einen herumschiebt, dabehält oder wegwirft – heißt das nicht tatsächlich einem Paket oder Ding oder noch eher einem gefesselten Tier gleichen? Dabei kann das Tier wenigstens die Nahrung verweigern. Der zum Tode Verurteilte kann das nicht. Er erhält eine besondere Kost (im Gefängnis von Fresnes Kost No. 4 mit Sonderzulagen an Milch, Wein, Zucker, Marmelade, Butter); man wacht darüber, daß er ißt. Nötigenfalls wird er dazu gezwungen. Das zu schlachtende Tier soll in bester körperlicher Verfassung sein. Dinge und Tiere haben nur Anrecht auf jene herabgewürdigten Freiheiten, die man Launen nennt. «Sie sind äußerst empfindlich», sagt ein Oberaufseher in Fresnes ohne jede Ironie von den zum Tode Verurteilten. Gewiß, aber wie anders sollten sie die Freiheit und die Würde des eigenen Wollens erlangen, derer kein Mensch entraten kann? Empfindlich oder nicht, von dem Augenblick an, da das Urteil verlesen wurde, gerät der Verurteilte in ein unbeirrbares Räderwerk. Etliche Wochen lang wird er durch das Getriebe gedreht, das alle seine Bewegungen bestimmt, bis es ihn schließlich den Händen ausliefert, die ihn unter die Hinrichtungsmaschine legen. Der Packen ist nicht mehr dem die Lebewesen beherrschenden Zufall unterworfen, sondern mechanischen Gesetzen, die ihn den Tag seiner Enthauptung unfehlbar voraussehen lassen.

Dieser Tag beendet sein Dasein als Ding. Während der drei Viertelstunden, die ihn von der Hinrichtung trennen, füllt die Gewißheit eines machtlosen Todes sein ganzes Denken aus; das gefesselte, unterworfene Tier macht eine Hölle durch, mit der verglichen die ihm angedrohte Hölle ein Kinderspiel erscheint. Genau besehen waren die Griechen mit ihrem Schierlingsbecher doch noch menschlicher. Sie gewährten dem Verurteilten eine gewisse Freiheit, die Möglichkeit, den Augenblick seines Todes hinauszuschieben oder zu beschleunigen. Sie ließen ihm die Wahl zwischen

Selbstmord und Hinrichtung. Wir dagegen üben, um sicherer zu gehen, selber Recht. Doch könnte nur dann wirklich von Recht gesprochen werden, wenn der Verurteilte sein Opfer schon Monate im voraus von dem bevorstehenden Mord in Kenntnis gesetzt hätte, wenn er es sorgfältig gefesselt und ihm mitgeteilt hätte, in einer Stunde werde es dem Tod überantwortet, und wenn er schließlich diese letzte Stunde damit ausgefüllt hätte, die Instrumente des Todes vor seinen Augen aufzubauen. Welcher Verbrecher hätte je sein Opfer in eine so verzweifelte und so machtlose Lage versetzt?

Zweifellos liegt darin die Erklärung für die merkwürdige Ergebung, die im Augenblick der Hinrichtung von den meisten Verurteilten an den Tag gelegt wird. Diese Menschen haben nichts mehr zu verlieren und könnten deshalb alles aufs Spiel setzen, lieber dem Zufallstreffer einer Kugel erliegen oder sich in eines jener blindwütenden Handgemenge stürzen, in denen sich alle unsere Sinne verdunkeln. In gewisser Hinsicht wäre dies ein freier Tod. Und doch ist es, von wenigen Ausnahmen abgesehen, die Regel, daß der Verurteilte teilnahmslos, in einer Art stumpfer Niedergeschlagenheit zur Hinrichtung schreitet. Vermutlich meinen unsere Journalisten diese Ergebung, wenn sie berichten, der Verurteilte sei mutig gestorben. Sie wollen damit sagen, daß er keinen Radau gemacht, sich nicht gegen sein Paket-Sein gewehrt hat und daß ihm alle dafür dankbar sind. In einer so erniedrigenden Situation beweist der Betreffende eine löbliche Zurückhaltung, indem er gestattet, daß die Erniedrigung nicht zu lange dauert. Aber die Lobsprüche und Lorbeeren gehören zu dem rhetorischen Nebel, mit dem die Todesstrafe umgeben wird. Denn der Verurteilte wird häufig desto mehr Zurückhaltung beweisen, je größer seine Angst ist. Er hat nur Anrecht auf die Lobreden unserer Presse, wenn seine Angst oder sein Gefühl der Hilflosigkeit stark genug ist, um ihn völlig reaktionsunfähig zu machen. Man verstehe mich recht. Es gibt Verurteilte, politische und andere, die wie Helden sterben, und von ihnen muß mit der gebührenden Bewunderung und Achtung gesprochen werden. Aber die weitaus meisten kennen kein anderes Schweigen als das der Angst, keinen anderen Gleichmut als den des Entsetzens, und mir scheint, diese Stummheit des Grauens verdiene eine noch größere Achtung. Als der Priester Bela Just einen jungen Verurteilten wenige Augenblicke vor der Hinrichtung durch den Strang aufforderte, seinen Angehörigen zu schreiben, erhielt er zur Antwort: «Ich habe keinen Mut, nicht einmal dazu.» Wie könnte ein Priester ein solches Geständnis der Schwäche anhören, ohne sich vor dem Elendesten und Heiligsten im Menschen zu verneigen? Wer wagte zu behaupten, die Leute, die nicht sprechen und deren Empfindungen allein durch die an ihrem Platz zurückbleibende kleine Pfütze verraten werden, seien feige gestorben? Und als was müßten die anderen bezeichnet werden, die sie zu dieser Feigheit erniedrigten? Schließlich nimmt jeder Mörder, indem er tötet, die Gefahr des entsetzlichen Todes auf sich, während die anderen, die ihn töten, nichts riskieren – es sei denn eine Beförderung.

Nein, was der Mensch in diesem Augenblick empfindet, liegt jenseits aller Moral. Weder Tapferkeit noch Mut, noch Intelligenz, ja nicht einmal die Unschuld hat dabei etwas zu besagen. Die Gesellschaft sieht sich mit einem Schlag in die urzeitlichen Schrecken zurückversetzt, in denen es nichts mehr zu richten gibt. Jede Billigkeit wie auch jede Würde ist verschwunden. «Das Bewußtsein der Unschuld immunisiert nicht gegen die Mißhandlungen ... Ich habe richtige Banditen mannhaft sterben sehen, während Unschuldige an allen Gliedern zitternd in den Tod gingen.»[16] Aus dem Umstand aber, daß nach seiner Erfahrung die Intellektuellen eher zusammenbrechen als andere, zieht Bela Just nicht den Schluß, daß dieser Menschenschlag weniger Mut aufbringt, sondern daß er mehr Phantasie besitzt. Wenn der Mensch dem unausweichlichen Tod gegenübersteht, wird alles in ihm von Grund auf verwüstet, welches immer seine Überzeugungen sein mögen.[17] Das Gefühl der Ohnmacht und Einsamkeit des gefesselten Verurteilten, der sich einer auf seinen Tod bedachten Verbündung der Öffentlichkeit gegenübersieht, ist an sich schon eine unvorstellbare Strafe. Auch in dieser Beziehung wäre eine öffentliche Hinrichtung besser. Der in jedem Menschen steckende Schauspieler könnte dann dem von Grauen besessenen Tier beistehen und ihm helfen, eine gute Figur zu machen, selbst in seinen eigenen Au-

16 Bela Just, a. a. O.

17 Ein bedeutender Chirurg, selber überzeugter Katholik, sagte mir, daß er nach gemachten Erfahrungen sogar bei gläubigen Patienten darauf verzichte, sie von einem unheilbaren Krebs in Kenntnis zu setzen. Der Schock wäre seiner Ansicht nach durchaus imstande, selbst ihren Glauben zu zerstören.

gen. Aber Nacht und Verheimlichung gewähren keinerlei Hilfe. In diesem heillosen Unglück lauten Mut, Seelenstärke und selbst der Glaube Gefahr, bloße Zufälligkeiten zu werden. Im allgemeinen wird der Mensch, lange bevor er stirbt, durch das Warten auf die Hinrichtung vernichtet. Ein doppelter Tod wird ihm auferlegt, und der erste ist schlimmer als der zweite; er aber hat nur einmal getötet. Mit diesem Hochgericht verglichen wirkt selbst die Vergeltung wie ein zivilisiertes Gesetz. Sie wenigstens hat nie verlangt, man müsse einem Menschen, der seinen Bruder eines Auges beraubt hat, beide Augen ausstechen.

Diese grundlegende Ungerechtigkeit verschont übrigens auch die Angehörigen des Verurteilten nicht. Die nahen Verwandten des Opfers haben meist unendlich Schweres zu erleiden gehabt und wünschen in der Mehrzahl der Fälle, gerächt zu werden. Dieser Wunsch geht in Erfüllung, aber damit werden die Angehörigen des Verurteilten in ein Leid gestürzt, das sie weit mehr bestraft, als gerecht wäre. Das monatelange Warten der Mutter oder des Vaters, das Sprechzimmer, die erkünstelten Gespräche, mit denen die kurzen, mit dem Verurteilten verbrachten Augenblicke ausgefüllt werden, und schließlich die Bilder der Hinrichtung sind Qualen, die den Angehörigen des Opfers erspart geblieben sind. Von welchen Gefühlen diese auch immer beseelt sein mögen, sie können nicht wünschen, daß die Rache so viel schlimmer ausfalle als das Verbrechen und Menschen martere, die ihren eigenen Schmerz aufs innigste teilen. «Ich bin begnadigt worden, Pater», schreibt ein zum Tode Verurteilter, «und kann das Glück, das mir widerfährt, noch gar nicht fassen. Die Begnadigung ist am 30. April unterzeichnet worden, und erfahren habe ich es am Mittwoch, als ich aus dem Sprechzimmer zurückkam. Ich ließ sofort Vater und Mutter benachrichtigen, die das Gefängnis noch nicht verlassen hatten. Sie können sich ihre Freude vorstellen.»[18] Man kann sie sich in der Tat vorstellen, aber nur insofern man sich ihr bis zur Begnadigung unablässig bohrendes Leid auszumalen vermag und die endgültige Verzweiflung der anderen, die ihrerseits von der

18 Pater Devoyod, a. a. O. Es ist erschütternd, die Begnadigungsgesuche zu lesen, die von fassungslosen, die plötzlich über sie hereinbrechende Züchtigung offensichtlich nicht begreifenden Eltern eingereicht werden.

unbilligen Bestrafung ihrer Unschuld und ihres Unglücks benachrichtigt werden.

Abschließend muß festgestellt werden, daß dieses Gesetz der Vergeltung selbst in seiner ursprünglichen Form nur bei zwei Menschen angewendet werden kann, von denen der eine restlos unschuldig und der andere restlos schuldig ist. Gewiß ist das Opfer unschuldig. Aber kann die Gesellschaft, die in seinem Namen sprechen soll, Anspruch auf Unschuld erheben? Ist sie nicht wenigstens zum Teil für das Verbrechen verantwortlich, das sie mit so großer Strenge bestraft? Dieses Thema ist oft behandelt worden, und ich will nicht all die Argumente aufzählen, die seit dem 18. Jahrhundert von den verschiedensten Autoren vorgebracht worden sind. Diese Argumente können übrigens in einem Satz zusammengefaßt werden: jede Gesellschaft hat die Verbrecher, die sie verdient. Aber da hier vor allem von Frankreich die Rede ist, muß ich wohl oder übel auf die Umstände hinweisen, die unsere Gesetzgeber zu größerer Zurückhaltung veranlassen sollten. In seiner Antwort auf eine im Jahre 1952 vom *Figaro* veranstaltete Umfrage über die Todesstrafe versicherte ein Oberst, die Einführung einer Höchststrafe, die sich auf lebenslängliche Zwangsarbeit beschränke, komme der Einführung von Lehranstalten für Verbrechen gleich. Dieser Offizier schien nicht zu wissen – und das freut mich für ihn –, daß wir unsere Lehranstalten für Verbrechen bereits besitzen; im Gegensatz zu unseren Strafanstalten bieten sie den unschätzbaren Vorteil, daß man zu jeder Tages- und Nachtzeit dort ein und aus gehen kann. Ich spreche von den Kneipen und den Elendswohnungen, diesen Zierden unserer Republik. Für sie sind keine Worte scharf genug.

Allein für die Stadt Paris schätzt die Statistik die Zahl der überfüllten Wohnungen (in denen drei bis fünf Personen pro Zimmer leben) auf 64 000. Gewiß ist der Kindesmörder ein ganz besonders verabscheuungswürdiges Geschöpf, das kaum Mitleid weckt. Es ist auch anzunehmen (ich sage ausdrücklich anzunehmen), daß keiner meiner Leser, selbst wenn er in solchen Verhältnissen leben müßte, sich dazu hinreißen ließe, ein Kind zu ermorden. Es ist also keine Rede davon, die Schuld gewisser Scheusale vermindern zu wollen. Aber in menschenwürdigen Wohnungen wäre es vielleicht nicht so weit mit ihnen gekommen. Zumindest muß gesagt werden, daß sie nicht die ganze Schuld tragen, und es dünkt einen unwahrscheinlich, daß das Recht, sie zu bestrafen, ausgerechnet denen zusteht, die die Staatssubventionen lieber den Alkoholbrennereien zuwenden als dem Wohnungsbau.[19]

Beim Alkohol tritt dieser Skandal noch viel eindrücklicher zutage als bei der Wohnungsnot. Bekanntlich wird das französische Volk von seiner Parlamentsmehrheit aus zumeist schändlichen Gründen systematisch vergiftet. Nun ist aber der Alkohol bei der Verübung von Bluttaten in erschreckendem Maße beteiligt. Der Anwalt Dr. Guillon schätzt diesen Anteil auf 60 Prozent, der Arzt Dr. Lagriffe auf 41,7 bis 72 Prozent. Eine 1951 im Gefängnis von Fresnes durchgeführte Untersuchung hat ergeben, daß sich unter den Kriminellen 29 Prozent chronische Alkoholiker und 24 Prozent erblich belastete befanden. Und schließlich sind 95 Prozent der Kindesmörder Alkoholiker. Das sind erbauliche Zahlen. Halten wir eine noch erbaulichere daneben: die Steuererklärung einer Apéritiffirma wies 1953 nicht weniger als 410 Millionen Francs Gewinn aus. Der Vergleich dieser Zahlen berechtigt uns dazu, den Aktionären jener Firma und den im Sold des Alkohols stehenden Abgeordneten mitzuteilen, daß sie ohne Zweifel mehr Kinder umgebracht haben, als sie sich träumen lassen. Mir als Gegner der Todesstrafe liegt es fern, ihren Kopf zu fordern. Aber es scheint mir dringend nötig, sie zuerst unter militärischer Bedeckung zur nächsten Hinrichtung eines Kindesmörders zu führen und ihnen anschließend eine Statistik mit den erwähnten Zahlen in die Hand zu drücken.

Der Staat jedoch, der Alkohol sät, kann sich nicht wundern, wenn er Verbechen erntet.[20] Er wundert sich freilich auch nicht, sondern beschränkt sich darauf, die Gurgeln durchzuschneiden, in die er selber so viel Alkohol gegossen hat. Er hält unbeirrt Gericht und stellt sich als Gläubiger hin: sein gutes Gewissen ist unerschüttert. So möchte ich zum Beispiel jenen Vertreter einer Spirituosenfirma erwähnen, der in seiner Antwort auf die Umfrage

19 Frankreich weist von allen Ländern den höchsten Alkoholkonsum auf; im Wohnungsbau dagegen steht es an fünfzehnter Stelle.

20 Ende des letzten Jahrhunderts wurde von den Anhängern der Todesstrafe ein großes Geschrei erhoben, als von 1880 an die Kriminalität zunahm, was mit einer milderen Handhabung der Todesstrafe zusammenzufallen schien. 1880 wurde jedoch das Gesetz erlassen, das den Ausschank geistiger Getränke ohne Lizenz erlaubte. Da soll noch einer Statistiken richtig auslegen!

des *Figaro* schrieb: «Ich weiß, was der verbissenste Befürworter der Abschaffung täte, wenn er sich plötzlich Mördern gegenübersähe, die im Begriff stehen, seinen Vater, seine Mutter, seine Kinder oder seinen besten Freund umzubringen, und er eine Waffe zur Hand hätte. Na also!» Schon allein dieses «Na also» wirkt ein wenig alkoholisiert. Selbstverständlich würde der verbissenste Befürworter der Abschaffung auf diese Mörder schießen, und mit Recht, ohne daß dies den Gründen, aus denen er die Abschaffung so verbissen befürwortet, den geringsten Abbruch täte. Aber wenn er außerdem folgerichtig dächte und die besagten Mörder ein bißchen zu alkoholgetränkt wirkten, würde er sich anschließend mit den Leuten beschäftigen, die sich berufen fühlen, die künftigen Verbrecher zu verseuchen. Es ist sogar höchst erstaunlich, daß es den Angehörigen der Opfer alkoholbedingter Verbrechen nie in den Sinn gekommen ist, im Parlament ein paar Aufklärungen zu fordern. Nein, im Besitz des allgemeinen Vertrauens, ja von der öffentlichen Meinung unterstützt, fährt der Staat fort, die Mörder, selbst und vor allem die Alkoholiker unter ihnen, zu züchtigen, so etwa wie der Zuhälter hin und wieder die arbeitsamen Geschöpfe züchtigt, die ihm sein gutes Auskommen sichern. Der Zuhälter predigt indessen keine Moral, im Gegensatz zum Staat. Die Rechtsprechung anerkennt zwar bisweilen Trunkenheit als mildernden Umstand, aber sie unterschlägt den chronischen Alkoholismus. Dabei tritt die Trunkenheit immer nur in Verbindung mit Affektverbrechen auf, die nicht mit dem Tode bestraft werden, während der chronische Alkoholiker auch vorsätzlicher Verbrechen fähig ist, die ihn den Kopf kosten. Der Staat behält sich also das Recht zum Strafen ausgerechnet in dem Fall vor, in dem er in hohem Maße selber verantwortlich ist.

Heißt das, daß jeder Alkoholiker von einem Staat, der sich an die Brust schlägt, bis das ganze Volk nur noch Obstsäfte trinkt, von seiner Verantwortung entbunden werden soll? Gewiß nicht. So wenig wie die erbliche Belastung jede Schuld auslöscht. Die wahre Verantwortung eines Missetäters kann nicht mit Bestimmtheit festgestellt werden. Die Rechenkunst ist bekanntlich außerstande, die Zahl unserer trunksüchtigen oder enthaltsamen Vorfahren anzugeben. Wenn wir bis in die Urzeit zurückgehen, soll sie 10^{22} mal die gegenwärtige Zahl der Erdbewohner betragen. Die Anzahl der schlechten oder krankhaften Anlagen, die unsere Ahnen uns möglicherweise vererbt haben, entzieht sich demnach jeder Berechnung. Wenn wir zur Welt kommen, tragen wir bereits die Last einer unendlichen Zwangsläufigkeit. In diesem Fall müßte man auf allgemeine Unzurechnungsfähigkeit erkennen. Logischerweise dürfte es dann weder Strafe noch Belohnung mehr geben, und gleichzeitig würde jeder Gesellschaftsverband ein Ding der Unmöglichkeit. Der Instinkt, der nach Erhaltung der Gesellschaften und infolgedessen der Individuen strebt, fordert im Gegenteil Verantwortung für jeden Einzelmenschen. Wir müssen sie annehmen, ohne von einer bedingungslosen Nachsicht zu träumen, die gleichbedeutend wäre mit dem Tod jeder Gesellschaft. Aber die gleiche Überlegenheit muß auch zu dem Schluß führen, daß es nie eine totale Verantwortung gibt und folglich auch keine absolute Strafe oder Belohnung. Niemand kann ein für allemal seinen Lohn erhalten, nicht einmal die Nobelpreisträger. Aber niemand sollte ein für allemal bestraft werden, wenn er für schuldig gehalten wird, und erst recht nicht, wenn er möglicherweise unschuldig ist. Die Todesstrafe, die weder dem Exempel noch dem Gefühl der Billigkeit wahrhaft gerecht wird, maßt sich zudem ein ungeheuerliches Vorrecht an, indem sie eine stets relative Schuld durch eine endgültige und nicht wiedergutzumachende Strafe sühnen will.

Die Todesstrafe bietet allerdings ein zweifelhaftes Exempel und verrät eine hinkende Gerechtigkeit, doch wirkt sie, und darin muß man ihren Verteidigern beipflichten, in der Tat eliminierend. Die Todesstrafe merzt den Verurteilten endgültig aus. Schon allein dieses Merkmal sollte, vor allem in den Augen ihrer Anhänger, die Wiederholung fragwürdiger Argumente ausschließen, die, wie wir gesehen haben, jederzeit angefochten werden können. Ehrlicher ist es, zu sagen, daß sie endgültig ist, weil sie es sein muß; zu versichern, daß gewisse Menschen nicht in die Gesellschaft eingegliedert werden können, daß sie für jeden Bürger und für die Gesellschaftsordnung eine ständige Gefahr bedeuten und daß sie demnach unverzüglich ausgemerzt werden müssen. Niemand kann bestreiten, daß es menschliche Raubtiere gibt, deren Beharrlichkeit und Roheit offenbar durch nichts gebrochen werden kann. Gewiß löst die Todesstrafe das von ihnen gestellte Problem nicht. Aber anerkennen wir zumindest, daß sie es beseitigt.

Auf diese Art Menschen werde ich noch zurückkommen. Aber trifft die Todesstrafe ausschließlich sie? Kann man uns mit Bestimmtheit sagen, daß keiner der Hingerichteten für die Gesellschaft zu retten gewesen wäre? Kann man auch nur schwören, daß keiner unschuldig ist? Muß man in diesen beiden Fällen nicht zugeben, daß die Todesstrafe nur insofern eliminierend wirkt, als sie eben unwiderruflich ist? Am 15. März 1957 wurde in Kalifornien ein Mann namens Burton Abbott hingerichtet, der wegen der Ermordung eines vierzehnjährigen Mädchens zum Tode verurteilt worden war. Das ist nun allerdings ein abscheuliches Verbrechen, das den Täter in die Klasse der rettungslos asozialen Elemente einreiht. Obwohl Abbott nie aufhörte, seine Unschuld zu beteuern, wurde er verurteilt. Seine Hinrichtung war auf den 15. März um 10 Uhr angesetzt. Um 9 Uhr 10 wurde ein Aufschub bewilligt, um den Verteidigern zu erlauben, ein letztes Gnadengesuch einzureichen.[21] Um 11 Uhr wurde das Gesuch abgelehnt. Um 11 Uhr 15 betrat Abbott die Gaskammer. Um 11 Uhr 18 atmete er die ersten Gasdämpfe ein. Um 11 Uhr 20 rief der Sekretär der Begnadigungskommission an. Die Kommission hatte es sich anders überlegt und den Gouverneur zu erreichen versucht, der aber aufs Meer hinausgefahren war. Dann hatte man direkt das Gefängnis angerufen. Abbott wurde aus der Gaskammer geholt. Es war zu spät. Wenn an jenem Tag über Kalifornien ein Gewitter gedroht hätte, wäre der Gouverneur nicht aufs Meer hinausgefahren. Er hätte zwei Minuten früher telefoniert, Abbott wäre nicht tot und könnte es vielleicht eines Tages erleben, daß seine Unschuld bewiesen wird. Jede andere Strafe, selbst die härteste, hätte ihm diese Chance gelassen. Die Todesstrafe ließ ihm keine.

Man wird mir entgegenhalten, dies sei ein einmaliger Fall. Nicht einmaliger als unser Leben, und doch hat er sich in unserem flüchtigen Dasein, kaum zehn Flugstunden von uns entfernt, ereignet. Abbotts Unglück ist nicht so sehr eine Ausnahme als eine Zeitungsmeldung unter anderen, ein keineswegs einzeln dastehender Irrtum, wenn wir unseren Zeitungen Glauben schenken dürfen (ich erinnere an den Fall Deshays, um nur den letzten zu nennen). Der Jurist D'Olivecroix, der um 1860 die Möglichkeit eines Justizirrtums mit der Wahrscheinlichkeitsrechnung zu ermitteln suchte, kam zu dem Ergebnis, daß auf rund 257 Fälle ein

21 In den amerikanischen Gefängnissen ist es Brauch, den Verurteilten am Abend vor seiner Hinrichtung in eine andere Zelle zu bringen, wobei ihm die bevorstehende Zeremonie bekanntgegeben wird.

Angeklagter komme, der unschuldig verurteilt wird. Das sei wenig? Gewiß, im Hinblick auf die durchschnittlichen Strafen ist das Verhältnis bescheiden, im Hinblick auf die Todesstrafe jedoch ohne Maß. Wenn Victor Hugo schreibt, daß für ihn die Guillotine den Namen Lesurques trage[22], so meint er damit nicht, jeder Hingerichtete sei ein Lesurques, sondern ein Lesurques genüge, um sie auf immer zu entehren. Man begreift, daß die Belgier nach einem Justizmord endgültig auf die Todesstrafe verzichtet haben und daß in England nach der Hayes-Affäre die Frage der Abschaffung aufgeworfen wurde. Man versteht auch die Schlußfolgerungen jenes Staatsanwalts, der zur Beratung eines Gnadengesuchs hinzugezogen wurde und schrieb: «Wenn X. am Leben bleibt, haben die Behörden die Möglichkeit, mit Ruhe und Gründlichkeit jedes neue Indiz zu prüfen, das später einmal darauf hinweisen könnte, daß seine Frau noch am Leben ist ...[23] Umgekehrt würde die Vollstreckung der Todesstrafe diese hypothetische Untersuchungsmöglichkeit zunichte machen und, wie ich befürchte, dem kleinsten Indiz einen theoretischen Wert verleihen und ein überaus mächtiges Gefühl der Reue wecken, dessen Entstehen ich für unzweckmäßig halte.» Die Liebe zur Gerechtigkeit und zur Wahrheit äußert sich hier auf ergreifende Art, und es wäre nicht fehl am Platz, vor unseren Schwurgerichten immer wieder auf jenes «mächtige Gefühl der Reue» hinzuweisen, weil sie so deutlich die Gefahr benennt, der jeder Geschworene sich gegenübersieht. Denn wenn der Unschuldige einmal tot ist, vermag niemand mehr etwas für ihn, abgesehen von der Rehabilitierung, falls noch jemand da ist, der sie verlangt. Dann wird ihm die Unschuld zurückgegeben, die er in Wahrheit nie verloren hatte. Die Verfolgung jedoch, die er erdulden mußte, sein furchtbares Leiden und sein grauenvoller Tod sind nicht mehr aus der Welt zu schaffen. Es bleibt nur der Wunsch, alles zu tun, damit den zukünftigen Unschuldigen diese Qualen erspart bleiben. In Belgien hat man diese Konsequenz gezogen. Bei uns hat man offenbar ein ruhiges Gewissen.

Wahrscheinlich tröstet man sich mit der Überlegung, daß auch die Rechtsprechung nicht stehenbleibe, sondern Schritt halte mit

22 So hieß der Unschuldige, der in der Affäre des Lyoner Kuriers enthauptet wurde.

23 Der Verurteilte war angeklagt, seine Frau getötet zu haben, doch war die Leiche unauffindbar geblieben.

der Entwicklung der Wissenschaft. Wenn der gelehrte Sachverständige vor einem Schwurgericht seinen Vortrag gehalten hat, könnte man meinen, ein Priester habe gesprochen, und die in der Religion der Wissenschaft erzogenen Geschworenen nicken andächtig Beifall. Dabei haben uns in letzter Zeit verschiedene Fälle, unter denen der Fall Besnard der wichtigste war, deutlich vor Augen geführt, was für eine Farce Sachverständigen-Gutachten sein können. Auch wenn die Schuld in einem Reagenzglas festgestellt wurde, und wäre es ein fein graduiertes, ist sie darum nicht eindeutiger bewiesen. Ein zweites Reagenzglas wird das Gegenteil aussagen, und in diesen gefährlichen Rechenkunststücken bewahrt die Gleichung der Persönlichkeit ihr ganzes Gewicht. Es gibt im Verhältnis etwa ebenso viele wirkliche Sachverständige unter den Wissenschaftlern, wie es psychologisch geschulte Richter gibt, und sie sind kaum zahlreicher als die ernsthaften, objektiv urteilenden Schwurgerichte. Die Möglichkeit eines Irrtums bleibt nach wie vor bestehen. Morgen wird ein anderes Gutachten die Unschuld irgendeines Abbott beweisen. Aber Abbott wird tot sein, ebenfalls nach allen Regeln der Wissenschaft; und der Wissenschaft, die ebensogut die Unschuld wie die Schuld zu beweisen sich anmaßt, ist es noch nicht gelungen, die Menschen, die sie umbringt, wieder zum Leben zu erwecken.

Doch selbst wenn wir uns an die Schuldigen halten: sind wirklich immer nur Unverbesserliche hingerichtet worden? Alle, die wie ich eine Zeitlang gezwungen waren, Schwurgerichtsprozesse zu verfolgen, wissen, daß viel Zufälliges in einen Urteilsspruch hineinspielt, selbst in ein Todesurteil. Das Aussehen des Angeklagten; sein Vorleben (auch Geschworene, die ich nie für unbedingt treue Ehemänner gehalten hätte, betrachten einen Ehebruch als erschwerenden Umstand); seine Haltung (die sich nur günstig für ihn auswirkt, wenn sie konventionell, das heißt meistens gespielt ist); selbst seine Sprechweise (rückfällige Verbrecher wissen, daß sie weder stottern noch zu fließend reden dürfen); die gefühlsmäßig bewerteten Zwischenfälle bei der Verhandlung (leider ist das Echte nicht immer rührend) – das alles sind Zufälligkeiten, die den Entscheid des Gerichts beeinflussen. Im Augenblick, da das Todesurteil gefällt wird, kann man sicher sein, daß es des Zusammentreffens vieler Ungewißheiten bedurft hat, um die gewisseste aller Strafen auszulösen. Wenn man weiß, daß das Todesurteil von der Art abhängt, wie das Gericht die mildernden

Umstände bewertet, wenn man vor allem weiß, daß die Reform des Jahres 1832 unseren Gerichten die Möglichkeit eingeräumt hat, *unbestimmte* mildernde Umstände zuzubilligen, kann man sich vorstellen, welche Bedeutung die augenblickliche Laune der Geschworenen gewinnt. Die Taten, die durch die Todesstrafe zu ahnden sind, werden nicht mehr mit aller Genauigkeit vom Gesetz festgelegt, sondern von den Geschworenen nachträglich, nach eigenem Ermessen und von Fall zu Fall bestimmt. Da es keine zwei gleichen Geschworenengerichte gibt, wird hier ein Angeklagter hingerichtet, der anderswo mit dem Leben davongekommen wäre. Unverbesserlich in den Augen der ehrbaren Einwohner des Departements Ille-et-Vilaine, wäre ihm von den braven Bürgern des Departements Var der Schimmer einer Entschuldigung zugestanden worden. Leider fällt in beiden Departements das gleiche Beil. Und es läßt sich nicht auf Einzelheiten ein.

Zu den Zufälligkeiten der Geographie gesellen sich die der Zeitläufte, um die allgemeine Absurdität noch zu verstärken. Der kommunistische französische Arbeiter, der vor kurzem in Algerien hingerichtet wurde, weil er im Ankleideraum einer Fabrik eine Bombe gelegt hatte (man entdeckte sie allerdings vor ihrer Explosion), ist ebenso sehr das Opfer seiner Tat wie der politischen Stimmung. In Anbetracht der gegenwärtigen Lage in Algerien wollte man einerseits den Arabern beweisen, daß die Guillotine auch für die Franzosen da ist, und andererseits den über die terroristischen Verbrechen empörten Franzosen Genugtuung gewähren. Gleichzeitig akzeptierte jedoch der Minister, der die Hinrichtung deckte, die Stimmen der kommunistischen Wähler in seinem Wahlkreis. Unter anderen Umständen wäre der Angeklagte leichten Kaufs davongekommen und liefe höchstens Gefahr, eines Tages als Abgeordneter seiner Partei an der gleichen Theke ein Glas zu trinken wie der Minister. Das sind bittere Überlegungen, und es wäre zu wünschen, daß sie unseren Machthabern gegenwärtig blieben. Sie müssen wissen, daß die Zeiten und die Sitten sich wandeln; der Tag wird kommen, da der zu schnell hingerichtete Schuldige nicht mehr ganz so schuldig erscheint. Aber dann ist es zu spät, und man kann nur noch bereuen oder vergessen. Natürlich vergißt man. Indessen trägt die Gesellschaft trotzdem einen Schaden davon. Die Griechen sagten, das straflos ausgehende Verbrechen verpeste das Staatswesen. Aber die verurteilte Unschuld oder das allzu hart bestrafte Verbrechen besudeln es auf die Dauer nicht weniger. Wir Franzosen wissen das.

So ist eben die Gerechtigkeit der Menschen beschaffen, wird es heißen, und trotz all ihrer Mängel ist sie immer noch besser als die Willkür. Diese melancholische Betrachtungsweise ist jedoch nur auf die gewöhnlichen Strafen tragbar. Angesichts eines Todesurteils ist sie skandalös. In einem klassischen französischen Lehrbuch steht zur Entschuldigung der Tatsache, daß die Todesstrafe keine Nuancierung zuläßt: «Die menschliche Rechtsprechung hat keineswegs den Ehrgeiz, diese Abstufung zu gewährleisten. Warum? Weil sie um ihre Schwäche weiß.» Müssen wir daraus schließen, daß diese Schwäche uns dazu berechtigt, ein absolutes Urteil zu fällen, und daß die Gesellschaft, die nicht gewiß ist, die reine Gerechtigkeit verwirklichen zu können, sich unter den größten Gefahren in die höchste Ungerechtigkeit stürzen muß? Wenn die Justiz weiß, daß sie unvollkommen ist, wäre es dann nicht angezeigt, daß sie Bescheidenheit übt und ihren Urteilssprüchen genug Spielraum läßt, damit ein allfälliger Irrtum gutgemacht werden kann?[24] Sollte sie diese Schwäche, in der sie für sich selbst einen dauernd gültigen mildernden Umstand erblickt, nicht auch immer dem Verbrecher zugestehen? Kann ein Gericht tatsächlich sagen: «Wenn ich Sie irrtümlicherweise in den Tod schicke, so wollen Sie mir bitte in Anbetracht der unser aller Natur innewohnenden Schwäche verzeihen. Ich aber verurteile Sie ohne Rücksicht auf diese Schwäche und diese Natur zum Tode»? Im Irrtum und in der Verblendung sind alle Menschen solidarisch. Darf diese Gemeinschaft dem Gericht zugute kommen, nicht aber dem Angeklagten? Nein. Und wenn die Gerechtigkeit einen Sinn hat auf dieser Welt, bedeutet sie nichts anderes als die Anerkennung dieser Solidarität; sie darf sich ihrem ureigensten Wesen nach nicht vom Mit-Leid trennen. Natürlich darf das Mit-Leid hier nur als das Gefühl eines gemeinsamen Leidens verstanden werden und nicht als eine leichtfertige Nachsicht, die an das Leiden und die Rechte des Opfers überhaupt nicht denkt. Es schließt die Strafe nicht aus, aber es läßt die unwiderrufliche Verurteilung

24 Man war froh, Sillon begnadigt zu haben, der vor nicht langer Zeit sein vierjähriges Töchterchen umbrachte, um es der auf Scheidung klagenden Mutter nicht überlassen zu müssen. Während der Haft entdeckte man nämlich, daß Sillon an einem Hirntumor litt, der seine Wahnsinnstat erklären mochte.

in der Schwebe. Es widersetzt sich der endgültigen, nicht wiedergutzumachenden Maßnahme, die dem ganzen Menschen Unrecht tut, da sie das Elend des Menschseins nicht in ihre Rechnung einbezieht.

Manche Schwurgerichte sind sich dessen allerdings bewußt und billigen oft einem Verbrechen, das nichts mildern kann, mildernde Umstände zu. In solchen Fällen scheint ihnen die Todesstrafe übermäßig hart, und sie strafen lieber zu leicht als zu schwer. So kommt es, daß die maßlose Härte der Strafe dem Verbrechen zugute kommt, anstatt es zu züchtigen. Immer wieder liest man in den Zeitungen, dieses oder jenes Urteil sei unlogisch und angesichts des Tatbestands entweder ungenügend oder übertrieben. Das wissen die Geschworenen jedoch genau. Nur ist es ihnen im Hinblick auf die Ungeheuerlichkeit der Todesstrafe lieber, so wie es uns lieber wäre, sich der Dummheit zeihen zu lassen, als in Zukunft nicht mehr ruhig schlafen zu können. Da sie um ihre angeborene Schwäche wissen, ziehen sie wenigstens die Konsequenzen. Und sie haben die wahre Gerechtigkeit gerade in dem Maße auf ihrer Seite, als sie der Logik entbehren.

Indessen gibt es Schwerverbrecher, die jedes Gericht überall und zu jeder Zeit verurteilen würde. Ihre Untaten sind unbestreitbar, und die von der Anklage beigebrachten Beweise decken sich mit den von der Verteidigung gemachten Geständnissen. Das Abnorme und Ungeheuerliche an ihnen verweist sie zweifellos bereits unter die pathologischen Erscheinungen. Und doch versichern die zugezogenen Psychiater in den meisten Fällen, die Täter seien voll zurechnungsfähig. Neulich wurde in Paris ein junger Mann, der einen etwas schwachen, doch sanften und liebevollen Charakter besaß und sich mit seinen Eltern äußerst gut verstand, nach seinen eigenen Aussagen durch eine sein spätes Heimkommen tadelnde Bemerkung seines Vaters verärgert. Der Vater saß lesend am Eßzimmertisch. Der junge Mann ergriff ein Beil und versetzte seinem Vater von hinten mehrere tödliche Hiebe. Dann schlug er auf die gleiche Weise seine in der Küche hantierende Mutter nieder. Er kleidete sich um, versteckte die blutige Hose im Schrank, stattete den Eltern seiner Braut einen Besuch ab, ohne sich irgend etwas anmerken zu lassen, kehrte nach Hause zurück und benachrichtigte die Polizei, er habe soeben seine Eltern ermordet aufgefunden. Die Polizei entdeckte sogleich die blutbesudelte Hose und bewog den Elternmörder mühelos zu einem gleichmütigen Geständnis. Die Psychiater erklärten diesen jungen Mann, der aus Ärger getötet hatte, für zurechnungsfähig. Die merkwürdige Gemütsruhe, die er auch im Gefängnis an den Tag legte (er freute sich zum Beispiel über die große Anzahl Menschen, die dem Begräbnis seiner Eltern beigewohnt hatten und sagte seinem Anwalt, sie seien eben sehr beliebt gewesen), kann jedoch nicht als normal angesehen werden. Aber sein Denkvermögen war offenbar unversehrt.

Viele dieser ‹Ungeheuer› zeigen ein ähnlich undurchdringliches Gesicht. Sie werden einzig auf Grund ihrer Tat ausgemerzt. Offenbar verbietet die Art oder die Scheußlichkeit ihrer Verbrechen, an die Möglichkeit von Reue oder Besserung zu denken. Es gilt lediglich, zu verhindern, daß sie rückfällig werden, und dafür gibt es keine andere Lösung als die Ausmerzung. Einzig und allein auf dieser Scheidelinie ist die Diskussion um die Todesstrafe berechtigt. In allen übrigen Fällen halten die Argumente der Befürworter den Einwänden der Gegner nicht stand. Auf dieser Grenzlinie jedoch tritt infolge unserer Unwissenheit eine Wette an die Stelle der Gewißheit. Keine Tatsache und keine verstandesmäßige Überlegung vermag zu entscheiden, wer recht hat: die Leute, die glauben, es müsse auch dem unmenschlichsten der Menschen immer noch eine Chance gewährt werden, oder die anderen, die diese Chance für illusorisch halten. Aber vielleicht ist es möglich, auf dieser äußersten Grenze den alten Gegensatz zwischen Anhängern und Gegnern der Todesstrafe zu überwinden, indem man untersucht, welche Zweckmäßigkeit dieser Strafe heute und bei uns in Europa zukommt. Auf diese Weise will ich versuchen, mit meiner weit geringeren Zuständigkeit dem Wunsch Professor Jean Gravens zu entsprechen, eines schweizerischen Juristen, der 1952 in einer hervorragenden Untersuchung über das Problem der Todesstrafe schrieb: «... Angesichts des Problems, vor das sich unser Gewissen und unsere Vernunft abermals gestellt sehen, halten wir dafür, daß eine Lösung nicht gemäß den Auffassungen, den Problemen und den Argumenten der Vergangenheit noch im Hinblick auf die theoretischen Hoffnungen und Versprechen der Zukunft gesucht werden muß, sondern im Einklang mit den Gedanken, den Verhältnissen und den Erfordernissen der Gegenwart.»[25] Man

25 *Revue de Criminologie et de Police technique*, Genf, Sondernummer, 1952

kann in der Tat bis ins Uferlose über die Wohltaten oder die Verheerungen der Todesstrafe im Verlauf der Jahrhunderte oder am Himmel der Ideen diskutieren. Aber sie existiert hier und jetzt, und wir müssen uns hier und jetzt, dem modernen Scharfrichter gegenüber, klarwerden über uns selber. Was bedeutet die Todesstrafe für uns Menschen der Jahrhundertmitte?

Der Einfachheit halber wollen wir zunächst einmal festhalten, daß unsere Zivilisation nicht nur die Werte verloren hat, die in gewisser Hinsicht diese Strafe rechtfertigen können, sondern darüber hinaus an Übeln krankt, die ihre Abschaffung nötig machen. Mit anderen Worten: die Abschaffung des Todesstrafe sollte von den verantwortungsbewußten Gliedern unserer Gesellschaft sowohl aus logischen wie aus realistischen Gründen gefordert werden.

Zunächst die Logik. Einen Menschen zum Verlust seines Lebens verurteilen, heißt so viel wie bestimmen, daß dieser Mensch keinerlei Aussicht mehr hat, wiedergutzumachen. Ich möchte wiederholen, daß die Argumente gerade in diesem Punkt blind aufeinanderprallen und sich in unfruchtbarem Gegensatz verhärten. Aber diesen Punkt kann eben niemand unter uns entscheiden, denn wir alle sind hierin Richter und Partei. Daher auch unsere Ungewißheit in bezug auf unser Recht zu töten, und unsere Unfähigkeit, uns gegenseitig zu überzeugen. Ohne absolute Unschuld gibt es keinen höchsten Richter. Wir aber haben in unserem Leben alle Böses getan, selbst wenn dieses Böse verborgen blieb und nicht unter die Gesetze fiel. Es gibt keine gerechten Menschen, sondern nur Herzen, die mehr oder weniger arm sind an Gerechtigkeit. Das wenigstens lehrt uns das Leben, und es gestattet uns auch, in unser Tun ein bißchen etwas Gutes einfließen zu lassen, das das Böse, das wir in die Welt gebracht haben, teilweise wettmacht. Dieses Recht zu leben, das eins ist mit der Möglichkeit, wiedergutzumachen, ist das natürliche Recht eines jeden Menschen, selbst des verkommensten. Der gemeinste Verbrecher und der unbestechlichste Richter stehen da Seite an Seite gleich erbärmlich und solidarisch. Ohne dieses Recht ist das moralische Leben schlechthin unmöglich. Insbesondere hat keiner von uns das Recht, an einem einzigen Menschen zu verzweifeln, bis der Tod sein Leben in Schicksal verwandelt und dann ein endgültiges Urteil erlaubt. Aber das endgültige Schicksal vor dem Tod zu verkünden, eigenmächtig die Rechnung abzuschließen, solange der Schuldner noch unter den Lebenden weilt, steht keinem Menschen zu. Wer – zumindest in dieser Hinsicht – unbedingt richtet, verurteilt sich selber unbedingt.

Bernard Fallot, ein Mitglied der im Dienst der Gestapo stehenden Masuy-Bande, der zum Tode verurteilt wurde, nachdem er die zahlreichen schrecklichen, ihm zur Last gelegten Verbrechen eingestanden hatte, und der dem Tod äußerst mutig entgegentrat, erklärte selber, er könne nicht begnadigt werden. «An meinen Händen klebt zuviel Blut», sagte er zu einem Mitgefangenen.[26] Die öffentliche Meinung und auch seine Richter verwiesen ihn ganz ohne Zweifel unter die Unverbesserlichen, und ich selbst wäre versucht gewesen, ihnen beizustimmen, wäre mir nicht ein überraschendes Zeugnis vor Augen gekommen. Nachdem Fallot nämlich diesem gleichen Kameraden gesagt hatte, er wolle mannhaft sterben, fuhr er fort: «Soll ich dir sagen, was mir am meisten leid tut? Daß ich die Bibel nicht früher kennengelernt habe. Du darfst mir glauben, es wäre nicht so weit mit mir gekommen.» Es geht hier nicht darum, altgewohnte Klischees aufzuwärmen und an die guten Zuchthäusler zu erinnern, wie Victor Hugo sie beschrieben hat. Die sogenannte Aufklärung wollte die Todesstrafe abschaffen, weil der Mensch seinem Wesen nach gut sei. Natürlich ist er das nicht (er ist entweder schlechter oder besser). Die letzten zwanzig Jahre unserer Geschichte haben uns das gelehrt. Aber gerade weil er das nicht ist, kann sich keiner unter uns zum absoluten Richter aufwerfen und die endgültige Ausmerzung des schlimmsten aller Schuldigen beschließen, denn keiner unter uns kann Anspruch erheben auf absolute Unschuld. Die Todesstrafe zerstört die einzige unbestreitbare Solidarität der Menschen, die gemeinsame Front gegen den Tod, und sie kann nur durch eine Wahrheit oder einen Grundsatz gerechtfertigt werden, die über den Menschen stehen.

In Tat und Wahrheit ist die Todesstrafe durch die Jahrhunderte hindurch immer eine religiöse Strafe gewesen. Wenn sie im Namen des Königs verhängt wird, der Gott auf dieser Erde vertritt, oder von Priestern oder im Namen der als geheiligter Körper angesehenen Gesellschaft, dann zerstört sie nicht die menschliche Solidarität, sondern die Zugehörigkeit des Schuldigen zur göttlichen Gemeinschaft, die ihm allein das Leben schenken kann. Gewiß

26 Jean Bocognano: ‹*Quartier des fauves, prison de Fresnes*›, Du Fuseau

wird das irdische Leben ihm entzogen, aber die Möglichkeit der Wiedergutmachung wird ihm belassen. Das wahre Urteil wird nicht jetzt ausgesprochen, sondern erst im Jenseits. Die religiösen Werte, und insbesondere der Glaube an das ewige Leben, die ihrer eigenen Logik gemäß die Todesstrafe der Endgültigkeit und der Unwiderruflichkeit berauben, sind also die einzigen, die sie zu begründen vermögen. Die Todesstrafe ist dann nur in dem Maße gerechtfertigt, als sie eben nicht die höchste Strafe bedeutet.

So hat die katholische Kirche die Notwendigkeit der Todesstrafe immer anerkannt und in früheren Zeiten selber höchst freigebig davon Gebrauch gemacht. Auch heute noch rechtfertigt sie die Hinrichtung und erkennt dem Staat das Recht zu, sie zu vollstrekken. So fein abgestuft ihre Haltung auch ist, es liegt ihr doch ein eindeutiges Gefühl zugrunde, das 1937 anläßlich einer Debatte über die Todesstrafe im schweizerischen Nationalrat ohne Umschweife zum Ausdruck kam. Der fribourgische Nationalrat Grand erklärte nämlich, angesicht der drohenden Hinrichtung gehe auch der hartgesottenste Verbrecher in sich. «Er bereut, und seine Vorbereitung auf den Tod wird dadurch erleichtert. Die Kirche hat eines ihrer Kinder gerettet und damit ihre göttliche Mission vollbracht. Darum hat sie die Todesstrafe stets anerkannt, und zwar nicht nur als ein Mittel der Notwehr, *sondern als ein wirksames Mittel zur Erlangung des Heils* . . .[27] Ohne die Todesstrafe zu einer kirchlichen Angelegenheit stempeln zu wollen, muß man sagen, daß sie Anspruch auf sozusagen göttliche Wirksamkeit erheben kann, genau wie der Krieg.»

Zweifellos erklärt sich aus der gleichen Überlegung, daß auf dem Schwert des Scharfrichters von Fribourg der Spruch zu lesen stand: «Herr Jesus, du bist der Richter». Der Scharfrichter ist demnach mit einer heiligen Funktion betraut. Er ist der Mensch, der den Leib zerstört, um die Seele dem göttlichen Urteilsspruch auszuliefern, den niemand vorwegnimmt. Der Leser wird vielleicht finden, daß solche Formeln reichlich anstößige Konfusionen mit sich bringen. Und wer sich an Jesu Lehren hält, wird zweifellos in jenem edlen Schwert eine weitere Schmähung Christi erblicken. In diesem Zusammenhang läßt sich das schreckliche Wort eines russischen Gefangenen verstehen, der 1905 vom Zaren zum Tode verurteilt worden war und dem Priester, als dieser ihn mit dem

27 Von mir hervorgehoben

Kruzifix trösten wollte, ohne Zögern sagte: «Gehen Sie fort und lästern Sie nicht.» Der Ungläubige kann sich auch des Gedankens nicht erwehren, daß Menschen, die das erschütternde Opfer eines Justizirrtums zum Mittelpunkt ihres Glaubens gemacht haben, sich dem legalen Mord gegenüber zumindest zurückhaltend benehmen sollten. Man könnte den Gläubigen zudem in Erinnerung rufen, daß Kaiser Julian vor seiner Bekehrung den Christen keine öffentlichen Ämter übergeben wollte, weil sie sich systematisch weigerten, ein Todesurteil auszusprechen oder ihm Vorschub zu leisten. Fünf Jahrhunderte lang haben die Christen also geglaubt, die strenge moralische Lehre ihres Meisters verbiete ihnen zu töten. Aber der katholische Glaube nährt sich nicht nur von den persönlichen Lehren Christi, sondern schöpft auch aus dem Alten Testament, aus den Briefen des Apostels Paulus und aus den Kirchenvätern. Insbesondere sind die Unsterblichkeit der Seele und die allgemeine Auferstehung der Toten Glaubensartikel. Aus dieser Sicht bleibt für den Gläubigen die Todesstrafe eine vorläufige Strafe, die das endgültige Urteil in der Schwebe beläßt, eine Verfügung, die nur in der irdischen Ordnung nötig ist, eine Verwaltungsmaßnahme, die die Schuldigen nicht auf ewig verdammt, sondern im Gegenteil seine Erlösung begünstigen kann. Ich behaupte nicht, alle Gläubigen seien dieser Ansicht, und vermag mir unschwer vorzustellen, daß Katholiken sich Christus näher fühlen als Moses oder dem Apostel Paulus. Ich will damit bloß sagen, daß der Glaube an die Unsterblichkeit der Seele dem Katholizismus erlaubt hat, das Problem der Todesstrafe in einen ganz anderen Zusammenhang zu stellen und sie zu rechtfertigen.

Aber was bedeutet diese Rechtfertigung in der Gesellschaft, in der wir leben und die in ihren Einrichtungen und in ihren Bräuchen des Charakters des Heiligen verlustig gegangen ist? Wenn ein atheistischer oder skeptischer oder agnostischer Richter einem nichtgläubigen Schuldigen die Todesstrafe auferlegt, spricht er eine endgültige Strafe aus, die nicht rückgängig gemacht werden kann. Er setzt sich auf Gottes Thron [28], ohne Gottes Macht zu besitzen und selbst ohne daran zu glauben. Im Grunde genommen tötet er, weil seine Vorfahren an das ewige Leben glaubten. Die Gesellschaft aber, die er zu vertreten behauptet, nimmt einzig eine

28 Bekanntlich wird der Urteilsspruch des Gerichts durch die Formel eingeleitet: «Vor Gott und meinem Gewissen . . .»

Maßnahme der Ausmerzung vor, zerbricht die gegen den Tod geeinte Gemeinschaft der Menschen und erhebt sich selbst zum unbedingten Wert, da sie die unbedingte Macht für sich beansprucht. Gewiß schickt sie dem Verurteilten aus alter Gewohnheit einen Priester. Dieser darf mit Recht hoffen, die Angst vor der Strafe werde zur Bekehrung des Schuldigen beitragen. Wer will indessen gutheißen, daß man mit dieser Rechnung eine Strafe rechtfertigt, die in den meisten Fällen in einem völlig anderen Geist verhängt und entgegengenommen wird? Zu glauben, ehe man Angst hat, ist etwas anderes, als in der Angst den Glauben zu finden. Die Bekehrung durch das Feuer oder das Fallbeil wird immer etwas Verdächtiges haben, und man könnte annehmen, die Kirche habe darauf verzichtet, durch Terror über die Ungläubigen zu siegen. Auf jeden Fall hat die entheiligte Gesellschaft bei einer Bekehrung, an der sie zugegebenermaßen keinen Anteil nimmt, nichts zu gewinnen. Sie verhängt eine heilige Strafe und beraubt sie gleichzeitig ihrer Entschuldigungen und ihrer Nützlichkeit. Sie gerät in Selbstverzückung und scheidet eigenmächtig die Bösen aus ihrem Schoße aus, als wäre sie die Tugend in Person. Sie läßt sich einem ehrbaren Mann vergleichen, der seinen mißratenen Sohn mit den Worten tötet: «Ich wußte wirklich nicht mehr, was ich mit ihm anfangen sollte.» Sie maßt sich das Recht der Auslese an, als wäre sie die Natur selber, und erlaubt sich, der Ausmerzung unendliches Leiden beizugesellen, als wäre sie ein strafender Gott.

Die Versicherung, ein Mensch müsse unbedingt aus der Gesellschaft ausgeschieden werden, weil er unbedingt schlecht sei, will auf jeden Fall besagen, daß die Gesellschaft unbedingt gut sei, und das glaubt heute kein vernünftiger Mensch mehr. Man glaubt es nicht und wird sogar eher vom Gegenteil überzeugt sein. Unsere Gesellschaft ist nur so schlecht und so verbrecherisch geworden, weil sie sich selber zum letzten Ziel und Zweck erhoben und nichts anderes mehr geachtet hat als ihren eigenen Fortbestand oder ihren geschichtlichen Erfolg. Gewiß hat sie ihren heiligen Charakter verloren, doch hat sie im 19. Jahrhundert angefangen, sich einen Religionsersatz zu schaffen, indem sie sich selber zum Gegenstand der Anbetung erhob. Die Evolutionslehre und die damit einhergehenden Theorien der Auslese haben die Zukunft der Gesellschaft als Endziel aufgerichtet. Die politischen Utopien, die aus diesen Lehren hervorgingen, haben an das Ende der Zeiten ein goldenes Zeitalter gesetzt, das im voraus alle Mittel rechtfertigte. Die Gesellschaft hat sich angewöhnt, alles zu legitimieren, was ihrer Zukunft dienlich sein mag, und infolgedessen die Todesstrafe unbedingt anzuwenden. Darum betrachtet sie alles, was ihren weltlichen Plänen und Dogmen zuwiderläuft, als Verbrechen und Lästerung. Mit anderen Worten: der Scharfrichter ist nicht mehr Priester, sondern Beamter. Das Ergebnis können wir jeden Tag rings um uns sehen, und es ist dergestalt, daß diese Gesellschaft der Jahrhundertmitte, die nach aller Logik das Recht verloren hat, die Todesstrafe zu verhängen, sie jetzt aus Gründen des Realismus abschaffen müßte.

Denn wie definiert sich unsere Zivilisation dem Verbrechen gegenüber? Die Antwort ist einfach: seit dreißig Jahren sind die Verbrechen des Staates unendlich viel zahlreicher als die Verbrechen der Einzelmenschen. Ich spreche nicht einmal von den allgemeinen oder lokalisierten Kriegen, obwohl auch das Blut auf die Dauer berauschend wirkt wie ein schwerer Wein. Nein, die bloße Zahl der vom Staat unmittelbar getöteten Einzelmenschen hat eine astronomische Höhe erreicht und übersteigt bei weitem die Zahl der ‹Privat›-Verbrechen. Es gibt immer weniger kriminelle und dafür immer mehr politische Sträflinge. Führen wir zum Beweis bloß an, daß ein jeder unter uns, und mag er noch so ehrenwert sein, die Möglichkeit ins Auge fassen kann, eines Tages zum Tode verurteilt zu werden, während dieser Gedanke zu Beginn unseres Jahrhunderts wie eine Posse angemutet hätte. Alphonse Karrs launiges Wort: «Die Herren Mörder mögen den Anfang machen», hat keinen Sinn mehr. Die Leute, die das meiste Blut vergießen, sind eben diejenigen, die das Recht, die Logik und die Geschichte auf ihrer Seite zu haben glauben.

Unsere Gesellschaft muß sich also viel weniger vor dem Individuum schützen als vor dem Staat. Vielleicht sind in dreißig Jahren die Verhältnisse umgekehrt. Im gegenwärtigen Augenblick jedoch muß die Notwehr sich in erster Linie gegen den Staat richten. Die Gerechtigkeit und eine höchst realistische Ratsamkeit gebieten, daß das Gesetz das Individuum vor einem dem Irrsinn des Sektierertums oder des Hochmuts verfallenen Staat beschütze. «Der Staat möge den Anfang machen und die Todesstrafe abschaffen», müßte heute unser aller Losung sein.

Blutige Gesetze schaffen blutige Sitten, ist gesagt worden. Aber es kann in einer gegebenen Gesellschaft zu einem Zustand kommen, da allen Ausschreitungen zum Trotz die Sitten nie so blutig werden können wie die Gesetze. Halb Europa kennt diesen Zustand. Wir Franzosen haben ihn ebenfalls erlebt und laufen Gefahr, ihn wieder zu erleben. Die unter der Besetzung Hingerichteten haben die nach der Befreiung Hingerichteten im Gefolge gehabt, deren Freunde wiederum von Vergeltung träumen. Anderswo bereiten von allzuviel Verbrechen belastete Staaten sich vor, ihre Schuld unter noch ärgeren Metzeleien zu begraben. Man tötet für ein Volk oder eine Klasse der Zukunft, die vergöttlicht werden. Man tötet für eine Gesellschaft der Zukunft, die ebenfalls vergöttlicht wird. Wer alles zu wissen vermeint, bildet sich ein, alles zu vermögen. Irdische Götzen, die absoluten Glauben fordern, verkünden unermüdlich absolute Strafen. Und Religionen ohne Transzendenz töten massenweise Verurteilte ohne Hoffnung.

Wie kann unter diesen Umständen die europäische Gesellschaft der Jahrhundertmitte überleben, wenn sie nicht beschließt, den Einzelmenschen mit allen Mitteln gegen die Unterdrückung zu verteidigen? Die Hinrichtung eines Menschen untersagen, hieße öffentlich verkünden, daß die Gesellschaft und der Staat keine absoluten Werte sind und daß nichts sie dazu ermächtigt, endgültige Gesetze zu erlassen und Nichtwiedergutzumachendes zu schaffen. Ohne die Todesstrafe lebten Gabriel Péri und Robert Brasillach vielleicht noch. Dann könnten wir sie unserer Überzeugung gemäß richten und stolz zu unserem Urteil stehen, während sie jetzt uns richten und wir schweigen. Ohne die Todesstrafe würde Rajks Leiche Ungarn nicht vergiften, würde ein weniger schuldbeladenes Deutschland von Europa bereitwilliger aufgenommen, würde die Russische Revolution nicht in der Schande dahinsiechen und würde das algerische Blut weniger schwer auf unserem Gewissen lasten. Ohne die Todesstrafe würde Europa nicht von den seit zwanzig Jahren in seiner erschöpften Erde angehäuften Leichen verpestet. Auf unserem Kontinent werden alle Werte von der Angst und dem zwischen den Individuen wie zwischen den Völkern herrschenden Haß zersetzt. Der Kampf der Ideen wird mit dem Strang und dem Fallbeil geführt. Nicht die menschliche und natürliche Gesellschaft übt ihr Recht auf Bekämpfung des Verbrechens aus, sondern die herrschende Ideologie, die ihre Menschenopfer fordert. «Das Schafott beweist immer eines», sagte Francart, «nämlich daß das Leben des Menschen aufhört, heilig zu sein, sobald es zweckmäßig erscheint, ihn zu töten.» Offenbar wird dies mit der Zeit immer zweckmäßiger. Das Beispiel pflanzt sich fort, die Ansteckung breitet sich aus. Und mit ihr die Unordnung des Nihilismus. Darum ist es nötig, auf augenfällige Weise Einhalt zu gebieten und in den Grundsätzen und den Einrichtungen zu verkünden, daß die menschliche Person über dem Staat steht. Ebenso wird jede Maßnahme, die den Druck der sozialen Kräfte auf das Individuum vermindert, dazu beitragen, das an Blutstauung leidende Europa zu erleichtern, und ihm erlauben, klarer zu denken und den Weg der Genesung einzuschlagen. Europas Krankheit besteht darin, daß es an nichts mehr glaubt und sich anmaßt, alles zu wissen. Es weiß jedoch nicht alles, bei weitem nicht, und wenn wir nach der uns erfüllenden Auflehnung und Hoffnung urteilen, glaubt es doch an etwas, nämlich daran, daß an einer geheimnisvollen Grenze das tiefste Elend des Menschen an seine erhabenste Größe stößt. Die meisten Europäer haben den christlichen Glauben verloren und mit ihm die Rechtfertigungen, die er der Strafe verlieh. Aber die meisten Europäer verabscheuen auch die Vergötterung des Staates, der an die Stelle des Glaubens zu treten trachtet. Da wir nun in der Mitte stehen, sollten wir sicher und unsicher zugleich, entschlossen, uns nie unterdrücken zu lassen und nie zu unterdrücken, unsere Hoffnung und unsere Unwissenheit anerkennen und das absolute Gesetz, die nicht wiedergutzumachende Maßnahme ablehnen. Wir wissen genug, um sagen zu können, dieser oder jener Schwerverbrecher verdiene lebenslängliches Zuchthaus, aber wir wissen nicht genug, um zu verfügen, daß er seiner eigenen Zukunft entzogen wird, das heißt der uns allen gemeinsamen Möglichkeit, wiedergutzumachen. Aus allen diesen Gründen sollte im vereinten Europa von morgen die feierliche Abschaffung der Todesstrafe den ersten Artikel des europäischen Gesetzbuches bilden, das wir alle erhoffen.

Es führt ein gerader Weg von den menschenfreundlichen Idyllen des 18. Jahrhunderts zum blutigen Schafott, und die Scharfrichter von heute sind bekanntlich Humanisten. Darum kann man bei einem Problem wie der Todesstrafe der humanitären Ideologie gar nicht mißtrauisch genug begegnen. Ich möchte daher abschließend nochmals betonen, daß meine Ablehnung der Todesstrafe weder auf Illusionen über das natürliche Gutsein des Menschen noch auf dem Glauben an ein kommendes goldenes Zeitalter beruht. Im Gegenteil, die Abschaffung der Todesstrafe erscheint mir aus vernünftig-pessimistischen, logischen und realistischen Gründen notwendig. Natürlich hat auch das Herz Anteil an meinen Worten. Wer sich wochenlang mit Texten, Erinnerungen und Menschen beschäftigt hat, die mehr oder weniger mit dem Schafott in Berührung stehen, wird durch diese furchtbaren Zeugnisse unweigerlich verändert. Aber, und auch das muß ich wiederholen, ich glaube trotzdem nicht, daß es auf dieser Welt keine Verantwortung gibt und daß man jener modernen Neigung folgen müsse, die alles, das Opfer und den Mörder, gleichermaßen freispricht. Diese rein gefühlsmäßige Konfusion entspringt zum größeren Teil der Feigheit, nicht der Großherzigkeit, und rechtfertigt schließlich auch das Schlimmste auf Erden. Vor lauter Verzeihen segnet man auch das Sklavenlager, die feige Kraft, die organisierten Henker, den Zynismus der großen politischen Ungeheuer, und schließlich liefert man seine Brüder aus. Das können wir rings um uns feststellen. Aber im gegenwärtigen Zustand der Welt braucht der Mensch unseres Jahrhunderts eben gerade Gesetze und Einrichtungen zur Erstarkung, die ihn zügeln, ohne ihn zu zerbrechen, führen, ohne ihn zu zermalmen. Er ist der hemmungslosen Dynamik der Geschichte preisgegeben und hat ein paar Gesetze und eine Physik des Gleichgewichts nötig. Kurzum, er braucht eine auf Vernunft gegründete Gesellschaft und nicht die Anarchie, in die sein eigener Hochmut und die maßlose Macht des Staates ihn gestürzt haben.

Ich bin überzeugt, daß die Abschaffung der Todesstrafe uns helfen würde, auf dem Weg zu dieser Gesellschaft vorwärts zu schreiten. Wenn Frankreich diese Initiative ergreift, könnte es vorschlagen, sie auf die Länder dies- und jenseits des Eisernen Vorhangs auszudehnen. Auf jeden Fall soll es jedoch das Beispiel geben. Dann würde die Todesstrafe ersetzt durch Zuchthausstrafen, lebenslängliche für die als unverbesserlich angesehenen Verbrecher, zeitlich beschränkte für die anderen. Wenn jemand der Meinung ist, lebenslängliches Zuchthaus sei schlimmer als der Tod, dann darf man ihn vielleicht erstaunt fragen, warum er in dem Fall nicht vorgeschlagen habe, Landru und seinesgleichen ins Zuchthaus zu schicken und die Hinrichtung weniger verdammenswerten Verbrechern vorzubehalten. Man kann ihn auch daran erinnern, daß eine Zuchthausstrafe dem Verurteilten die Möglichkeit beläßt, den Tod zu wählen, während die Guillotine alle

Wege abschneidet. Denen aber, die im Gegenteil finden, lebenslängliches Zuchthaus oder Zwangsarbeit sei eine zu gelinde Strafe, darf man antworten, daß es ihnen erstens an Phantasie fehlt und daß ihnen zweitens die Freiheitsberaubung nur darum als leichte Strafe erscheint, weil die Gesellschaft unserer Zeit uns gelehrt hat, die Freiheit zu verachten.[29]

Kain soll nicht getötet werden, sondern in den Augen der Menschen das Mal der Verwerfung tragen, das ist auf jeden Fall die Lehre, die wir dem Alten Testament und erst recht den Evangelien entnehmen sollen, anstatt uns auf die grausamen Beispiele des mosaischen Gesetzes zu berufen. Wie dem auch sei, nichts hindert uns, einen zeitlichen (zum Beispiel auf zehn Jahre) beschränkten Versuch zu wagen, wenn unser Parlament noch unfähig ist, seine Maßnahmen zugunsten des Alkohols durch eine würdige Kulturmaßnahme auszugleichen, die darin bestünde, die endgültige Abschaffung zu beschließen. Und wenn die öffentliche Meinung und ihre Vertreter wirklich nicht auf jenes Gesetz der Trägheit verzichten können, das sich darauf beschränkt, auszumerzen, was es nicht zu bessern versteht, so wollen wir doch in Erwartung des Tages der Wiedergeburt und der Wahrheit aus der Hinrichtung nicht dieses «feierliche Schlachthaus»[30] machen, das unsere Gesellschaft besudelt. So wie die Todesstrafe heute vollstreckt wird, und sei es noch so selten, ist sie eine ekelerregende Schlächterei, ein der Seele und dem Leib des Menschen zugefügter Schimpf. Diese Enthauptung, dieser lebende, entwurzelte Kopf, dieses hervorsprudelnde Blut stammen aus einer barbarischen Zeit, die das Volk durch erniedrigende Schauspiele zu beeindruk-

29 Man vergleiche damit auch den Bericht über die Todesstrafe, den der Abgeordnete Dupont am 31. Mai 1791 der Nationalversammlung unterbreitete. «Ein bitteres, brennendes Gefühl verzehrt ihn (den Mörder); was er am meisten fürchtet, ist Ruhe; in diesem Zustand ist er mit sich selbst allein, und um dem zu entgehen, scheut er den Tod nicht und versucht ihn auch auszuteilen; Einsamkeit und sein Gewissen sind seine wahrhaften Martern. Gibt uns das nicht einen Hinweis, welche Art Strafe wir ihm auferlegen müssen, damit sie ihn wahrhaft trifft? *Muß man das Mittel, das die Krankheit heilen soll, nicht dem Wesen der Krankheit entnehmen?*» Dieser letzte Satz (von mir hervorgehoben) macht aus dem wenig bekannten Abgeordneten Dupont einen wahren Vorläufer unserer modernen Psychologie.

30 Tarde

ken glaubte. Welchen Sinn hat heute diese Hinrichtung, da sie doch im geheimen erfolgt? In Wahrheit töten wir im Atomzeitalter wie zur Zeit der Balkenwaage. Und es gibt keinen normal empfindenden Menschen, der nicht beim bloßen Gedanken an diesen brutalen chirurgischen Eingriff einen Brechreiz verspürt. Wenn der französische Staat unfähig ist, in diesem Punkt über sich selbst zu siegen und Europa eines der Heilmittel zu bringen, deren es bedarf, so soll er wenigstens damit anfangen, die Hinrichtungsmethode zu ändern. Die Wissenschaft, die so viel zum Töten benutzt wird, könnte wenigstens für einen anständigen Tod sorgen. Ein Betäubungsmittel, das den Verurteilten vom Schlaf in den Tod gleiten ließe und ihm wenigstens einen Tag lang zur Verfügung stände, damit er freien Gebrauch davon machen kann oder das ihm im Falle von schlechtem oder versagendem Willen in anderer Form verabreicht würde, böte Gewähr für die Ausmerzung, wenn sie schon sein muß, ermöglichte jedoch eine gewisse Würde an Stelle des trostlosen, widerlichen Schauspiels.

Ich erwähne diese Kompromißmöglichkeit nur deshalb, weil man zuweilen die Hoffnung aufgibt, daß in den für unsere Zukunft Verantwortlichen Weisheit und wahre Kultur obsiegen. Für manche Menschen, und sie sind zahlreicher, als man glaubt, bedeutet das Wissen, was die Todesstrafe wirklich ist, und die Unmöglichkeit, ihre Anwendung zu verhindern, eine physisch unerträgliche Last. Auf ihre Art erleiden auch sie diese Strafe, und zwar ohne jede Billigkeit. So möge man doch wenigstens das Gewicht der schmählichen Bilder erleichtern, die sie niederdrücken – die Gesellschaft wird dabei nichts verlieren. Aber auch das ist schließlich ungenügend. Weder im Herzen des einzelnen noch in den Sitten der Gesellschaft wird es einen dauerhaften Frieden geben, solange der Tod nicht aus den Gesetzen verbannt ist.

Algerien

VORWORT ZUR ALGERISCHEN CHRONIK

Ich bin dem Elend in Algerien schon in jungen Jahren begegnet und habe vergeblich Warnung über Warnung vorgebracht; der Verantwortung meines Landes bewußt, kann ich keine Algerienpolitik billigen, die mit Hilfe der Unterdrückung eine Beibehaltung des Status quo anstrebt. Aber da ich das algerische Problem seit langem in seiner Wirklichkeit kenne, kann ich auch eine Politik der Abdankung nicht billigen, denn sie würde das arabische Volk einem noch größeren Elend überantworten, die Algerienfranzosen ihrer jahrhundertealten Verwurzelung entreißen und ohne Nutzen für irgend jemand nur den neuen Imperialismus fördern, der die Freiheit Frankreichs und des Abendlandes bedroht.

Eine solche Einstellung befriedigt heutzutage niemand, und ich weiß im voraus, wie sie auf beiden Seiten aufgenommen werden wird. Ich bedaure es, aber ich kann meinen Gefühlen und Überzeugungen keinen Zwang auferlegen. Mich befriedigt übrigens in dieser Beziehung auch niemand. Angesichts der Unmöglichkeit, mich einem der extremen Lager anzuschließen, angesichts des allmählichen Verschwindens jenes dritten Lagers, wo man noch einen kühlen Kopf bewahren konnte, an meinen Gewißheiten und Kenntnissen zweifelnd und schließlich überzeugt, daß die wahre Ursache unserer Fehler in den Sitten und im Spiel unserer intellektuellen und politischen Gesellschaft liegt, habe ich beschlossen, mich nicht mehr an den unaufhörlichen Polemiken zu beteiligen, die keine andere Wirkung gezeitigt haben als die sich bekämpfenden unerbittlichen Haltungen in Algerien noch zu verhärten und das bereits von Haß und Sektierertum vergiftete Frankreich noch mehr zu entzweien.

Es gibt nämlich eine französische Gehässigkeit, zu der ich nicht beitragen will. Der Preis, den sie uns schon gekostet hat und noch kostet, ist mir zu wohlbekannt. Bei uns wird insbesondere seit zwanzig Jahren der politische Gegner so sehr verabscheut, daß ihm schließlich alles andere, ja selbst eine fremde Diktatur, vorgezogen wird. Offenbar werden die Franzosen dieser tödlichen Spiele nicht müde. Sie sind tatsächlich jenes merkwürdige Volk, das sich, wie Custine sagt, lieber schlecht machen als in Vergessenheit geraten will. Aber wenn ihr Land untergehen sollte, würde es in Vergessenheit geraten, ganz gleich, wie es geschminkt war, und als geknechtete Nation hätten wir nicht einmal mehr die Freiheit, uns zu beschimpfen. Bis diese Wahrheit anerkannt wird, muß man sich damit abfinden, nur noch in seinem eigenen Namen und mit der nötigen Vorsicht Zeugnis ablegen zu können. Und ich persönlich interessiere mich bloß noch für Unternehmen, die jetzt und hier unnützes Blutvergießen verhüten, und für Lösungen, die die Zukunft des Landes nicht in Frage stellen, denn sein Unglück lastet zu schwer auf mir, als daß ich in leichtfertigen Phrasen davon sprechen könnte.

Noch andere Gründe halten mich von diesen öffentlichen Lustbarkeiten fern. Zunächst fehlt mir die Selbstsicherheit, die einem erlaubt, kategorische Entscheidungen zu treffen. In dieser Hinsicht hat der Terror, so wie er in Algerien geübt wird, meine Haltung stark beeinflußt. Wenn das Schicksal von Männern und Frauen des eigenen Bluts unmittelbar oder mittelbar von den Artikeln abhängt, die man so leichthin in der Behaglichkeit des Arbeitszimmers verfaßt, hat man die Pflicht, bedächtig Für und Wider abzuwägen. Wohl bin ich mir der Gefahr bewußt, den ältesten und schamlosesten Urhebern der algerischen Tragödie ein tödliches gutes Gewissen zu verschaffen, wenn ich die Entwicklung des Aufstands kritisiere, doch fürchte ich auch ständig, dem verbrecherischen Narren, der seine Bombe in eine unschuldige Menge wirft – zu der auch die Meinen gehören –, ohne jedes Risiko für mich ein Alibi zu verschaffen, wenn ich die seit langer Zeit von den Franzosen begangenen Fehler aufzähle. Diese Tatsache – nicht mehr und nicht weniger – habe ich kürzlich in einer Erklärung festgehalten, die ein merkwürdiges Echo hervorgerufen hat. Und doch können die Leute, die die Lage nicht kennen, sie nur schwer beurteilen. Wer sie aber kennt und dennoch heldenhaft fortfährt, zu denken, eher müsse der Bruder untergehen als die Grundsätze, der kann von mir nur aus der Ferne bewundert werden. Denn wir sind nicht vom gleichen Schlag.

Das will nicht heißen, die Grundsätze hätten keinen Sinn. Ein Kampf der Ideen ist möglich, selbst mit den Waffen in der Hand, und es ist richtig, wenn man die Gründe des Gegners zu erkennen versteht, bevor man sich gegen ihn zur Wehr setzt. Aber in allen Lagern verändert der Terror für die Dauer seiner Herrschaft die Ordnung der Begriffe. Wenn die eigene Familie in unmittelbarer

Lebensgefahr schwebt, kann man sie großzügiger und gerechter machen wollen, ja muß es weiterhin versuchen, wie dieses Buch bezeugt, aber man darf es beileibe nicht an der Verbundenheit fehlen lassen, die man ihr in dieser Lebensgefahr schuldet, damit sie zumindest überlebe und dann die Möglichkeit wiederfinde, gerecht zu sein. In meinen Augen besteht darin die Ehre und die wahre Gerechtigkeit, oder aber ich muß gestehen, daß mir auf dieser Welt alles sinn- und zwecklos vorkommt.

Nur von diesem Standpunkt aus hat man das Recht und die Pflicht, zu sagen, daß der bewaffnete Kampf und die Unterdrükkung auf unserer Seite unannehmbare Züge aufweisen. Die Vergeltungsmaßnahmen gegen die Zivilbevölkerung und die Anwendung der Folter sind Verbrechen, für die wir alle haften. Daß diese Taten bei uns geschehen konnten, ist eine Demütigung, mit der wir uns auseinandersetzen müssen. Inzwischen müssen wir zumindest diesen Methoden jede Rechtfertigung absprechen, sogar wenn sie wirksam wären. Denn vom Augenblick an, da man sie selbst indirekt rechtfertigt, gibt es weder Regel noch Maß mehr, dann ist die Sache eines jeden gleich viel wert, und der ziel- und gesetzlose Krieg besiegelt den Triumph des Nihilismus. Wohl oder übel kehren wir in dem Fall in den Urwald zurück, wo nur das Recht des Stärkeren herrscht. Und wer nicht mehr von Moral sprechen hören will, sollte sich zumindest klar sein, daß es selbst zum Gewinnen von Kriegen manchmal besser ist, Unrecht zu leiden als zu tun, und daß solche Unternehmungen uns mehr schaden als hundert feindliche Untergrundbewegungen. Wenn wir zum Beispiel den praktischen Fall der Leute in Algerien nehmen, die nicht davor zurückschrecken, die Unschuldigen niederzumetzeln oder andernorts zu foltern oder ihre Folterung zu entschuldigen, so ist ihr Vorgehen auch die Quelle unberechenbarer Fehler, da es gerade die Verbrechen zu rechtfertigen droht, die man bekämpfen will. Und was ist das für eine Wirksamkeit, die darauf hinausläuft, zu rechtfertigen, was beim Gegner am wenigsten zu rechtfertigen ist? In dieser Hinsicht muß man das Hauptargument jener, die sich mit den Folterungen abgefunden haben, mit offenem Visier angreifen: die Folter hat vielleicht um den Preis einer gewissen Ehre erlaubt, dreißig Bomben aufzufinden, aber sie hat gleichzeitig fünfzig neue Terroristen auf den Plan gerufen, die auf andere Art und anderswo noch mehr Unschuldige in den Tod schicken werden. Selbst wenn man die Entwürdigung im Namen des Realismus und des Erfolgs hinnimmt, dient sie hier zu nichts außer dazu, unser Land in seinen eigenen Augen und in den Augen des Auslands zu beschämen. Und schließlich bereiten diese schönen Heldenstücke unfehlbar die Demoralisierung Frankreichs und die Aufgabe Algeriens vor. Keine Zensur – die immer töricht ist, sei sie nun verschämt oder zynisch – vermag an diesen Wahrheiten etwas zu ändern. Die Pflicht der Regierung besteht nicht darin, die eigennützigen oder uneigennützigen Proteste gegen die verbrecherischen Auswüchse der Unterdrückung zu verhindern, sondern darin, diese Auswüchse zu verhindern und sie öffentlich zu verurteilen, um zu vermeiden, daß jeder Bürger sich persönlich verantwortlich fühlt für die Taten einiger weniger und darum gezwungen ist, sie entweder anzuprangern oder auf die eigene Kappe zu nehmen.

Um aber ebenso positiv wie gerecht zu sein, müssen wir mit gleicher Kraft und unumwunden den Terror verurteilen, wie ihn das FLN den französischen Zivilisten und in noch größerem Maß den arabischen Zivilisten gegenüber ausübt. Dieser Terror ist ein Verbrechen, das man weder entschuldigen noch um sich greifen lassen darf. In der Form, wie er hier geübt wird, hat keine revolutionäre Bewegung ihn je gestattet, und die russischen Terroristen von 1905 zum Beispiel wären eher gestorben (sie haben es bewiesen), als sich dazu zu erniedrigen. Die Anerkennung der vom arabischen Volk erduldeten Ungerechtigkeiten darf sich nicht in systematische Nachsicht mit den Mördern verwandeln, die ohne Rücksicht auf Alter oder Geschlecht unterschiedlos arabische und französische Zivilisten umbringen. Schließlich hat Gandhi bewiesen, daß man für sein Volk kämpfen und sogar siegen kann, ohne auch nur einen einzigen Tag aufzuhören, Achtung zu verdienen. Das blinde Niedermetzeln einer unschuldigen Menge, in der der Mörder im vorhinein gewiß ist, Frauen und Kinder zu treffen, wird jede Sache jederzeit entehren.

Ich habe nie aufgehört, zu behaupten, daß diese beiden Verurteilungen nicht getrennt werden können, wenn man eine Wirkung erzielen will. Darum erschien es mir zugleich unanständig und schädlich, gemeinsam mit den Leuten, die Melouza oder die Verstümmelung der europäischen Kinder sehr gut verdaut haben, gegen die Folterungen zu protestieren. So wie mir es schädlich und unanständig schien, den Terror an der Seite der Leute zu verurteilen, die sich so leicht mit der Folter abfinden. In Wahrheit ist es leider so, daß ein Teil unserer öffentlichen Meinung verschwommen der Ansicht ist, die Araber hätten gewissermaßen das Recht erworben, zu morden und zu verstümmeln, während ein anderer Teil sich bereit findet, alle eigenen Ausschreitungen zu rechtfertigen. Dann beruft sich jeder auf die Schuld des anderen, um sich zu entschuldigen. Darin liegt eine Kasuistik des Bluts, mit der ein Intellektueller, so scheint mir, nichts zu schaffen haben darf, es sei denn, er griffe selber zu den Waffen. Wenn in einem immer wilderen Taumel, der die schlichte Sprache der Vernunft unmöglich macht, Gewalt mit Gewalt vergolten wird, kann es nicht, wie jeden Tag zu lesen steht, die Aufgabe der Intellektuellen sein, von weitem die eine Gewalttätigkeit zu entschuldigen und die andere zu verdammen, denn das bewirkt nur, daß der verurteilte Gewalttäter sich bis zur Weißglut empört und der entschuldigte sich zu noch größerer Gewalttätigkeit aufgefordert fühlt. Wenn die Intellektuellen sich nicht zu den Kämpfenden gesellen, kann ihre (ohne Zweifel weniger augenfällige) Aufgabe nur darin bestehen, im Sinne einer Besänftigung zu wirken, damit die Vernunft wieder zu ihrem Recht kommen kann. Ohne sich etwas von ihren Ansichten zu vergeben, hätte eine klarblickende Rechte in dieser Art versucht, ihre Anhänger in Algerien und in der Regierung von der Notwendigkeit tiefgreifender Reformen und dem entehrenden Wesen gewisser Methoden zu überzeugen. Ohne ihre Grundsätze preiszugeben, hätte eine intelligente Linke gleichermaßen versucht, der arabischen Bewegung klarzumachen, daß gewisse Methoden an sich unwürdig sind. Doch nein. Rechts hat man in den meisten Fällen im Namen der französischen Ehre gutgeheißen, was dieser Ehre am gründlichsten zuwiderlief. Links hat man die meiste Zeit im Namen der Gerechtigkeit entschuldigt, was eine Beleidigung für jede wahre Gerechtigkeit darstellte. So hat die Rechte der Linken den moralischen Reflex zu ihrem ausschließlichen Gebrauch überlassen, während die Linke der Rechten den ausschließlichen Gebrauch des patriotischen Reflexes überließ. Das Land leidet doppelt darunter. Es hätte Moralisten nötig gehabt, die sich weniger freudig mit dem Unglück ihrer Heimat abgefunden hätten, und Patrioten, die weniger leicht darein gewilligt hätten, daß Folterknechte im Namen Frankreichs zu handeln vorgeben. Das Mutterland hat es offenbar nicht verstanden, eine andere politische Richtlinie zu finden als die, den Franzosen in Algier zu sagen: «Krepiert, ihr habt es verdient», oder: «Laßt sie krepieren, sie haben es verdient.» Das sind zwei verschiedene Arten von Politik, aber nur eine einzige Abdankung. Während es sich nicht darum handelt, getrennt zu krepieren, sondern gemeinsam zu leben.

Wer sich durch diese Worte verärgert fühlt, möge bloß ein paar Augenblicke unabhängig von ideologischen Reflexen überlegen. Die einen wollen, daß ihr Land sich völlig mit der Gerechtigkeit identifiziere, und sie haben recht. Aber kann man in einer toten oder geknechteten Nation gerecht und frei sein? Und ist für ein Volk die unbedingte Reinheit nicht gleichbedeutend mit seinem geschichtlichen Tod? Die anderen wollen, daß der Leib ihres Landes nötigenfalls gegen das ganze Weltall verteidigt werde, und sie haben nicht unrecht. Aber kann man als Volk weiterleben, ohne in vernünftigem Maß anderen Völkern Gerechtigkeit widerfahren zu lassen? Frankreich stirbt an seiner Unfähigkeit, aus diesem Dilemma herauszukommen. Die ersteren begehren das Allgemeine auf Kosten des Besonderen, die letzteren das Besondere auf Kosten des Allgemeinen. Es gehört jedoch beides zusammen. Der Weg zur Gesellschaft der Menschen führt über die nationale Gesellschaft. Um die nationale Gesellschaft zu bewahren, ist ein Tor auf eine allgemeine Perspektive vonnöten. Genauer gesagt: wenn man will, daß Frankreich in Algerien über acht Millionen Stumme herrscht, wird es dort zugrunde gehen. Wenn man will, daß Algerien sich von Frankreich trennt, werden beide in gewissem Sinne zugrunde gehen. Wenn hingegen das französische Volk und das arabische Volk in Algerien ihre Unterschiede vereinen, hat die Zukunft einen Sinn für die Franzosen, die Araber und die ganze Welt.

Wenn man sich dieses Ziel setzt, muß man jedoch aufhören, die Araber in Algerien in Bausch und Bogen als ein Volk von Kehlabschneidern zu betrachten. Die große Masse ist allen Schicksalsschlägen ausgesetzt und leidet an einem Schmerz, dem niemand Ausdruck verleiht. Millionen von Menschen, die sich vor Elend und Angst nicht zu helfen wissen, ducken sich zu Boden, und weder in Kairo noch in Algier werden sie je erwähnt. Ich versuche seit langem, wenigstens ihr Elend bekannt zu machen, und zweifellos wird man mir meine düsteren Beschreibungen vorwerfen. Indessen habe ich für die notleidenden Araber plädiert, als es noch Zeit war zu handeln, als Frankreich stark war und die Leute schwiegen, die es heute leichter finden, ohne Unterlaß und selbst im Ausland ihre geschwächte Heimat zu schmähen. Wenn vor zwanzig Jahren meine Stimme mehr Gehör gefunden hätte, würde vielleicht heute weniger Blut vergossen. Das Unglück (ich empfinde es als ein Unglück) will, daß die Ereignisse mir recht gegeben haben. Heute besteht die Gefahr, daß infolge der gewaltigen Bevölkerungszunahme die Armut der algerischen Bauern ins Unermeßliche wächst. Sie befinden sich zwischen Hammer und Amboß der Parteien und leiden zudem an der Angst: auch sie, vor allem sie haben Frieden nötig! An sie und an die Meinen denke ich, wenn ich das Wort Algerien schreibe und für die Versöhnung eintrete. Ihnen sollte man auf jeden Fall endlich eine Stimme leihen und eine von Angst und Hunger befreite Zukunft gewähren.

Aber wenn man dieses Ziel anstrebt, muß man auch aufhören, die Algerienfranzosen in Bausch und Bogen zu verdammen. Es gibt im Mutterland eine gewisse Strömung, die nicht müde wird, sie zu hassen, und der man wieder einen gewissen Anstand in Erinnerung rufen muß. Wenn ein französischer Anhänger des FLN zu schreiben wagt, die Algerienfranzosen hätten Frankreich immer als auszubeutende Hure betrachtet, muß man diesen unverantwortlichen Schreiberling daran erinnern, daß er von Menschen spricht, deren Großeltern zum Beispiel 1871 für Frankreich optierten und ihre elsässische Heimat verließen, um nach Algerien zu ziehen, von Menschen, deren Väter massenweise 1914 in Ostfrankreich gefallen sind und die selber im letzten Krieg zweimal unter die Fahnen gerufen wurden und mit Hunderttausenden von Muselmanen zusammen nicht aufgehört haben, sich an allen Fronten für diese Hure zu schlagen. Man kann sie ohne Zweifel als naiv betrachten, doch dürfte man sie kaum als Zuhälter bezeichnen. Das ist die Geschichte der Männer meiner Familie, die zudem nie jemand ausgebeutet oder unterdrückt haben, da sie arm waren und keinen Haß kannten. Drei Viertel aller Algerienfranzosen gleichen ihnen und sind bereit, falls man ihnen nicht Beschimpfungen an den Kopf wirft, sondern Gründe liefert, die Notwendigkeit einer gerechteren und freieren Ordnung anzuerkennen. Gewiß gibt es Ausbeuter in Algerien, aber eher weniger als im Mutterland, und der erste Nutznießer des Kolonialsystems ist die französische Nation in ihrer Gesamtheit. Wenn gewisse Franzosen der Ansicht sind, infolge seiner kolonialen Unternehmungen befinde Frankreich (es allein inmitten heiliger und reiner Nationen) sich in einem Zustand geschichtlicher Sünde, dürfen sie darum nicht die Algerienfranzosen als Sühnopfer vorschlagen («krepiert, wir haben es verdient!»), sondern müssen sich selber als Sühnopfer darbringen. Was mich betrifft, so scheint es mir widerlich, wie unsere Bußrichter an eine fremde Brust zu schlagen, unnütz, mehrere Jahrhunderte europäischer Expansion verurteilen zu wollen, sinnlos, Christoph Kolumbus und Lyautey mit dem gleichen Fluch zu belegen. Die Zeit des Kolonialismus ist vorbei, das gilt es zu erkennen und die Konsequenzen zu ziehen. Und der Westen, der innerhalb von zehn Jahren einem Dutzend Kolonien Unabhängigkeit geschenkt hat, verdient in dieser Beziehung mehr Achtung und vor allem mehr Geduld als Rußland, das in der gleichen Zeit ein Dutzend Länder von großer und alter Kultur kolonisiert oder unter ein unerbittliches Protektorat gestellt hat. Es ist schön, wenn eine Nation eine so starke Tradition und so viel Ehre besitzt, daß sie den Mut aufbringen kann, ihre eigenen Fehler zu brandmarken. Aber sie darf die Gründe nicht vergessen, die ihr verbleiben, sich selber zu achten. Es ist auf jeden Fall gefährlich, von ihr zu verlangen, sich als allein Schuldige zu bekennen, und sie einer ewigen Strafe anheimzugeben. Ich glaube an eine Politik der Wiedergutmachung in Algerien, nicht an eine Politik der Sühne. Die Probleme müssen im Blick auf die Zukunft gestellt werden, ohne daß man endlos die Fehler der Vergangenheit wieder aufwärmt. Und es wird keine Zukunft geben, die nicht gleichzeitig beiden algerischen Gemeinschaften gerecht wird.

Allerdings nimmt dieser Geist der Billigkeit sich in der Wirklichkeit unserer Geschichte sehr fremd aus, denn hier bewirken die Kräfteverhältnisse eine andere Art von Gerechtigkeit: in unserer internationalen Gesellschaft ist alle Moral atomar. Der einzige Schuldige ist in dem Fall der Besiegte. Es ist verständlich, daß viele Intellektuelle daraus geschlossen haben, die Werte und Worte bezögen ihren einzigen Inhalt aus der Macht. Und so gibt es gewisse Menschen, die in einem Atemzug von den Grundsätzen der Ehre oder der Brüderlichkeit sprechen und die vollendete Tatsache oder die unerbittlichste Partei anbeten. Ich fahre indessen fort zu glauben, ob das nun Algerien oder etwas anderes betrifft, daß solche Verirrungen rechts und links einzig den Nihilismus unserer Zeit verdeutlichen. Wenn es auch wahr ist, daß zumindest in geschichtlicher Sicht keine Werte überleben, für die nicht gekämpft wird, mögen sie nun Nation oder Menschheit heißen, so genügt doch der bloße Kampf (oder die Gewalt) nicht, um sie zu rechtfertigen. Der Kampf selber muß durch diese Werte gerechtfertigt und erleuchtet werden. Sich für seine Wahrheit schlagen und aufpassen, daß man sie nicht mit den gleichen Waffen totschlägt, mit denen man sie verteidigt – nur um diesen doppelten Preis gewinnen die Worte wieder ihren lebendigen Sinn. Wenn der Intellektuelle das weiß, ist es seine Aufgabe, nach besten Kräften in jedem Lager die Grenzen der Gewalt und der Gerechtigkeit abzustecken, das heißt, selbst gegen den Strom schwimmend die Begriffe klarzustellen, um die Gemüter zu entgiften und den Fanatismus zu mildern.

Dieses Werk der Entgiftung habe ich zu unternehmen versucht, so gut ich es vermochte. Ich muß zugeben, daß die Wirkung bisher gleich Null war: meine ‹Algerische Chronik› ist zugleich die Chronik eines Mißlingens. Aber die Vereinfachungen des Hasses und der vorgefaßten Meinungen, die den algerischen Konflikt unaufhörlich neu schüren und vergiften, müßten jeden Tag an den Pranger gestellt werden, und das vermag kein einzelner. Dazu brauchte es eine ganze Bewegung, eine Presse, einen unermüdlichen Feldzug. Denn es müßten auch alle Tage die aus Wort oder Schweigen geborenen Lügen aufgezeigt werden, die das wahre Problem verbergen. Unsere Regierungen wollen Krieg führen und ihn nicht beim Namen nennen, eine unabhängige Politik betreiben und bei unseren Verbündeten um Geld betteln, in Algerien Kapital investieren und den Lebensstandard im Mutterland unangetastet lassen, in der Öffentlichkeit unbeugsam sein und hinter den Kulissen verhandeln, die Dummheiten ihrer ausführenden Organe decken und sie unter vier Augen verurteilen. Aber unsere Parteien oder Sekten, die die Staatsgewalt kritisieren, sind kein bißchen klüger. Keiner sagt klar und deutlich, was er will, oder wenn er es sagt, zieht keiner die Konsequenzen daraus. Die Leute, die für eine militärische Lösung eintreten, müssen wissen, daß es um nichts oder um alles geht, das heißt um die Wiedereroberung in einem totalen Krieg, der zum Beispiel auch, der Meinung und vielleicht den Waffen eines Teils der Welt zum Trotz, die Wiedereroberung von Tunesien mitbedingt. Zweifellos ist das eine Politik, aber man muß sie als das sehen und darstellen, was sie wirklich ist. Die Leute, die in absichtlich unklaren Ausdrücken für Verhandlungen mit dem FLN eintreten, dürfen angesichts der Präzisionen des FLN nicht mehr übersehen, daß dies die Unabhängigkeit eines von den unnachsichtigsten Führern des Aufstands beherrschten

Algerien bedeutet, das heißt die Abtreibung von einer Million zweihunderttausend Algerieneuropäern und die Demütigung von Millionen von Franzosen, mit allen Gefahren, die diese Demütigung mit sich bringt. Auch das ist zweifellos eine Politik, doch muß sie bei ihrem Namen genannt und darf nicht weiter mit beschönigenden Worten bemäntelt werden.

Die unablässige Polemik, die in dieser Hinsicht geführt werden müßte, würde in einer politischen Gesellschaft, in der der Wille zur Klarsicht und die geistige Unabhängigkeit immer seltener werden, ihren eigenen Zielen zuwiderlaufen. Von hundert Artikeln bliebe nur ein durch den Gegner entstellter, verstümmelter Rest. Das Buch vermeidet zwar nicht alle Mißverständnisse, doch macht es immerhin einige unmöglich. Man kann darin nachschlagen, und zudem erlaubt es, die nötigen Unterscheidungen sachlicher zu umreißen. Im Willen, all denen zu antworten, die mich in guten Treuen bitten, meine Stellungnahme noch einmal bekannt zu geben, blieb mir darum nichts anderes übrig, als in diesem Buch eine zwanzigjährige Erfahrung zusammenzufassen, die unvoreingenommene Leser aufklären kann. Ich sage mit Bedacht Erfahrung, das heißt die lange Auseinandersetzung eines Menschen mit einer Situation, mit all den Irrtümern, Widersprüchen und Unsicherheiten, die eine solche Gegenüberstellung voraussetzt. Ich bin übrigens der Meinung, daß man auf diesen Gebieten von einem Schriftsteller zu viel erwartet. Selbst, und vielleicht vor allem, wenn seine Herkunft und sein Herz ihn dem Schicksal eines Landes wie Algerien verschreiben, ist es eitel, ihn im Besitz einer offenbarten Wahrheit zu glauben, und falls seine persönliche Geschichte wahrheitsgetreu niedergeschrieben werden könnte, wäre sie nur die Geschichte aufeinanderfolgender, überwundener und wiederbegangener Fehler. In dieser Hinsicht bin ich gerne bereit, meine Unzulänglichkeiten und die Fehlurteile anzuerkennen, die in diesem Buch zu finden sind. Indessen habe ich es wenigstens für möglich gehalten, die Dokumente dieses umfangreichen Aktenbündels zusammenzustellen, obwohl es mich große Überwindung kostet, und sie der Überlegung jener Menschen anzuvertrauen, deren Meinung noch nicht feststeht. Die psychologische Entspannung, die gegenwärtig zwischen Franzosen und Arabern in Algerien spürbar ist, erlaubt auch die Hoffnung, daß die Sprache der Vernunft wieder einmal vernommen wird.

Man wird also in diesem Buch eine Aufzählung der wirtschaftlichen Hintergründe der algerischen Tragödie finden (anläßlich einer sehr schweren Krise in Kabylien), ein paar Anhaltspunkte für die eigentliche politische Entwicklung dieser Tragödie, Kommentare über die Vielschichtigkeit der gegenwärtigen Situation, die Voraussage der Sackgasse, in die uns das Wiederaufflammen des Terrors und der Unterdrückung geführt hat, und schließlich die Skizzierung der Lösung, die mir noch möglich erscheint. Indem sie das Ende des Kolonialismus als gegeben hinnimmt, schließt diese Lösung die Träume von Wiedereroberung oder Erhaltung des Status quo aus, die in Wahrheit aus Schwäche und Demütigung geborene Reaktionen darstellen und die endgültige Trennung und das zwiefache Unglück Frankreichs und Algeriens vorbereiten. Diese Lösung schließt aber auch die Träume einer Entwurzelung der Algerienfranzosen aus, die zwar nicht das Recht haben, jemand zu unterdrücken, wohl aber das, nicht unterdrückt zu werden und in ihrer angestammten Heimat über sich selbst zu verfügen. Um die notwendige Gerechtigkeit wiederherzustellen, gibt es andere Wege, als Ungerechtigkeit durch eine andere zu ersetzen.

Ich habe versucht, in dieser Hinsicht meine Stellung klar zu umreißen. Ein aus verbündeten Völkerschaften gebildetes und mit Frankreich verbundenes Algerien scheint mir im Namen der einfachsten Gerechtigkeit unvergleichlich viel besser als ein einem islamischen Reich angeschlossenes Algerien, das den arabischen Völkern nur zusätzliches Elend und Leiden bringen und die französische Bevölkerung von Algerien aus ihrem natürlichen Vaterland vertreiben würde. Wenn das Algerien, das ich erhoffe, noch eine Möglichkeit der Verwirklichung besitzt (und meiner Ansicht nach besitzt es mehr als eine), will ich ihm mit allen meinen Kräften dabei behilflich sein. Hingegen bin ich der Meinung, daß ich auf keinerlei Art und keine Stunde lang zur Bildung jenes anderen Algerien beitragen darf. Wenn es dazu käme, und zwar zwangsläufig gegen oder fern von Frankreich, durch das Zusammenwirken der Kräfte, die einerseits den Verzicht und andererseits die bloße Erhaltung anstreben, und durch die doppelte Abdankung, die sie mit sich bringen, bedeutete das für mich ein unermeßliches Unglück, aus dem ich mit Millionen anderer Franzosen die Konsequenzen ziehen müßte. Das ist, offen und ehrlich ausgedrückt, was ich denke. Ich kann mich täuschen oder eine Tragödie, die mich zu nahe betrifft, falsch beurteilen. Aber falls sich die vernünftige Hoffnung, die man heute hegen kann, verflüchtigt, und angesichts der schwerwiegenden Ereignisse, die dann eintreten würden und für die wir alle gemeinsam verantwortlich wären, ob sie nun unserem Land oder der Menschheit zum Schaden gereichen, muß ein jeder von uns einstehen für das, was er getan hat. Dieses Buch ist mein Zeugenbericht, dem ich nichts beizufügen habe.

BRIEF AN EINEN ALGERISCHEN AKTIVISTEN

Azis Kessous, ein algerischer Sozialist,
ehemaliges Mitglied der Manifest-Partei,
gab nach Ausbruch des Aufstands eine Zeitung,
Communauté Algérienne, heraus, die sich zum Ziel setzte,
den doppelten Fanatismus, an dem Algerien heute leidet,
zu überwinden und für die Bildung
einer wahrhaft freien Gemeinschaft zu wirken.
Der folgende Brief erschien am 1. Oktober 1955
in der ersten Nummer jener Zeitung.

Mein lieber Kessous,

ich habe Ihre Briefe bei meiner Rückkehr aus dem Urlaub vorgefunden und fürchte, meine Antwort kommt reichlich spät. Und doch ist es mir ein Bedürfnis, Ihnen meine Zustimmung mitzuteilen. Denn Sie werden mir ohne weiteres Glauben schenken, wenn ich Ihnen sage, daß ich gegenwärtig an Algerien leide wie andere an einer Lungenkrankheit. Und seit dem 20. August bin ich am Rand der Verzweiflung.

Wer annimmt, die Algerienfranzosen könnten jetzt die Metzeleien von Philippeville und anderswo vergessen, versteht nichts vom Herzen der Menschen. Wer umgekehrt annimmt, die einmal ausgelöste Unterdrückung vermöge in den arabischen Massen Vertrauen und Achtung für Frankreich wecken, gibt sich einer anderen Art Verblendung hin. Da stehen wir uns nun gegenüber und sind darauf bedacht, uns auf nicht wiedergutzumachende Weise so viel Leid zuzufügen wie nur möglich. Diese Vorstellung ist mir unerträglich und vergiftet alle meine Tage.

Und doch wissen Sie und ich, die wir uns so sehr gleichen, dieselbe Bildung genossen haben, dieselbe Hoffnung teilen, die wir seit so langer Zeit Brüder sind, eins in der Liebe zu unserer Heimat, daß wir keine Feinde sind und daß wir zusammen in dieser unserer Heimat glücklich leben könnten. Denn sie ist unsere Heimat, und ich kann sie mir so wenig ohne Sie und Ihre Brüder vorstellen, wie Sie sie zweifellos von mir und meinesgleichen trennen können.

Sie haben es sehr gut ausgedrückt, besser als ich es vermag: wir sind dazu verurteilt, miteinander zu leben. Die Algerienfranzosen, die nicht alle blutrünstige Ausbeuter sind – und ich bin Ihnen dankbar, daß Sie das in Erinnerung gerufen haben –, sind seit über hundert Jahren in Algerien ansässig und zählen mehr als eine Million. Schon das allein genügt, um das algerische Problem von den in Tunesien und Marokko gestellten Problemen zu unterscheiden, denn dort ist die französische Besiedlung verhältnismäßig schwach und neueren Datums. Das ‹Faktum Frankreich› kann in Algerien nicht aus der Welt geschafft werden, und der Traum von einem plötzlichen Verschwinden Frankreichs ist kindisch. Aber umgekehrt besteht auch kein Grund, warum neun Millionen Araber auf ihrem eigenen Boden wie Parias leben sollten: der Traum von einer endgültig bedeutungslosen, schweigenden und geknechteten Masse von Arabern ist ebenfalls hirnverbrannt. Die Franzosen haften mit zu alten und zu kräftigen Wurzeln in Algeriens Erde, als daß man daran denken könnte, sie auszureißen. Aber das verleiht ihnen meiner Ansicht nach nicht das Recht, die Wurzeln der Kultur und des Daseins der Araber abzuschneiden. Ich habe mein ganzes Leben lang (und Sie wissen, wie sehr ich darunter litt, aus meiner Heimat verbannt zu sein) den Gedanken vertreten, daß umfassende und tiefgehende Reformen nötig seien. Man hat mir nicht geglaubt, man hat weiterhin dem Traum von der Macht nachgehangen, die sich für ewig hält und vergißt, daß die Geschichte weitergeht. Diese Reformen sind heute nötiger denn je. Die von Ihnen angegebenen stellen auf jeden Fall ein erstes, unumgängliches Programm dar, das ohne Zögern in die Tat umgesetzt werden muß, unter der einzigen Bedingung, daß es nicht von vornherein in französischem oder arabischem Blut ertränkt und damit unmöglich gemacht wird.

Aber ich weiß aus Erfahrung: dies heute auszusprechen bedeutet, sich in das No man's land zwischen zwei Armeen begeben und inmitten des Kugelregens predigen, daß der Krieg ein Betrug ist und Blut die Geschichte zwar manchmal vorwärts treibt, aber nur in Richtung auf noch mehr Barbarei und Elend. Was kann der Mensch, der dies aus tiefster Seele, mit seinem ganzen Herzeleid herauszuschreien wagt, als Antwort erhoffen außer Gelächter und noch lauterem Waffengetöse? Und doch muß es herausgeschrien werden, und da Sie dies im Sinn haben, kann ich Sie dieses verrückte und notwendige Unternehmen nicht beginnen lassen, ohne Sie meiner brüderlichen Verbundenheit zu versichern.

Ja. Wesentlich ist, den Raum für den noch möglichen Dialog zu bewahren, so eng er auch geworden ist. Wesentlich ist, wieder eine Entspannung herbeizuführen, mag sie noch so leicht und flüchtig sein. Und dazu muß ein jeder von uns den Seinen Mäßigung predigen. Die unentschuldbare Ermordung französischer Zivilisten zieht andere, ebenso sinnlose Zerstörungen von Menschenleben und Gütern des arabischen Volkes nach sich. Man könnte meinen, Irrsinnige hätten, toll von Wut und der Zwangsehe bewußt, der sie nicht entfliehen können, beschlossen, eine tödliche Umarmung daraus zu machen. Gezwungen, miteinander zu leben, und unfähig, eins zu werden, beschließen sie, wenigstens zusammen zu sterben. Und ein jeder verstärkt durch seine Maßlosigkeit die Gründe und die Maßlosigkeit des anderen, so daß der Todessturm, der unser Land heimsucht, sich nur noch bis zur allgemeinen Vernichtung steigern kann. In diesem unaufhörlichen gegenseitigen sich Überbieten greift der Brand um sich, und morgen wird Algerien ein von Ruinen und Toten verschüttetes Land sein, das keine Kraft und keine Macht der Welt in diesem Jahrhundert wieder aufzurichten fähig ist.

Darum muß dieser Übersteigerung ein Ende gemacht werden, und hier liegt unsere Aufgabe, die Aufgabe der Araber und Franzosen, die sich weigern, ihre verschlungenen Hände zu lösen. Wir Franzosen müssen kämpfen, um zu verhüten, daß die Unterdrükkung kollektiv zu werden wagt, so daß das französische Gesetz in unserem Land einen großzügigen und klaren Sinn bewahrt; um den Unseren ihre Irrtümer und die Verpflichtungen einer großen Nation in Erinnerung zu rufen, die dem fremdenfeindlichen Gemetzel nicht mit einer gleichen Zügellosigkeit begegnen kann, ohne ihre Würde zu verlieren; und schließlich um die Einführung der nötigen entscheidenden Reformen zu beschleunigen, die der französisch-arabischen Gemeinschaft Algeriens den Weg in die Zukunft öffnen. Ihr Araber müßt eurerseits unermüdlich den Euren vor Augen halten, daß der Terror, der die Zivilbevölkerung hinmordet, nicht nur mit Fug und Recht Zweifel an der politischen Reife der zu solchen Taten fähigen Männer erweckt, sondern überdies nur die antiarabischen Elemente verstärkt, ihren Argumenten neue Nahrung verleiht und der liberalen Meinung Frankreichs, die eine versöhnliche Lösung finden und durchsetzen könnte, den Mund verschließt.

Man wird mir so gut wie Ihnen antworten, daß Versöhnung überholt sei, daß es sich darum handle, einen Krieg zu führen und zu gewinnen. Aber Sie und ich wissen, daß dieser Krieg keinen wirklichen Sieger kennen wird und daß wir nachher wie zuvor immer noch und auf immer zusammen im gleichen Land leben müssen. Wir wissen, daß unsere Schicksale so eng miteinander verquickt sind, daß jede Handlung des einen die Antwort des anderen nach sich zieht, das Verbrechen das Verbrechen, die Tollheit den Irrsinn, und daß schließlich und vor allem die Abkehr des einen die Unfruchtbarkeit des anderen hervorruft. Wenn ihr arabischen Demokraten in eurer Befriedungsaufgabe versagt, ist unser, der liberalen Franzosen Wirken im vorhinein zum Scheitern verurteilt. Und wenn wir unsere Pflicht vernachlässigen, verwehen eure armseligen Worte im Sturm und in den Flammen eines mitleidlosen Krieges.

Darum bin ich so völlig mit Ihrem Vorhaben einverstanden, mein lieber Kessous. Ich wünsche Ihnen, ich wünsche uns viel Glück. Ich will mit all meinen Kräften glauben, daß der Friede sich über unseren Feldern, unseren Bergen, unseren Küsten erheben wird und daß dann die in Freiheit und Gerechtigkeit versöhnten Araber und Franzosen sich dazu überwinden, das Blut, das sie heute trennt, zu vergessen. An dem Tag werden wir, die wir gemeinsam in Haß und Verzweiflung verbannt sind, gemeinsam eine Heimat wiederfinden.

AUFRUF FÜR EINEN BURGFRIEDEN IN ALGERIEN

Am 22. Januar 1956 in Algier gehaltener Vortrag

Meine Damen und Herren, trotz der Vorsichtsmaßnahmen, die für unsere Zusammenkunft getroffen werden mußten, trotz der Schwierigkeiten, die uns in den Weg gelegt wurden, ergreife ich das Wort nicht, um zu trennen, sondern um zu einen. Denn das ist mein brennendster Wunsch. Nicht die geringste meiner Enttäuschungen – welch schwaches Wort! – besteht in der Erkenntnis, daß alles sich gegen diesen Wunsch verschwört und daß zum Beispiel ein Mensch, ein Schriftsteller, der einen Teil seines Lebens in den Dienst Algeriens gestellt hat, Gefahr läuft, einem Redeverbot unterworfen zu werden, ehe man überhaupt weiß, was er sagen will. Aber das beweist gleichzeitig die Dringlichkeit des Befriedungsversuchs, den wir unternehmen müssen. Diese Versammlung mußte also stattfinden, um wenigstens zu zeigen, daß nicht jede Möglichkeit eines Zwiegesprächs ausgeschlossen ist, und um zu verhindern, daß die allgemeine Entmutigung dazu verleitet, sich mit dem Schlimmsten abzufinden.

Ich habe Zwiegespräch gesagt – ich will also nicht einen eigentlichen Vortrag halten. In Tat und Wahrheit hätte ich unter den gegenwärtigen Umständen nicht den Mut dazu. Hingegen schien es mir möglich, ja ich betrachte es sogar als meine Pflicht, Ihnen einen Aufruf schlichter Menschlichkeit vorzulegen, der geeignet ist, wenigstens in einer Beziehung die Leidenschaften zum Schweigen zu bringen und die Mehrzahl der Algerier – der Franzosen und der Araber – zu vereinen, ohne daß sie ihren Überzeugungen untreu werden müßten. Dieser Aufruf, unterstützt von dem Ausschuß, der die heutige Versammlung veranstaltet hat, richtet an beide Parteien die Bitte, einen Burgfrieden zu schließen, der einzig die unschuldige Zivilbevölkerung betrifft.

Es liegt mir also heute nur ob, diese Initiative bei Ihnen zu rechtfertigen. Ich will versuchen, mich kurz zu fassen.

Sagen wir zunächst, und zwar mit allem Nachdruck, daß unser Aufruf notgedrungen außerhalb aller Politik liegt. Andernfalls wäre ich nicht befugt, darüber zu sprechen. Ich bin kein Politiker, meine Leidenschaften und Neigungen ziehen mich nicht zur Rednertribüne. Die besteige ich nur, wenn der Druck der Umstände und die Vorstellung, die ich zuweilen von meinem Schriftstellerberuf hege, mich dazu zwingen. Zum algerischen Problem an sich hätte ich übrigens, je mehr die Ereignisse sich überstürzen und das Mißtrauen auf beiden Seiten wächst, eher Zweifel als Gewißheiten zu äußern. Meine einzige Berechtigung, zu diesem Thema das Wort zu ergreifen, liegt in der Tatsache, daß ich das algerische Unglück als persönliche Tragödie erlebe und mich im besonderen an keines Menschen Tod freuen kann, welchem Lager er auch angehört. Zwanzig Jahre lang habe ich mit schwachen Mitteln mein Möglichstes getan, um zur Eintracht zwischen unseren beiden Völkern beizutragen. Man kann zweifellos lachen, wenn man sieht, wie dumm der Versöhnungsprediger angesichts der Antwort dasteht, die ihm die Geschichte erteilt, indem sie ihm die beiden Völker, die er liebt, in einer Umarmung tödlicher Wut zeigt. Er selber verspürt allerdings keine Lust, darüber zu lachen. Angesichts eines solchen Mißerfolgs besteht sein einziges Anliegen nur noch darin, seinem Land ein Übermaß an Leiden zu ersparen.

Ich muß hinzufügen, daß die Männer, die diesen Aufruf unterstützen, ebenfalls nicht als Politiker handeln. Unter ihnen befinden sich Angehörige der großen Religionsgemeinschaften, die sich einverstanden erklären, ihrer edelsten Berufung getreu einer Pflicht der Menschlichkeit zu genügen. Oder auch Männer, die nichts, weder ihr Beruf noch ihre Veranlagung dazu bestimmte, sich in öffentliche Angelegenheiten zu mischen. Den meisten genügte in der Tat der Beruf, der an sich der Gemeinschaft diente, um ihr Leben auszufüllen. Sie hätten sich wie so viele andere abseits halten, die Schläge auszählen und dabei höchstens ein paar empfindsame Töne von sich geben können. Aber sie waren der Ansicht, Bauen, Unterrichten, Schaffen seien Werke des Lebens und der Großmut, und man könne ihnen im Reich von Haß und Blut nicht länger dienen. Ein so folgenschwerer Entschluß, der so viele Verpflichtungen mit sich bringt, verleiht ihnen keinerlei Recht außer einem einzigen: zu verlangen, daß man ihre Vorschläge ernsthaft in Erwägung zieht.

Schließlich muß noch gesagt sein, daß wir Sie zu keiner politischen Stellungnahme bekehren wollen. Wenn wir dem Problem auf den Grund gehen wollten, liefen wir Gefahr, die Unterstützung, deren wir bedürfen, nicht zu finden. Wir können über die notwendigen Lösungen und selbst über die Mittel zu ihrer Durchführung verschiedener Meinung sein. Hundertmal definierte und verzerrte Haltungen erneut einander gegenüberstellen, bedeutete im gegenwärtigen Augenblick nur, zu dem Berg von Beschimpfungen und Schmähungen beitragen, unter dem unser erstickendes Land nach Atem ringt.

Doch vereint uns zumindest die Liebe zu unserer gemeinsamen Heimat und unsere Beklemmung. Beklemmung angesichts einer Zukunft, die sich täglich mehr verdüstert, angesichts der Drohung eines ewig dahinschleichenden Kampfes, einer bereits schweren Störung des wirtschaftlichen Gleichgewichts, die sich jeden Tag verschärft und so schlimm werden kann, daß lange Zeit keine Macht mehr fähig sein wird, Algerien wieder aufzurichten.

Diese Beklemmung wollen wir ansprechen, sogar und vor allem bei jenen, die bereits Partei ergriffen haben. Denn selbst der Entschlossenste unter ihnen bewahrt auch inmitten des Kampfgemenges in seinem Herzen einen Winkel, in dem er, ich weiß es, sich nicht mit Mord und Haß abfindet und von einem glücklichen Algerien träumt.

An diese Stelle in jedem von Ihnen, Franzosen und Araber, appellieren wir. All denen, die nicht mitansehen wollen, wie dieses große Land entzweibricht und steuerlos dahintreibt, möchten wir sagen, ohne an die vergangenen Irrtümer zu erinnern und nur auf die Zukunft bedacht, daß es heute möglich ist, uns zuerst über einen ganz bestimmten Punkt zu einigen, dann Menschenleben zu retten und so eine Atmosphäre zu schaffen, in der eine endlich vernünftige Diskussion möglich wird. Dieses Ziel ist absichtlich so bescheiden gesteckt und gleichzeitig so bedeutend, daß Sie ihm meiner Meinung nach Ihre rückhaltlose Unterstützung gewähren können.

Was wollen wir erreichen? Daß die arabische Bewegung und die französischen Behörden – ohne deswegen miteinander in Verbindung treten zu müssen und ohne jegliche andere Verpflichtung – gleichzeitig eine Erklärung abgeben, wonach während der ganzen Dauer der Unruhen die Zivilbevölkerung immer und überall in Frieden gelassen und beschützt wird. Warum diese Maßnahme? Der erste Grund, den ich nicht lange auszuführen brauche, entspringt wie gesagt der bloßen Menschlichkeit. Welches auch die alten und tiefen Ursprünge der algerischen Tragödie sein mögen, eine Tatsache bleibt bestehen: nichts rechtfertigt den Tod der Unschuldigen. Im ganzen Verlauf der Geschichte haben die Menschen, unfähig, den Krieg an sich abzuschaffen, sich bemüht, seine Auswirkungen zu begrenzen, und so schrecklich und abstoßend die letzten Weltkriege auch waren, so ist es den verschiedenen Hilfswerken doch gelungen, jenen schwachen Strahl von Mitleid in die Finsternis dringen zu lassen, der uns davor bewahrt, völlig am Menschen zu verzweifeln. Diese Notwendigkeit erscheint um so dringlicher, als es sich um ein Ringen handelt, das in mancher Beziehung den Charakter eines Bruderkampfs annimmt und in dem die Waffen im blinden Gemenge nicht mehr zwischen Mann und Frau, zwischen Soldat und Arbeiter unterscheiden. Von diesem Gesichtspunkt aus betrachtet, wäre unsere Initiative schon gerechtfertigt, wenn sie auch nur ein einziges unschuldiges Leben rettete.

Indessen rechtfertigten sie noch andere Gründe. So düster Algeriens Zukunft auch aussehen mag, sie ist noch nicht unwiderruflich verloren. Wenn ein jeder, Araber und Franzose, sich die Mühe nähme, über die Gründe des Gegners nachzudenken, könnten zumindest die Ansätze zu einer fruchtbaren Diskussion herausgeschält werden. Wenn jedoch die beiden Bevölkerungsteile Algeriens sich gegenseitig beschuldigen, angefangen zu haben, und sich in einer Art fremdenfeindlichem Taumel aufeinander stürzen sollten, dann würde jede Aussicht auf eine Verständigung endgültig im Blut ertränkt. Es ist möglich – und dies ist unsere beklemmendste Angst, daß dieses Grauen uns bevorsteht. Aber es darf und kann nicht sein, ohne daß wir Franzosen und Araber, die wir den Irrsinn und die Zerstörungen des Nihilismus ablehnen, ein letztes Mal an die Vernunft appelliert haben.

Ganz unverkennbar ist zumindest in diesem Punkt eine französisch-arabische Solidarität unvermeidlich, im Tod wie im Leben, in der Vernichtung wie in der Hoffnung. Das Schreckliche dieser Verbundenheit offenbart sich in der teuflischen Dialektik, derzufolge das, was die einen umbringt, auch die anderen umbringt, da jeder den Fehler dem anderen zuschiebt und seine Gewalttaten mit der Gewalttätigkeit des Gegners rechtfertigt. Dabei verliert der ewige Streit um die ursprüngliche Verantwortung seinen Sinn. Und weil zwei gleichzeitig ähnliche und verschiedene, doch gleich achtenswerte Bevölkerungsteile es nicht verstanden haben, miteinander zu leben, verdammen sie sich dazu, mit hilfloser Wut im Herzen miteinander zu sterben.

Es gibt aber auch eine gemeinsame Hoffnung, die unseren Aufruf rechtfertigt. Diese Gemeinschaft beruht auf Tatsachen, gegen die wir nichts vermögen. In diesem Land leben im Verein eine Million Franzosen, die seit einem Jahrhundert hier niedergelassen sind, Millionen Muselmanen, Araber und Berber, die seit Jahrhunderten hier siedeln, mehrere starke, lebendige religiöse Gemeinschaften. Diese Menschen müssen am Schnittpunkt der Wege und Rassen, an den die Geschichte sie gestellt hat, miteinander leben. Sie können es – unter der einzigen Bedingung, daß sie einander in der freien Auseinandersetzung ein paar Schritte entgegenkommen. Dann sollten unsere Unterschiede keinen Gegensatz, sondern eine Hilfe bedeuten. Ich für mein Teil glaube hier wie überall nur an die Unterschiede, nicht an die Gleichförmigkeit. Denn die Unterschiede sind die Wurzeln, ohne die der Baum der Freiheit verdorrt, der Saft der Schöpfung und der Kultur austrocknet. Und doch stehen wir uns erstarrt gegenüber, wie von einer Lähmung befallen, die sich nur in heftigen und kurzen Anfällen von Gewalt löst. Denn der Kampf ist unversöhnlich geworden und weckt auf beiden Seiten eine unbeherrschbare Empörung und Leidenschaften, die sich nur im Überbieten des Gegners äußern können.

«Es ist keine Diskussion mehr möglich», diese Behauptung macht die ganze Zukunft und jede Aussicht auf Leben zunichte. In dem Fall bleibt nur der blinde Kampf übrig, in dem der Franzose beschließt, den Araber zu ignorieren, selbst wenn er irgendwo in seinem Innern weiß, daß sein Anspruch auf Würde berechtigt ist, und in dem der Araber beschließt, den Franzosen zu ignorieren, selbst wenn er irgendwo in seinem Innern weiß, daß auch die Franzosen in Algerien, unserem gemeinsamen Land, Anrecht auf Sicherheit und Würde besitzen. In Groll und Haß befangen, kann dann keiner auf den anderen hören. Jeder Vorschlag, in welchem Sinn er auch gemacht wird, begegnet nur Mißtrauen, wird sogleich entstellt und jeder Brauchbarkeit entkleidet. Nach und nach verfangen wir uns in den unentwirrbaren Schlingen alter und neuer Anklagen, eingefleischter Rache und unermüdlichen Grolls, der immer neue Nahrung findet, wie in jenen alten Familienprozessen, in denen die Vorwürfe und Argumente sich generationenlang anhäufen, so daß die unbestechlichsten und menschlichsten Richter sich schließlich nicht mehr zurechtfinden. Das Ende eines solchen Zustands läßt sich kaum ausdenken, und die Hoffnung auf eine französisch-arabische Gemeinschaft, ein friedliches, schöpferisches Algerien, verblaßt jeden Tag ein bißchen mehr.

Wenn wir also ein Stückchen dieser Hoffnung bewahren wollen, wenigstens bis zum Tag, da die Diskussion über das Grundsätzliche sich anbahnt, wenn wir wollen, daß diese Diskussion dank des gegenseitigen Bemühens um Verständnis eine Aussicht auf Erfolg habe, müssen wir versuchen, das Wesen des Kampfes zu beeinflussen. Unsere Hände sind durch das Ausmaß der Tragödie und die Vielschichtigkeit der entfesselten Leidenschaften zu fest gebunden, als daß wir hoffen könnten, jetzt schon die Einstellung der Feindseligkeiten zu erlangen. Das würde in der Tat eine rein politische Stellungnahme voraussetzen, die uns im Augenblick vielleicht noch mehr entzweite.

Aber wir können wenigstens auf den verabscheuungswürdigen Aspekt des Kampfes Einfluß nehmen und, ohne etwas an der gegenwärtigen Lage zu verändern, vorschlagen, nur auf das zu verzichten, was ihn unversöhnlich macht, das heißt die Ermordung der Unschuldigen. Der Umstand, daß eine solche Aktion alle Franzosen und Araber vereinigte, die das Nichtwiedergutzumachende und das unheilbare Elend zu vermeiden bemüht sind, ließe die vernünftige Hoffnung zu, bei beiden Parteien Gehör zu finden.

Wenn unser Vorschlag eine Aussicht hätte, angenommen zu werden – und diese Aussicht besteht –, so hätten wir nicht nur kostbare Menschenleben gerettet, sondern auch eine Atmosphäre geschaffen, in der eine gesunde, durch keine sinnlose Starrköpfigkeit beeinträchtigte Diskussion möglich würde, wir hätten den Boden für ein gerechteres und differenzierteres Verständnis des Algerienproblems vorbereitet. Wenn wir in einem bestimmten Punkt dieses schwache Auftauen bewirkten, könnten wir hoffen, eines Tages den ganzen verhärteten Block von Haß und törichten Forderungen, der uns alle zur Tatenlosigkeit verurteilt, zu sprengen. Dann ginge das Wort an die Politiker über, und jeder hätte das Recht, von neuem seine eigenen Überzeugungen zu verteidigen und seine Andersartigkeit darzutun.

Jedenfalls stellt dies den schmalen Grat dar, auf dem wir zunächst einmal hoffen können, uns zu einigen. Jedes umfassendere Programm böte im Augenblick nur Anlaß zu zusätzlicher Zwietracht. Wir müssen Geduld haben mit uns selber.

Dieser zugleich begrenzten und bedeutsamen Aktion jedoch müssen meines Erachtens und nach reiflichem Nachdenken alle

Franzosen und alle Araber ihre Zustimmung geben. Um dessen ganz sicher zu sein, genügt es, sich vorzustellen, was geschähe, wenn dieser Versuch den Vorsichtsmaßnahmen und den engen Grenzen zum Trotz scheiterte. Dann kommt es zum endgültigen Bruch, zur Vernichtung jeder Hoffnung, zu einem Unglück, von dem wir erst eine schwache Ahnung haben. Unsere arabischen Freunde, die heute mutig bei uns in diesem No man's land stehen, wo man von beiden Seiten bedroht wird, und die, selbst zerrissen, schon so große Mühe haben, der Aufhetzung zu widerstehen, werden gezwungen sein, ihren Widerstand aufzugeben, und sich einem Verhängnis überlassen, das jede Möglichkeit eines Gesprächs vernichtet. Direkt oder indirekt werden sie in den Kampf eintreten, während sie Baumeister des Friedens hätten sein können. Es liegt also im Interesse aller Franzosen, ihnen zu helfen, diesem Verhängnis zu entgehen.

Aber gleichermaßen liegt es im unmittelbaren Interesse der gemäßigten Araber, uns zu helfen, einem anderen Verhängnis zu entgehen. Denn wenn unser Unternehmen mißlingt und unsere Ohnmacht erwiesen ist, werden die liberalen Franzosen zum Schweigen verurteilt, das heißt alle Menschen, die der Meinung sind, Franzosen und Araber könnten miteinander leben, die glauben, diese Koexistenz lasse den Rechten der einen und der anderen Gerechtigkeit widerfahren, die jedenfalls überzeugt sind, daß einzig sie die Bewohner dieses Landes vor dem Elend zu retten vermag.

An Stelle der umfassenden Gemeinschaft, von der sie träumen, werden sie auf die einzige lebendige Gemeinschaft verwiesen, die sie rechtfertigt, das heißt Frankreich. Das besagt, daß auch wir unsererseits durch unser Schweigen oder mit voller Absicht in den Kampf eintreten. Um diese Entwicklung zu verdeutlichen, die zu befürchten steht und die die Dringlichkeit unserer Aktion bedingt, kann ich nicht im Namen unserer arabischen Freunde sprechen, aber ich kann bezeugen, daß sie in Frankreich möglich ist. So wie ich hier das Mißtrauen der Araber allen Vorschlägen gegenüber verspürt habe, so kann man in Frankreich, wie Sie wohl wissen, das Aufkommen gewisser Zweifel und eines damit einhergehenden Mißtrauens spüren; wenn die schon durch das Weiterdauern des Rifkriegs trotz der Rückkehr des Sultans und durch das Erwachen der Fellaghabewegung in Tunesien stutzig gemachten Franzosen im Verlauf eines unversöhnlichen Kampfes den Eindruck gewinnen, daß dieser Kampf nicht nur die Gerechtigkeit für ein Volk im Auge hat, sondern auf Kosten Frankreichs und zu seinem endgültigen Verderben die Verwirklichung ausländischer Ziele anstrebt, dann wird es bald nicht mehr möglich sein, dieses Mißtrauen auszurotten. Die Überlegung, die dann viele Franzosen anstellen werden, entspricht genau derjenigen der meisten Araber, sollten sie sich gezwungen sehen, alle Hoffnung aufzugeben und sich in das Unvermeidliche zu schicken. Diese Überlegung wird so lauten: «Wir sind Franzosen. Die Rücksichtnahme auf das, was an der Sache unserer Gegner gerecht ist, soll uns nicht dazu führen, dem Unrecht widerfahren zu lassen, was im französischen Land und Volk weiterzuleben und zu wachsen verdient. Man kann nicht verlangen, daß wir jedem Nationalismus außer dem französischen Beifall klatschen, alle Sünden vergeben außer den französischen. In dieser überspitzten Lage, da wir uns entscheiden müssen, können wir nichts anderes wählen als unser eigenes Land.»

So werden sich auf Grund der gleichen, doch in umgekehrtem Sinn angestellten Überlegung unsere beiden Völker endgültig entzweien, und Algerien wird für lange Zeit zu einem Trümmerfeld, während das Bemühen, ein bißchen nachzudenken, heute noch die Sachlage ändern und das Schlimmste verhüten könnte.

Das ist die doppelte Gefahr, die uns bedroht, der tödliche Einsatz, um den wir spielen. Entweder es gelingt uns wenigstens in einem Punkt, uns zusammenzutun, um zu retten, was zu retten ist, und wir begünstigen eine befriedigende Entwicklung, oder aber wir bringen es nicht fertig, uns zu einen und unsere Überzeugung durchzusetzen, und der Mißerfolg wird über die ganze Zukunft entscheiden. Dieser Umstand rechtfertigt unser Unternehmen und bedingt seine Dringlichkeit. Darum bringe ich diesen Aufruf mit solchem Nachdruck vor. Wenn ich die Macht besäße, der Einsamkeit und der Angst eines jeden unter uns eine Stimme zu verleihen, würde ich mich mit dieser Stimme an Sie wenden. Was mich betrifft, so habe ich dieses Land, in dem ich geboren wurde, immer leidenschaftlich geliebt; alles was ich bin, habe ich aus ihm geschöpft, und nie habe ich einen der Menschen, die hier leben, welcher Rasse er auch angehören mochte, aus meiner Freundschaft ausgeschlossen. Obwohl ich seine vielen Nöte kenne und geteilt habe, ist es für mich das Land des Glücks, der Tatkraft und der Schöpfung geblieben. Und ich kann mich nicht damit abfinden, es für lange Zeit das Land des Unglücks und des Hasses werden zu sehen.

Ich weiß, daß die großen Tragödien der Geschichte mit ihren gräßlichen Gesichtern oft einen Bann auf die Menschen ausüben, so daß sie unbeweglich verharren und sich zu nichts entschließen können außer zum Warten. Sie warten, und eines Tages verschlingt sie die Gorgo. Ich möchte Sie im Gegenteil zu meiner Überzeugung bekehren, daß nämlich dieser Bann gebrochen werden kann, daß diese Ohnmacht ein Trugschluß ist, daß die Kraft des Herzens, der Geist und der Mut genügen, um das Schicksal matt zu setzen und ihm zuweilen eine andere Richtung zu geben. Man muß es nur wollen, nicht blind, sondern mit einem starken und überlegten Willen.

Man findet sich zu leicht mit dem Verhängnis ab. Man läßt sich zu leicht zu dem Glauben verleiten, daß im Grunde genommen nur das Blut die Geschichte vorwärts treibt und das der Stärkere dank der Schwäche des anderen fortschreitet. Vielleicht gibt es dieses Verhängnis. Aber es ist nicht die Aufgabe des Menschen, es hinzunehmen und sich seinen Gesetzen zu unterwerfen. Wenn die Menschen es in der Urzeit getan hätten, stünden wir heute noch in der Vorgeschichte. Die Aufgabe des gebildeten und gläubigen Menschen besteht auf jeden Fall nicht darin, den historischen Kämpfen auszuweichen, noch darin, dem Grausamen und Unmenschlichen an ihnen zu dienen. Sondern darin, ihren Platz zu behaupten, dem Menschen Hilfe zu bringen gegen das, was ihn unterdrückt, und seine Freiheit zu verteidigen gegenüber den Verhängnissen, die ihn rings umgeben.

Unter dieser Bedingung schreitet die Geschichte wahrhaft vorwärts, dann schafft sie Neues, ist sie mit einem Wort schöpferisch. In allem übrigen wiederholt sie sich wie ein blutiger Mund, der nur wütendes Gestammel speit. Wir sind heute am Gestammel, und doch öffnen sich unserem Jahrhundert die weitesten Perspektiven. Wir stehen noch beim Zweikampf mit dem Messer, oder doch beinahe, und die Welt bewegt sich mit der Geschwindigkeit unserer Überschallflugzeuge. Am gleichen Tag, da unsere Zeitungen den traurigen Bericht unserer Provinzstreitigkeiten drucken, verkünden sie die Schaffung des europäischen Atompools. Wenn Europa bloß mit sich selber eins wird, können morgen Fluten von Reichtümern den Kontinent bedecken und bis hierher überfließen, so daß unsere Probleme überholt sind und unser Haß hinfällig wird.

Für diese noch unvorstellbare, doch nahe Zukunft müssen wir

uns rüsten und unsere Reihen schließen. Das sinnlose und Jämmerliche an der jetzigen Tragödie kommt deutlich in der Tatsache zum Ausdruck, daß wir uns heute in einer wenig zahlreichen, armseligen Versammlung vereinen müssen, um ohne höhergeschraubte Ansprüche ganz einfach zu bitten, an einem einsamen Punkt des Erdballs möchte eine Handvoll unschuldiger Opfer verschont werden, damit eines Tages diese weltweiten Perspektiven angegangen werden können. Aber da dies nun unsere Aufgabe ist, mag sie noch so bescheiden und undankbar sein, müssen wir sie voll Entschlußkraft unternehmen, damit wir eines Tages verdienen, als freie Menschen zu leben, das heißt als Menschen, die sich weigern, Terror zu üben und Terror zu erdulden.

ALGERIEN 1958

Für die Menschen, die mich immer wieder fragen, welche Zukunft man für Algerien erhoffen könne, habe ich versucht, mit einem Mindestmaß an Phrasen und der algerischen Wirklichkeit möglichst genau Rechnung tragend ein kurzes Memorandum zu verfassen.

Wenn die Forderungen der Araber, so wie sie heute zum Ausdruck gelangen, restlos gerechtfertigt wären, hätte Algerien wahrscheinlich jetzt mit dem Einverständnis der französischen öffentlichen Meinung seine Unabhängigkeit erlangt. Wenn diese öffentliche Meinung sich trotzdem wohl oder übel mit dem Krieg abfindet und sich, selbst in ihren kommunistischen oder kommunistenfreundlichen Kreisen, mit platonischen Protesten begnügt, so liegt der Grund unter anderem darin, daß die arabischen Forderungen unklar bleiben. Diese Vieldeutigkeit und die verworrenen Reaktionen, die sie bei unseren Machthabern und Bürgern auslöst, erklärt die Vieldeutigkeit der französischen Reaktionen, die Unterlassungen und Unsicherheiten, hinter denen sie sich verstekken. Als erstes müssen diese Forderungen geklärt werden, damit die Antwort, die ihnen gebührt, ebenfalls klar formuliert werden kann.

A. Was an den arabischen Forderungen berechtigt ist.

Alle Franzosen wissen, daß die Araber mit Recht folgende Dinge anprangern und ablehnen:

1) Den Kolonialismus und die Mißbräuche, die unweigerlich damit verbunden sind.

2) Die wiederholte Lüge von der immer wieder vorgeschlagenen, nie verwirklichten Assimilierung, eine Lüge, die seit dem Beginn der Kolonisation jede Entwicklung verhindert hat. Insbesondere haben die verfälschten Wahlen von 1948 zugleich die Lüge offenbart und das arabische Volk endgültig entmutigt. Bis zu jenem Datum wollten alle Araber Franzosen sein. Seither will es ein großer Teil nicht mehr.

3) Die offensichtliche Ungerechtigkeit der Landverteilung und der Aufteilung des Einkommens (Sub-Proletariat). Diese Ungerechtigkeiten werden übrigens durch eine rasend schnelle Bevölkerungszunahme unheilbar verschärft.

4) Das psychologische Leiden: oft verächtliches oder rücksichtsloses Benehmen vieler Franzosen; durch eine Reihe dummer Maßnahmen geförderte Entwicklung eines Gefühls der Demütigung bei den Arabern, das im Mittelpunkt der gegenwärtigen Tragödie steht.

Die Ereignisse von 1945 hätten zur Warnung dienen sollen, statt dessen hat die unerbittliche Unterdrückung im Constantinois die antifranzösische Bewegung verstärkt. Die französischen Behörden waren der Ansicht, diese Unterdrückung setze dem Aufstand ein Ende. In Tat und Wahrheit bildete er nur einen Auftakt.

Es besteht kein Zweifel, daß die Ansprüche der Araber in all diesen Punkten, die teilweise die historische Lage der algerischen Araber bis zum Jahre 1948 zusammenfassen, vollkommen berechtigt sind. Die Ungerechtigkeit, unter der das arabische Volk gelitten hat, hängt unlösbar mit dem Kolonialismus an sich, seiner Geschichte und seiner Handhabung zusammen. Die französische Zentralgewalt war nie imstande, in ihren Kolonien das französische Gesetz völlig zur Anwendung zu bringen. Und schließlich besteht auch kein Zweifel, daß dem algerischen Volk eine eindeutige Wiedergutmachung gebührt, die ihm gleichzeitig Würde und Gerechtigkeit zurückgibt.

B. Was an den arabischen Forderungen unberechtigt ist.

Der Wunsch, ein würdiges und freies Leben wiederzufinden,

der völlige Verlust des Vertrauens in jede von Frankreich garantierte politische Lösung und die Romantik, die den sehr jungen und der politischen Bildung entbehrenden Aufständischen eigen ist, haben gewisse Kämpfer und ihre Stäbe dazu geführt, die nationale Unabhängigkeit zu fordern. So wohlwollend man den arabischen Ansprüchen auch gegenüberstehen mag, so muß man doch zugeben, daß im Falle Algeriens die nationale Unabhängigkeit ein rein von der Leidenschaft bedingtes Schlagwort ist. Es hat noch nie eine algerische Nation gegeben. Die Juden, die Türken, die Griechen, die Italiener, die Berber hätten ebensogut das Recht, die Führung dieser virtuellen Nation zu beanspruchen. Gegenwärtig kann man Algerien nicht mit Araber gleichsetzen. Die Größe und das Alter der französischen Siedlung insbesondere genügen, um ein Problem zu schaffen, das in der Geschichte nicht seinesgleichen kennt. Die Algerienfranzosen sind ebenfalls, und zwar im buchstäblichen Sinn des Wortes, Eingeborene. Hinzuzufügen wäre, daß ein rein arabisches Algerien keine wirtschaftliche Unabhängigkeit zu erlangen vermöchte, ohne die die politische Unabhängigkeit ein leerer Wahn ist. So ungenügend die französischen Bemühungen auch sind, so haben sie doch ein solches Ausmaß angenommen, daß kein Land gegenwärtig bereit wäre, sie sich aufzubürden. Für diese Frage und die damit zusammenhängenden Probleme verweise ich auf das hervorragende Buch von Germaine Tillion: *‹Algérie 1957›* (Editions de Minuit).

Die Araber können sich wenigstens auf ihre Zugehörigkeit nicht zu einer Nation, wohl aber zu einer Art geistigem oder weltlichem Muselmanenreich berufen. (Die syrische ‹Nation› hat sich, kaum aus dem französischen Protektorat entlassen, wie ein Stück Zucker im Wasser in der arabischen Republik Nassers aufgelöst.) Geistig existiert dieses Reich, seinen Kitt und seine Doktrin bildet der Islam. Aber es gibt auch ein zumindest ebenso bedeutendes christliches Reich, ohne daß seine Einfügung in die weltliche Geschichte zur Diskussion stünde. Vorläufig existiert das arabische Reich historisch nicht, außer in den Schriften des Obersten Nasser, und es könnte nur durch weltumfassende Umwälzungen verwirklicht werden, die binnen kürzester Frist den dritten Weltkrieg nach sich zögen. Die Forderung nach nationaler algerischer Unabhängigkeit muß zum Teil als eine Äußerung dieses neuen arabischen Imperialismus angesehen werden, dessen Führerschaft Ägypten sich in Überschätzung seiner Kräfte anmaßt und den

Rußland gegenwärtig in den Dienst seiner antiwestlichen Strategie stellt. Der Umstand, daß diese Forderung keiner Wirklichkeit entspricht, hindert seine strategische Verwendung keineswegs, im Gegenteil. Die russische Strategie, die von allen Weltkarten abgelesen werden kann, besteht darin, in Europa den Status quo zu verlangen, das heißt die Anerkennung seines eigenen Kolonialsystems, und den Mittleren Osten und Afrika in Bewegung zu setzen, um Europa von Süden her einzukreisen. Das Glück und die Freiheit der arabischen Völker haben dabei wenig zu suchen. Es genügt, an die Dezimierung der Tschetschenen oder der Krimtataren oder an die Vernichtung der arabischen Kultur in den ehemals muselmanischen Provinzen von Dhagestan zu erinnern. Rußland bedient sich dieser Reichsträume ganz einfach, um seine eigenen Absichten zu verfolgen. Auf jeden Fall müssen die unannehmbaren Aspekte des arabischen Aufstands, und insbesondere die systematische Ermordung der französischen und der arabischen Zivilisten, die ohne Unterschied und einzig in ihrer Eigenschaft als Franzosen oder Franzosenfreunde niedergemacht werden, diesen nationalistischen und im wahren Sinn des Wortes imperialistischen Ansprüchen zugeschrieben werden.

Wir stehen also einer unklaren Forderung gegenüber, der wir in ihrem Ursprung und in einigen ihrer Formulierungen beipflichten können, die wir jedoch in gewissen Konsequenzen unbedingt ablehnen müssen. Seit dem Beginn der Ereignisse war es ein Fehler der französischen Regierung, diese Unterscheidung nie zu treffen und infolgedessen nie eine klare Sprache zu führen, was bei den arabischen Massen jede Skepsis und jede Übertreibung möglich machte. Das Ergebnis war, daß auf beiden Seiten die Reihen der Extremisten und Nationalisten verstärkt wurden.

Die einzige Möglichkeit, dem Problem beizukommen, besteht demnach gestern wie heute in der Klarheit der Sprache. Wenn das Problem sich aus folgenden Bestandteilen zusammensetzt:

1) der Wiedergutmachung an acht Millionen Arabern, die bis heute unter einer besonderen Form der Unterdrückung leben;

2) der Daseinsberechtigung, und zwar in ihrer Heimat, von einer Million zweihunderttausend einheimischen Franzosen, die der Willkür fanatischer Militärführer auszuliefern nicht in Frage kommt;

3) den strategischen Interessen, die der Freiheit des Abendlandes dienen;

dann muß die französische Regierung klar und deutlich zu wissen tun:

1) daß sie gewillt ist, dem arabischen Volk Algeriens alle Gerechtigkeit widerfahren zu lassen und es vom Kolonialsystem zu befreien;

2) daß sie unnachgiebig auf den Rechten der Algerienfranzosen beharrt;

3) daß die Gerechtigkeit, die zu üben sie bereit ist, für die französische Nation nicht das Vorspiel zu einer Art historischem Tod bilden und für das Abendland die Gefahr einer Einkreisung in sich beschließen darf, die zur Kadarisierung Europas und zur Isolierung Amerikas führen würde.

Man kann sich also eine feierliche Erklärung vorstellen, die sich ausschließlich an das arabische Volk und seine Vertreter richten würde (es ist zu beachten, daß sich seit dem Beginn der Feindseligkeiten kein französischer Regierungschef und kein Gouverneur unmittelbar an das arabische Volk gewandt hat), um zu verkünden:

1) daß das Zeitalter des Kolonialismus vorbei ist, daß Frankreich, ohne sich schuldiger zu fühlen als die anderen Nationen, die in der Geschichte entstanden und groß geworden sind, seine vergangenen und gegenwärtigen Irrtümer einsieht und sich bereit erklärt, sie gutzumachen;

2) daß es sich indessen weigert, der Gewalt zu gehorchen, vor allem in der Form, wie sie heute in Algerien geübt wird; daß es sich insbesondere weigert, auf seine eigenen Kosten, auf Kosten der europäischen Bevölkerung Algeriens und schließlich auf Kosten des Weltfriedens dem Traum eines arabischen Reichs Vorschub zu leisten;

3) daß es infolgedessen eine freie Verbindung vorschlägt, in der jeder Araber auf der Basis des Lauriol-Plans wahrhaft die Vorrechte eines freien Bürgers findet.

Selbstverständlich fangen die Schwierigkeiten dann erst an. Aber es besteht auf jeden Fall kaum Hoffnung, sie gelöst zu sehen, wenn diese vorgängige Erklärung nicht feierlich erlassen und, ich wiederhole, mit allen Mitteln, über die ein großes Land verfügt, dem arabischen Volk zur Kenntnis gebracht wird. Eine solche Erklärung würde von den heute entmutigten und irregewordenen arabischen Massen zweifellos verstanden. Andererseits würde sie auch eine Großzahl der Algerienfranzosen beruhigen und sie hindern, den unumgänglichen Strukturformen blinden Widerstand entgegenzusetzen.

Es bleibt, die Lösung zu definieren, die der Diskussion zugrunde gelegt werden könnte.

DAS NEUE ALGERIEN

Die einzige Regierungsform, die unter den gegenwärtigen Verhältnissen allen Teilen der Bevölkerung Gerechtigkeit widerfahren ließe, schien mir lange Zeit die Föderation, mit Einrichtungen ähnlich denen, die in der schweizerischen Eidgenossenschaft verschiedenen Volksteilen ein friedliches Zusammenleben erlauben. Aber jetzt glaube ich, daß ein noch eigenständigeres System ausgedacht werden muß. Die Schweiz setzt sich aus verschiedenen Bevölkerungsteilen zusammen, die in verschiedenen Gebieten leben. Ihre Einrichtungen zielen nur darauf ab, das politische Leben ihrer Kantone zu gliedern. Algerien hingegen bietet das äußerst seltene Beispiel eines Landes, in dem verschiedene Bevölkerungsteile ineinander verschachtelt auf dem gleichen Gebiet leben. Was assoziiert, doch nicht verschmolzen werden muß (Föderation bedeutet ja zunächst die Einigung der Unterschiede), sind nicht Gebiete, sondern Gemeinschaften verschiedener Art. Die Lösung, die Marc Lauriol, Professor der Rechte in Algier, vorschlägt, scheint mir, selbst wenn man nicht allen seinen Ausführungen beipflichtet, in dieser Hinsicht ganz besonders gut den algerischen Verhältnissen angepaßt und geeignet, das Bedürfnis nach Gerechtigkeit und Freiheit aller Gemeinschaften zu befriedigen.

Im wesentlichen vereinigt dieser Plan die Vorzüge der Integration und des Föderalismus. Er sieht einerseits die Bewahrung der Eigenständigkeit und andererseits die Verbindung der beiden Bevölkerungsteile vor, die ihre gemeinsamen Interessen gemeinsam verwalten sollen. Zu diesem Zweck schlägt er als ersten Schritt die Schaffung zweier Sektionen im französischen Parlament vor: eine für das Mutterland und eine muselmanische. Die erste würde die Abgeordneten des Mutterlands und die überseeischen französischen Abgeordneten umfassen, die letztere die Muselmanen. Die Wahlen müßten sich genau an das Proporzsystem halten. So kann man annehmen, daß sich in einem sechshundert Abgeordnete zählenden Parlament etwa fünfzehn Algerienfranzosen und etwa hundert muselmanische Vertreter befänden. Die muselmanische Sektion würde allein über alle die Muselmanen betreffenden Fragen beraten, aber nur darüber. In seiner Vollversammlung wäre das Parlament, Franzosen und Muselmanen, für alles zuständig, was die beiden Gemeinschaften angeht (zum Beispiel Steuerwesen und Finanzen) oder die beiden Gemeinschaften und das Mutterland (zum Beispiel Landesverteidigung). Die anderen Gebiete würden, soweit sie nur das Mutterland betreffen (insbesondere in Dingen des Zivilrechts), ausschließlich der Zuständigkeit der Sektion Mutterland unterstehen. So wären die Gesetze, die einzig die Muselmanen betreffen, ausschließlich das Werk der muselmanischen Abgeordneten; die Gesetze, die alle betreffen, wären das Werk aller, und die Gesetze, die nur die Franzosen betreffen, wären das ausschließliche Werk der französischen Abgeordneten. In diesem ersten Stadium wäre die Regierung je nach der Art der gestellten Probleme jeder Sektion einzeln oder aber beiden zusammen Rechenschaft schuldig.

Nach der für eine allgemeine Versöhnung nötigen Zeit des Einspielens müßten in einem zweiten Stadium die Konsequenzen aus dieser Neuerung gezogen werden. Denn entgegen all unseren Bräuchen, vor allem entgegen den von der Französischen Revolution ererbten zähen Vorurteilen hätten wir damit im Schoß der Republik zwei zwar gleichberechtigte, doch verschiedene Kategorien von Bürgern geschaffen. In dieser Hinsicht handelt es sich um eine Art Revolution gegen das aus 1789 hervorgegangene Regime der Zentralisierung und des abstrakten Individualismus, das in mehr als einer Beziehung seinerseits die Bezeichnung Ancien Régime verdient. Professor Lauriol hat auf jeden Fall recht, wenn er erklärt, daß es sich um nichts Geringeres handelt als um die Schaffung einer französischen föderativen Struktur, die das wahre französische Commonwealth verwirklichen wird. Solche Institutionen gehören ihrem Wesen nach in ein System, in das die Länder des Maghreb und die Völker Innerafrikas sich einfügen würden. Ein algerisches Landesparlament würde dann Algeriens Eigenart ausdrücken, während ein Bundessenat, in dem Algerien vertreten wäre, die gesetzgebende Macht innehätte für alles, was (wie zum Beispiel die Armee und die Außenpolitik) die gesamte Föderation betrifft, und eine verantwortliche Bundesregierung wählte. Wichtig ist, daß dieses System auch mit den in Zukunft vielleicht entstehenden europäischen Institutionen vereinbar wäre.

So sollte auf jeden Fall der französische Vorschlag lauten, der seine Gültigkeit bewahren würde, bis ein Waffenstillstand erreicht wäre. Dieser Waffenstillstand wird gegenwärtig durch den Starrsinn des FLN sehr erschwert. Zum Teil ist dieser Starrsinn ungewollt und wirklichkeitsfremd, zum Teil berechnet und zynisch. Dort, wo er ungewollt ist, kann man ihn verstehen und versuchen, ihn durch einen wahrhaft aufbauenden Vorschlag auszugleichen. Dort, wo er berechnet ist, ist er unannehmbar. In dieser Beziehung ist die vorgängige Bedingung der Unabhängigkeit nichts anderes als die Ablehnung jeder Verhandlung und eine Herausforderung zum Schlimmsten. Hier hat Frankreich keine andere Möglichkeit, als unermüdlich den erwähnten Vorschlag aufrecht zu erhalten, die Zustimmung der internationalen Meinung und immer weiterer Kreise von Arabern zu erlangen und zu versuchen, ihn nach und nach in die Wirklichkeit umzusetzen.

So kann man sich die unmittelbare Zukunft etwa vorstellen. Diese Lösung ist nicht im Hinblick auf die algerischen Verhältnisse utopisch, sondern im Hinblick auf den Zustand der französischen politischen Gesellschaft. Denn sie setzt voraus:

1) einen kollektiven Willen im Mutterland, und insbesondere die Bereitschaft zu einer Politik der Einschränkungen, deren Last von den wohlhabenden Klassen getragen werden müßte (die Klasse der Lohnempfänger trägt schon das ganze Gewicht eines empörend ungerechten Steuersystems);

2) eine Regierung, die die Verfassung ändert (sie wurde übrigens nur von einer Minderheit von Franzosen gutgeheißen) und sich zum Ziel setzt, dank einer weit in die Zukunft blickenden, ehrgeizigen und hartnäckigen Politik eine französische Föderation zu schaffen.

Diese beiden Bedingungen könnten einen unvoreingenommenen Beobachter skeptisch stimmen. Indessen steigen in Frankreich und in Algerien neue und beträchtliche Kräfte empor, Menschen und wirtschaftliche Faktoren, die zu der Hoffnung auf eine Wiedergeburt berechtigen. In diesem Fall hat eine Lösung wie die eben umrissene Aussicht, durchzudringen. Im gegenteiligen Fall ist Algerien verloren, mit all den furchtbaren Folgen, die das für die Araber wie für die Franzosen nach sich ziehen wird. Das ist die letzte Warnung, die ein seit zwanzig Jahren der Sache Algeriens dienender Schriftsteller aussprechen und der er nichts mehr beifügen kann.

Ungarn

KADAR HAT SEINEN TAG DER ANGST ERLEBT

Der ungarische Staatsminister Marosan
hat kürzlich erklärt, es gebe in Ungarn
keine Gegenrevolution mehr.
Ausnahmsweise hat ein Minister Kadars
die Wahrheit gesagt. Wie könnte es eine Gegenrevolution
geben, wenn sie doch bereits an der Macht ist?
Es kann in Ungarn nur noch eine Revolution geben.

Ich gehöre nicht zu den Leuten, die wünschen, das ungarische Volk griffe in einem bald niedergewalzten Aufstand abermals zu den Waffen, während eine internationale Gesellschaft von Zuschauern ihm weder Beifall noch tugendsame Tränen versagt, um dann zu ihren Pantroffeln zurückzukehren wie die Tribünensportler am Sonntagabend nach einem Meisterschaftsspiel. Im Stadion liegen schon zu viele Tote, und nur mit unserem eigenen Blut dürfen wir freigebig sein. Das ungarische Blut hat sich für Europa und die Freiheit als zu wertvoll erwiesen, als daß wir nicht mit dem kleinsten Tropfen haushälterisch umgehen müßten.

Aber ich gehöre auch nicht zu den Leuten, die an die Möglichkeit eines selbst resignierten, selbst vorläufigen Kompromisses mit einem Terror-Regime glauben, das ebenso sehr Anspruch auf die Bezeichnung sozialistisch hat wie ehemals die Folterknechte der Inquisition auf die Bezeichnung christlich. Und an diesem Jahrestag der Freiheit wünsche ich mit aller Kraft, der stumme Widerstand des ungarischen Volkes möchte fortdauern, stärker werden und dank dem Widerhall aller Stimmen, die wir ihm leihen können, bei der einmütigen internationalen Meinung den Boykott seiner Unterdrücker durchsetzen. Und wenn diese Meinung zu feige oder zu egoistisch ist, um einem Volk von Märtyrern Gerechtigkeit widerfahren zu lassen, und wenn unsere Stimmen sich nicht laut genug erheben, wünsche ich, der ungarische Widerstand möchte fortdauern, bis der gegenrevolutionäre Staat überall im Osten unter dem Gewicht seiner Lügen und seiner Widersprüche zusammenbricht.

Denn es ist durchaus ein gegenrevolutionärer Staat. Wie anders sollte man ein Regime bezeichnen, das den Vater zwingt, den Sohn anzuzeigen, den Sohn, die Todesstrafe für den Vater zu fordern, die Frau, gegen ihren Mann auszusagen, ein Regime, das die Denunziation zur Tugend erhoben hat? Die fremden Panzer, die Polizei, die zwanzigjährigen Mädchen am Galgen, die ihrer Häupter beraubten und geknebelten Arbeiterräte, und wiederum die Galgen, die deportierten und eingekerkerten Schriftsteller, die Lügenpresse, die Lager, die Zensur, die verhafteten Richter, die Verbrecher als Gesetzgeber, und immer wieder die Galgen – sieht so der Sozialismus aus, das gewaltige Fest der Freiheit und Gerechtigkeit?

Nein, wir haben das erlebt, wir erleben es noch: es sind die blutigen und eintönigen Riten der totalitären Religion! Der ungarische Sozialismus ist heute im Gefängnis oder in der Verbannung. Durch die Staatspaläste irren bis an die Zähne bewaffnet die schäbigen Tyrannen des Absolutismus, die das Wort Freiheit in Angstzustände, das Wort Wahrheit in Raserei versetzt! Den Beweis dafür liefert die Tatsache, daß der heutige 15. März, für alle Ungarn der Tag der Wahrheit und der unbesieglichen Freiheit, für Kadar nichts als ein endloser Tag der Angst war.

Dabei haben während langer Jahre diese Tyrannen, im Westen unterstützt von Helfershelfern, die niemand und nichts zu so viel Übereifer zwang, ihre wahren Taten durch gewaltige Vernebelungsaktionen verschleiert. Wenn irgend etwas durch den Vorhang drang, wurde uns von ihnen oder ihren westlichen Dolmetschern versichert, in etwa zehn Generationen werde alles in Ordnung kommen, aber inzwischen marschiere alle Welt frohgemut der Zukunft entgegen, die deportierten Völker hätten das Unrecht gehabt, den Verkehr auf der herrlichen Straße des Erfolgs ein wenig zu behindern, die Hingerichteten seien mit ihrer eigenen Ausmerzung durchaus einverstanden, die Intellektuellen erklärten sich von ihrem reizenden Knebel entzückt, weil es ein dialektischer Knebel sei, und das Volk schließlich sei von seiner eigenen Arbeit beglückt, denn wenn es für Hungerlöhne Überstunden mache, geschehe dies im wahren Sinne der historischen Entwicklung.

Aber ach! Das Volk selbst hat das Wort ergriffen. Es hat seine Stimme erhoben, in Berlin, in der Tschechoslowakei, in Posen und schließlich in Budapest. Und zugleich mit ihm haben dort auch die Intellektuellen ihren Knebel aus dem Mund gerissen. Mit vereinter Stimme haben beide gesagt, man schreite nicht vorwärts, sondern rückwärts, man habe umsonst getötet, umsonst deportiert, umsonst geknechtet, und wenn man sicher sein wolle, inskünftig auf dem richtigen Weg vorwärts zu gehen, müsse man einem jeden Wahrheit und Freiheit gewähren.

So wurden durch den ersten Schrei der Erhebung im freien Budapest ausgeklügelte und kurzsichtige Philosophien, ellenlange Trugschlüsse und prächtige Attrappendoktrinen wie Staub hinweggeblasen. Und die Wahrheit, die nackte Wahrheit, die so lange vergewaltigte, trat vor aller Welt klar zutage.

Verächtliche Herren, die nicht einmal wußten, daß sie mit ihren Worten die Arbeiterklasse beleidigten, hatten uns versichert, das Volk verzichte gerne auf Freiheit, wenn man ihm nur Brot gebe. Und plötzlich antwortete ihnen das Volk selbst, daß es zwar nicht einmal Brot habe, daß es aber selbst in Besitz des Brotes noch etwas darüber hinaus fordern würde. Denn die folgenden Zeilen stammen nicht aus der Feder eines gelehrten Professors, sondern von einem Budapester Schmied: «Ich verlange, daß man mich als Erwachsenen betrachtet, der selbständig denken kann und will. Ich verlange, daß ich meinen Gedanken ohne Furcht Ausdruck geben kann und daß ich auch angehört werde.»

Was nun die Intellektuellen angeht, denen man die Ohren vollgepredigt und gebrüllt hatte, es gebe einzig und allein die Wahrheit, die den Zwecken der Sache diene, nun wohl, hier ist der Eid, den sie am Grabe ihrer von eben dieser Sache ermordeten Kameraden abgelegt haben: «Nie wieder, nicht aus Angst vor Drohung, nicht aus Angst vor Tortur, nicht aus falsch verstandener Liebe zur Sache wird etwas anderes als die Wahrheit über unsere Lippen kommen.» (Tibor Meray an Rajks Grab.)

Damit ist der Fall entschieden. Dieses hingemetzelte Volk ist von unserer Art. Was Spanien vor zwanzig Jahren für uns bedeutete, das wird heute Ungarn sein. Die spitzfindigen Nuancen, die Taschenspielereien der Sprache und die klüglerischen Überlegungen, mit denen man immer noch die Wahrheit zu schminken versucht, interessieren uns nicht. Die vielbesprochene Rivalität zwischen Rakosi und Kadar ist nicht von Belang. Beide sind sie vom gleichen Schlag. Nur ihre Jagdtrophäen unterscheiden sie, und wenn Rakosi die blutigere Sammlung aufweist, dann nicht für lange.

Auf jeden Fall macht es keinen Unterschied für die Freiheit des

Landes, ob es nun von dem kahlköpfigen Mordbuben oder von dem verfolgten Verfolger regiert wird. Es tut mir leid, wenn ich mich in dieser Beziehung wiederum als Kassandra gebärden und die neuen Hoffnungen gewisser unverzagter Journalisten enttäuschen muß, aber es gibt nun einmal in einer totalitären Gesellschaft keine Entwicklungsmöglichkeit. Der Terror entwickelt sich nicht oder höchstens zum Schlechten, das Schafott kennt keinen Liberalismus, der Galgen keine Toleranz. Nirgends auf der Welt hat man je eine Partei oder einen Menschen gesehen, der über die absolute Macht verfügte und sich ihrer nicht auch absolut bediente.

Die totalitäre Gesellschaft – ob rechts oder links – wird zunächst durch die Einheitspartei gekennzeichnet, und die Einheitspartei hat keinerlei Grund, sich selbst zu zerstören. Deshalb ist die Gesellschaft, zu deren Institutionen die Vielheit der Parteien gehört, die einzige der Entwicklung und der fortschreitenden Liberalisierung fähige Gesellschaft und damit die einzige, der unsere zugleich kritische und tätige Anteilnahme gelten muß. Sie allein erlaubt, die Ungerechtigkeit und das Verbrechen an den Pranger zu stellen und demzufolge zu bekämpfen. Sie allein erlaubt heute, die Folter an den Pranger zu stellen, die schmähliche Folter, die in Algerien ebenso nichtswürdig ist wie in Budapest.

Die bei uns noch weitverbreitete Vorstellung, eine Partei könne einfach wegen des Etiketts ‹proletarisch› in historischer Sicht auf bestimmte Privilegien Anspruch erheben, ist eine Vorstellung von Intellektuellen, die ihrer Vorrechte und ihrer Freiheiten überdrüssig sind. Die Geschichte verleiht keine Privilegien, sie läßt sie sich abringen.

Und es ist nicht Sache der Intellektuellen oder der Arbeiter, das Recht des Stärkeren und die vollendete Tatsache auch nur im geringsten zu preisen. In Wahrheit besitzt niemand, kein Mensch, keine Partei, ein Recht auf unumschränkte Macht, so wenig wie auf endgültige Privilegien im Rahmen einer sich unablässig wandelnden Geschichte. Und kein Privileg, keine Staatsräson vermöchte die Folter und den Terror zu rechtfertigen.

In dieser Beziehung hat wiederum Budapest uns den Weg gewiesen. Dieses besiegte und in Ketten gelegte Ungarn, das unsere Pseudorealisten voll Erbarmen mit dem immer noch auf dem hohen Seil balancierenden Polen vergleichen, hat für die Freiheit und die Gerechtigkeit mehr getan als irgendein anderes Volk in den letzten zwanzig Jahren. Aber damit diese Lehre im Westen für die Leute, die sich Augen und Ohren verstopften, lebendig und überzeugungskräftig wurde, bedurfte es – und darüber werden wir uns nie hinwegtrösten können – des vom ungarischen Volk in Strömen vergossenen Blutes, das im Gedächtnis der Menschen bereits zu trocknen beginnt.

Zumindest werden wir versuchen, Ungarn treu zu bleiben, wie wir Spanien treu geblieben sind. In der Einsamkeit des heutigen Europa besitzen wir dazu nur ein Mittel, nämlich das nie zu verraten, weder hier noch anderswo, um dessetwillen die ungarischen Kämpfer gestorben sind, und das nie zu rechtfertigen, weder hier noch anderswo, und wäre es nur mittelbar, was sie getötet hat.

Die nie verstummende Forderung nach Freiheit und Wahrheit, die Gemeinschaft des Arbeiters und des Intellektuellen (die zum größten Nutzen der Tyrannei heute noch bei uns gegeneinander ausgespielt werden) und schließlich die politische Demokratie als gewiß unzureichende, doch notwendige, ja unerläßliche Bedingung der wirtschaftlichen Demokratie – dies alles wurde von Budapest verteidigt. Und damit rief die große, aufrührerische Stadt dem westlichen Europa seine vergessene Wahrheit und Größe wieder in Erinnerung. Sie räumte mit dem merkwürdigen Minderwertigkeitsgefühl auf, das die Mehrheit unserer Intellektuellen ihrer Kraft beraubt und das mitzuempfinden ich mich weigere.

Zahlreich sind die Mißstände des Westens, unbestreitbar seine Verbrechen und seine Unzulänglichkeiten. Aber schließlich wollen wir nicht vergessen, daß wir als einzige die Fähigkeit der Vervollkommnung und der Emanzipation besitzen, die dem freien Geist innewohnt. Und während die totalitäre Gesellschaft auf Grund ihrer Wesensart den Freund zwingt, den Freund auszuliefern, wollen wir daran denken, daß die westliche Gesellschaft trotz all ihrer Irrungen immer wieder jenen Menschenschlag hervorbringt, der die Ehre des Lebens hochhält, das heißt jenen Schlag, der selbst dem Feind die Hand entgegenstreckt, um ihn vor dem Unglück oder dem Tod zu retten.

Wenn Minister Schepilow nach seiner Rückkehr aus Paris zu schreiben wagt: «Die westliche Kunst ist dazu bestimmt, die Seele des Menschen zu zerreißen und Massenmörder aller Art hervorzubringen», ist es an der Zeit, ihm zu antworten, daß zumindest unsere Schriftsteller und Künstler niemanden gemordet haben und dabei doch großzügig genug sind, nicht die Theorie des sozialistischen Realismus für die Massenmorde verantwortlich zu machen, die von Schepilow und seinesgleichen angeordnet und gedeckt wurden.

In Wahrheit gibt es bei uns Raum für alles, selbst für das Böse, selbst für Schepilows Schriftsteller, aber auch für die Ehre, für das freie Leben des Verlangens, für das Abenteuer des Geistes. Während es in der stalinistischen Kultur für nichts Raum gibt außer für die linientreuen Predigten, das graue Leben und den Katechismus der Propaganda. Wer noch daran zweifeln konnte, hat es eben aus dem Schrei der ungarischen Schriftsteller erfahren, die zum letztenmal ihre Stimmen erhoben, ehe sie ihre endgültige Wahl trafen und verstummten, um nicht auf Befehl lügen zu müssen.

Es wird uns schwerfallen, so vieler Opfer würdig zu sein. Aber wir müssen uns in einem endlich geeinten Europa darum bemühen, indem wir unsere Händel begraben, unsere eigenen Fehler einsehen, unser Zusammenwirken und unsere Solidarität vertiefen. Den Menschen, die uns erniedrigen und uns einreden wollen, die Geschichte könne den Terror rechtfertigen, werden wir unseren wahren Glauben entgegenhalten, den Glauben, den wir, wie wir jetzt wissen, mit den ungarischen Schriftstellern teilen, mit den polnischen und auch, gewiß, mit den russischen Schriftstellern, die ebenfalls geknebelt sind.

Wir glauben, daß in der Welt neben knechtenden, tödlichen Mächten, die die Geschichte verdunkeln, auch überzeugungskräftige, lebenverheißende Mächte am Werk sind, eine gewaltige Bewegung der Emanzipation, deren Name Kultur ist und die gleichzeitig aus freier Schöpfung und aus freier Arbeit hervorgeht. Unsere tägliche Aufgabe, unsere langwierige Berufung besteht darin, mit unseren Werken zu dieser Kultur beizutragen, nicht aber, ihr irgend etwas abzuknappen, und wäre es vorübergehend. Aber unsere stolzeste Aufgabe besteht darin, persönlich und bis zuletzt die Freiheit dieser Kultur, das heißt die Freiheit der Arbeit und der Schöpfung gegen die knechtenden, tödlichen Mächte zu verteidigen, woher sie immer kommen mögen.

Die ungarischen Arbeiter und Intellektuellen, denen wir uns heute mit so viel ohnmächtigem Schmerz verbunden fühlen, haben das erkannt und uns dazu verholfen, es besser zu erkennen. Wenn wir deshalb ihr Unglück teilen, so teilen wir auch ihre Hoffnung. Trotz ihres Elends, ihrer Verbannung, ihrer Ketten haben sie uns ein königliches Erbe vermacht, dessen wir uns würdig erweisen müssen: die Freiheit, die sie nicht gewählt, die sie uns jedoch im Verlauf eines einzigen Tages wiedergeschenkt haben!

DER SOZIALISMUS DER GALGEN

Es gibt Leute, denen die Ereignisse der letzten Monate eine Art Erleuchtung gebracht haben, und andere, denen diese Ereignisse nur die bittere Bestätigung von Gewißheiten bringen, die sie schon besaßen, noch ehe die Brände von Budapest ihnen blendende Deutlichkeit verliehen. In dem hier wiedergegebenen Interview wird man vergeblich nach einer der plötzlichen Sinnesänderungen suchen, die so merkwürdig zum Ruhm einiger weltbekannter Schriftsteller beigetragen haben; denn Albert Camus hatte nicht bis November 1956 gewartet, um anzuklagen, was alle Welt heute anklagt. Im Gegenteil, wer sein Schaffen der Nachkriegsjahre verfolgt hat, sei es in seinen Leitartikeln in ‹Combat› zwischen 1944 und 1947, sei es in seinen Büchern, wird hier eine bereits vertraute Gedankenwelt wiederfinden, eine Einstellung, die sich nicht selbst Lügen strafen mußte, um sich den Wechselfällen der Zeit anzupassen.

Auf eine Umfrage der von Ignazio Silone und Nicola Chiaromonte geleiteten italienischen Zeitschrift ‹Tempo presente› hatte Camus die Antworten abgegeben, die er anschließend für die französischen Leser von ‹Demain› näher ausgeführt hat.

Glauben Sie, daß es heute noch möglich ist, die Sache der Wahrheit mit den Anliegen einer Partei, eines Staates oder irgendeiner Organisation zu verknüpfen und ihnen ein grundsätzliches Vertrauen zu schenken, als könnten sie prinzipiell ihrer Aufgabe nicht untreu werden? Glauben Sie, man könne heute noch in guten Treuen a priori von einem ‹Lager des Friedens› sprechen: Sind Sie nicht vielmehr der Ansicht, daß eine solche Einstellung heute die schlimmste Form von Gewissens-‹Abdankung› darstellt?

Wenn die absolute Wahrheit bei irgend jemand auf Erden zu finden ist, dann ganz bestimmt nicht bei den Leuten oder Parteien, die sie zu besitzen behaupten. Insbesondere wenn es um die historische Wahrheit geht, lügt man desto mehr, je nachdrücklicher man sie für sich beansprucht. Letzten Endes wird man zum Schinder der Wahrheit. Der ungarische Aufstand war zunächst gegen eine allgemein verbreitete Lüge gerichtet. Also war es notwendig, die gegen diese Lüge kämpfenden Männer zu ermorden und sie wenn möglich anschließend, indem man sie Faschisten nannte, durch eine noch größere Lüge zu entehren.

Was nun das Lager des Friedens angeht, wäre es wohl besser, diese Frage den ehemaligen ‹Partisanen des Friedens› vorzulegen, die dem Stockholmer Aufruf zum Verbot der Atomwaffen gefolgt waren und sich heute mit Bulganins Ultimatum abfinden müssen, das England, Frankreich und nebenher auch Israel mit Atomraketen bedroht. Es wäre besser, sie ihnen vorzulegen, da sie es offenbar nicht selber tun.

In Wahrheit besitzt keine Nation das Monopol des Friedens. Nicht einmal die ‹neutralen› Nationen des Ostens, auch das wissen wir jetzt. Die Art, wie sie alle, die arabischen Länder (mit Ausnahme Tunesiens) und vor allem Indien, ja, dieses einst von Gandhi geführte Indien, Ungarn und damit zugleich ihre eigenen Grundsätze verraten haben, stellt sie inskünftig auf eine Stufe mit den anderen Nationen. (Was Algerien betrifft, so hat – zumindest meines Wissens – nur Messali Hadjs MNA gegen die russische Intervention in Ungarn protestiert, ohne auch nur um Haaresbreite von den eigenen Forderungen abzulassen. Ein Protest des FLN ist mir nicht zu Ohren gekommen.)

Die Länder des Bandung-Pakts hätten dazu beitragen können, eine große europäische Nation vor der Knechtschaft und dem Tod zu bewahren. Das wäre eine gewisse Anerkennung und Gegenleistung für die Anstrengungen aller freien Europäer gewesen, die freiwillig für die Sache der Kolonialvölker eingetreten sind. Aber die Bandung-Staaten haben sich sehr schnell zum Realismus bekehrt. In der Geschichte wird man anscheinend rasch erwachsen. Diese neuen Nationen müssen demnach in Zukunft als Erwachsene beurteilt werden, einzig nach ihren Taten, ohne grundsätzliche Sympathie oder Antipathie. Und ihre Haltung gegenüber dem Gemetzel in Ungarn ist unentschuldbar. Die Zukunft wird ohne Zweifel erweisen, daß dieses auf den eigenen Vorteil bedachte

Ausweichen sich nicht bezahlt macht. Die moralische Kraft, die diesen Nationen daraus erwuchs, daß sie bis in jüngste Zeit unterdrückt waren, wurde von ihnen selbst in wenigen Tagen verschleudert.

Sagen wir also, daß es nur mehr oder weniger kriegslustige Nationen gibt. Wenn ich der progressistischen Presse glauben darf, die bisher das Gegenteil dachte oder sagte, scheint Amerika sich in letzter Zeit weniger kriegslustig gebärdet zu haben als Rußland. Aber es bedarf keiner Lehrmeister, um heute festzustellen, daß der Sozialismus ebenso gut wie der Kapitalismus Kriege erzeugen kann. Dazu genügt ein klein wenig Machthunger, und ich kenne kaum eine Nation, der es daran gebräche (ausgenommen vielleicht die Länder ohne Armee, obwohl auch sie ...!). Früher wußte man das nicht, ganz einfach, weil es keinen sozialistischen Staat gab. Jetzt weiß man es. Abdanken ist auf jeden Fall ein zu hochtrabendes Wort, um die Einstellung der Leute zu bezeichnen, die Tauben beharrlich nur im Osten und Geier nur im Westen sehen wollen. Verblendung, Unterwerfungssucht oder nihilistische Bewunderung der Gewalt scheinen mir treffendere Ausdrücke zu sein.

Glauben Sie, daß es trotz der gegenwärtigen Lage weiterhin möglich ist, den Erwägungen politischer Opportunität mehr Gewicht beizumessen als dem Impuls, der uns in erster Linie die Wahrheit der Tatsachen erkennen läßt? Und welches wäre dann Ihrer Ansicht nach das Kriterium einer solchen Opportunität?

Man muß die Opportunität auf ihren Gehalt an Wahrheit prüfen, auf die Lehre, die daraus gezogen werden kann, um das bis dahin als richtig Betrachtete entsprechend zu ändern. Aber man kann ihr auf keinen Fall den Vorrang vor der Suche nach der Wahrheit der Tatsachen zuerkennen. Insbesondere ist es nicht angängig, die Wahrheitsliebe hintanzustellen, wie dies bei den Kommunisten und den Linksintellektuellen in ihrem Gefolge geschieht, denn dieser systematische Relativismus bereitet dem Tod des Geistes und der Unterdrückung des Arbeiters den Weg. Zeitungen und Bücher sind nicht wahr, weil sie revolutionär sind, sondern haben nur dann eine Aussicht, revolutionär zu sein, wenn sie sich bemühen, die Wahrheit zu sagen. Man darf gewiß die Ansicht hegen, daß die Wahrheit schlechthin ein relativer Begriff ist. Aber Tatsachen sind Tatsachen. Und wenn einer sagt, der Himmel sei blau, während er grau ist, prostituiert er die Worte und bereitet der Tyrannei den Weg.

Für eine kommunistische Zeitung besteht die Opportunität vielleicht darin, zu behaupten, außer Kadar, seinen Polizisten und seinen Folterknechten seien alle Ungarn Faschisten. Die Wahrheit der Tatsachen aber sagt aus, daß wir einen Aufstand von Arbeitern, Intellektuellen und Bauern mitangesehen haben, die nationale Unabhängigkeit und individuelle Freiheit verlangten. Klar und deutlich gesagt, liegt der wirkliche Faschismus bei Kadar und Chruschtschow, die die Vernichtung eines Aufstands des Volkes und seiner Räte angeordnet haben.

Ich bekenne, daß ich auch nicht recht einsehen kann, welche Opportunitätserwägung einige unserer aktiven Progressisten dazu getrieben hat, zuerst den russischen Eingriff in Ungarn zu mißbilligen und dann anläßlich ihres Kongresses die Aktionsgemeinschaft mit den französischen Kommunisten zu empfehlen, die doch unablässig die Aufständischen schmähen. Dieser Vorschlag wurde eingebracht, während zur gleichen Zeit in Ungarn immer noch gehängt wurde (erst gestern wieder ein zwanzigjähriges Mädchen) und während ein Sprecher der kommunistischen Partei Frankreichs erklärte, er wäre damit einverstanden, daß die UdSSR unter gleichliegenden Bedingungen Frankreich dieselbe Behandlung zuteil werden ließe wie Ungarn. So viel Dienstfertigkeit wirkt letzten Endes niederschmetternd. Wie denn? Lieben diese kommunistischen und progressistischen Parteigänger die Russen so sehr, obwohl sie sie nie gesehen haben? Nein, aber so sehr hassen sie einen Teil der Franzosen: jene, die sie ihrerseits hinlänglich gehaßt haben, um dem Hitlersieg zu dienen. Wenn Frankreich untergehen muß, dürfen wir gewiß sein, daß es am Gift dieses doppelten Hasses sterben wird.

Was kann der Intellektuelle andernfalls heute tun? Ist es seine Pflicht, sooft sich Gelegenheit bietet, öffentlich und in der ersten Person seine Gefühle und seine Stellungnahme kundzugeben? Oder sind Sie der Meinung, angesichts so schwerwiegender Ereignisse und in Ermangelung gültiger politischer Kräfte bleibe einem nichts anderes übrig, als nach bestem Vermögen seiner eigenen Arbeit nachzugehen?

Es ist besser, wenn der Intellektuelle nicht die ganze Zeit das Wort ergreift. Erstens würde es ihn ermüden und zweitens und hauptsächlich würde es ihn am Nachdenken hindern. Falls er das Zeug dazu hat, ist seine Aufgabe vor allen Dingen das schöpferische Werk, insbesondere wenn sein Schaffen den Problemen seiner Zeit nicht aus dem Weg geht. Aber unter gewissen besonderen Umständen (Spanischer Bürgerkrieg, Verfolgungen und Konzentrationslager unter Stalin, Krieg in Ungarn) ist er verpflichtet, ganz eindeutig Stellung zu nehmen; er muß sich vor allem weigern, der Wirksamkeit seiner Parteinahme durch klüglerische Nuancen oder umsichtige Equilibristenstückchen die Stoßkraft zu rauben, und darf nicht den geringsten Zweifel an seiner persönlichen Entschlossenheit aufkommen lassen, die Freiheit zu verteidigen. Der Zusammenschluß von Intellektuellen kann in gewissen Fällen, und insbesondere wenn die Freiheit des Volkes und des Geistes tödlich bedroht ist, eine Macht darstellen und eine Wirkung ausüben: die ungarischen Intellektuellen haben uns dies eben bewiesen. Indessen müssen wir uns für unseren eigenen Gebrauch im Westen merken, daß das unablässige Unterschreiben von Manifesten und Protesten eines der zuverlässigsten Mittel darstellt, die Wirksamkeit und die Würde des Intellektuellen zu untergraben. Es handelt sich da um eine ständige Erpressung, die wir alle kennen und der nicht nachzugeben wir den oft einsamen Mut aufbringen müssen.

Unter diesem Vorbehalt kann ein Zusammenschluß wünschenswert erscheinen. Aber zu diesem Zweck wäre es notwendig, daß die linksstehenden Intellektuellen, die sich so viele Bären aufbinden ließen und Gefahr laufen, sich weitere aufbinden zu lassen, zuerst einmal die Überlegungen und Ideologien, zu denen sie sich bisher bekannten und deren Verheerungen sie in der jüngsten Geschichte feststellen können, einer kritischen Prüfung unterzögen. Das wird das Schwerste sein. Der Konformismus findet sich heutzutage bei der Linken, das läßt sich nun einmal nicht abstreiten. Es stimmt, daß die Rechte nicht eben ein leuchtendes Vorbild gibt. Aber die Linke ist ausgesprochen dekadent, gefangen in Worten, nur noch stereotyper Antworten fähig, sie klebt auf der Leimrute der Formeln und versagt unablässig angesichts der Wahrheit, von der sie doch ihre Gesetze herzuleiten behauptet. Die Linke ist schizophren und muß Heilung suchen – in unerbittlicher Kritik, Übung des Herzens, Festigkeit der Überlegung, und auch in ein wenig Bescheidenheit. Solange diese Revisionsarbeit nicht auf breiter Basis begonnen hat, ist jeder Zusammenschluß zwecklos und sogar schädlich. Bis dahin hat der Intellektuelle die Pflicht, zu sagen, daß der König nackt ist, wenn er es tatsächlich ist, und sich nicht in begeisterten Beschreibungen seiner eingebildeten Gewänder zu ergehen.

Um indessen doch einen konstruktiven Beitrag zu leisten, möchte ich als eine der Vorbedingungen einer zukünftigen Vereinigung das vorbehaltlose Bekenntnis zu folgendem Grundsatz vorschlagen: keines der Übel, die der Totalitarismus (in erster Linie gekennzeichnet durch die Einheitspartei und die Abschaffung jeglicher Opposition) zu beheben vorgibt, ist schlimmer als der Totalitarismus selber.

Schließlich glaube ich (wie man sagt: ich glaube an Gott, den Schöpfer des Himmels und der Erde), daß die Freiheit und die freie Gegenüberstellung der Verschiedenheiten die unerläßliche Bedingung intellektueller Schöpfung und historischer Gerechtigkeit bilden. Ohne Freiheit keine Kunst; die Kunst lebt nur von den Beschränkungen, die sie sich selbst auferlegt, an den anderen geht sie zugrunde. Aber ohne Freiheit auch kein Sozialismus, es sei denn der Sozialismus der Galgen.

Der Künstler und seine Zeit

DIE WETTE UNSERER GENERATION

Der Begriff des ‹L'art pour l'art› ist ein Problem, das Sie offensichtlich nicht beschäftigt, so wenig wie der Begriff ‹Engagement›, der in letzter Zeit Mode geworden ist. In seinem jetzigen Sinn aufgefaßt, bedeutet Engagement, daß man seine Kunst in den Dienst einer Politik stellt. Mir scheint, es gebe etwas Wichtigeres, etwas, das Ihrem Werk seinen besonderen Charakter verleiht und das man die Einfügung des Werks in seine Zeit nennen könnte. Habe ich recht? Und wie wäre in dem Fall diese Einfügung zu definieren?

Einfügung in die Zeit – der Ausdruck ist nicht schlecht. Aber im Grunde genommen kennzeichnet er jedes literarische Schaffen. Jeder Schriftsteller versucht, den Leidenschaften seiner Zeit Gestalt zu geben. Gestern war es die Liebe. Heute zerreißen die großen Leidenschaften Einheit und Freiheit die Welt. Gestern wurde die Liebe mit dem Tod des einzelnen bezahlt. Heute bedrohen uns die kollektiven Leidenschaften mit der allgemeinen Vernichtung. Heute wie gestern will die Kunst dem Tod ein lebendiges Bild unserer Leidenschaften und unseres Elends entreißen.

Vielleicht sind die Schwierigkeiten heute größer. Man kann sich von Zeit zu Zeit verlieben. Eigentlich genügt ein einziges Mal. Aber der Kampf für eine Sache ist keine Freizeitbeschäftigung. Und so läuft der Künstler in unserem Jahrhundert Gefahr, wirklichkeitsfremd zu sein, wenn er in seinem Elfenbeinturm verharrt, oder unfruchtbar, wenn er unaufhörlich in der politischen Arena herumgaloppiert. Zwischen diesen beiden Haltungen liegen indessen die mühevollen Wege der wahrhaften Kunst. Mir scheint, der Schriftsteller müsse mit den Tragödien seiner Zeit vertraut sein und jedesmal Partei ergreifen, wenn er es kann und versteht. Er muß aber auch von Zeit zu Zeit einen gewissen Abstand zu unserer Geschichte bewahren oder schaffen. Jedes Werk setzt einen Inhalt an Wirklichkeit voraus und einen Schöpfer, der die Form gestaltet. So muß der Künstler, wenn er das Unglück seiner Zeit teilen soll, sich auch davon losreißen, um es zu betrachten und zu gestalten. Dieses ständige Hin und Her, diese Spannung, die in Tat und Wahrheit je länger desto gefährlicher wird – darin besteht die Aufgabe des Künstlers von heute. Vielleicht bedeutet es, daß es in absehbarer Zeit keine Künstler mehr gibt. Aber vielleicht auch nicht. Das ist eine Frage der Zeit, der Kraft, der Meisterschaft und auch des Glücks.

So sollte es wenigstens sein. Die tatsächliche Wahrheit unserer Tage ist weniger erhebend. Wenn mich mein Gefühl nicht trügt, besagt diese Wahrheit, daß der Künstler sich heute durch die Nacht tastet, im gleichen Schritt wie der Mann von der Straße, unfähig, sich vom Unglück der Welt zu lösen, und doch brennend nach Einsamkeit und Stille verlangend, von Gerechtigkeit träumend und selber eine Quelle der Ungerechtigkeit, und daß er einen Karren zu schleppen glaubt, der größer ist als er und von dem er in Wirklichkeit nachgeschleppt wird. In diesem zermürbenden Abenteuer muß der Künstler unweigerlich bei den anderen Hilfe suchen, und wie die anderen wird er das Vergnügen, das Vergessen, aber auch die Freundschaft und die Bewunderung zu Hilfe ziehen. Und wie die anderen sucht er Zuflucht in der Hoffnung. Ich selber habe meine Hoffnung immer aus dem Wort, aus dem Begriff der Fruchtbarkeit geschöpft. Wie viele Menschen von heute bin ich der Kritik, des Mäkelns, der Bosheit, mit einem Wort des Nihilismus müde. Was zu verurteilen ist, soll verurteilt werden, aber kurz und bündig. Was hingegen noch gelobt zu werden verdient, sollte ausführlich gelobt werden. Schließlich bin ich ja darum Künstler, denn selbst das Werk, das verneint, bejaht noch etwas und ehrt das armselige und herrliche Leben, unser Leben.

Wenn man spricht wie Sie, spricht man nicht nur für sich, sondern notgedrungen auch für die anderen. Und man spricht für etwas, das heißt im Namen und zugunsten der Menschen, für die diese Werte etwas bedeuten. Welches sind diese Menschen, welches sind diese Werte?

In erster Linie fühle ich mich dem Menschen des Alltags verbunden. Morgen kann die ganze Welt in Scherben gehen. Diese über unseren Köpfen schwebende Drohung enthält eine Lektion der Wahrheit. An der Zukunft gemessen werden die Rangordnungen, die Titel und Ehren wieder zu dem, was sie wirklich sind: Dunst, der verweht. Und die einzige Gewißheit, die uns verbleibt, ist die des nackten, allen gemeinsamen Schmerzes, der seine Wurzeln mit denen einer hartnäckigen Hoffnung verschlingt.

In den Kämpfen unserer Zeit habe ich mich immer mit den Hartnäckigen solidarisch gefühlt, insbesondere mit jenen, die es nie vermochten, an einer gewissen Ehre zu verzweifeln. Ich teilte und teile manch einen Wahn meiner Zeitgenossen. Aber ich habe mich nie entschließen können, wie so viele andere, auf das Wort Ehre zu spucken. Zweifellos, weil ich mir meiner menschlichen Schwächen und meiner Ungerechtigkeit bewußt war und bin, weil ich instinktiv wußte und weiß, daß die Ehre (wie das Mitleid) jene unvernünftige Tugend ist, die an die Stelle der machtlos gewordenen Gerechtigkeit und Vernunft tritt. Der Mensch, den sein Blut, seine Torheiten, sein gebrechliches Herz den allgemein verbreiteten Schwächen ausliefern, muß wohl bei irgend etwas Halt suchen, um sich und infolgedessen die Mitmenschen achten zu können. Darum verabscheue ich eine gewisse selbstzufriedene Tugendhaftigkeit; ich verabscheue die gräßliche Moral der Welt, und zwar weil sie, genau wie der unbedingte Zynismus, die Menschen schließlich zur Verzweiflung treibt und daran hindert, ihr eigenes Leben mit seiner ganzen Last an Fehlern und Größe auf sich zu nehmen.

Das Ziel der Kunst, das Ziel eines Lebens kann nur darin bestehen, die Summe von Freiheit und Verantwortung, die in jedem Menschen und in der Welt liegt, zu vergrößern. Es kann unter keinen Umständen darin bestehen, diese Freiheit selbst vorübergehend zu vermindern oder aufzuheben. Es gibt Werke, die den Menschen beugen und ihn zu irgendwelchen äußerlichen Richtlinien bekehren wollen. Andere wieder wollen ihn dem Schlimmsten in ihm, dem Terror oder dem Haß, dienstbar machen. Für mich sind diese Werke wertlos. Kein großes Werk ist je auf den Haß oder die Verachtung gegründet worden. Im Gegenteil, es gibt kein einziges echtes Kunstwerk, das nicht am Schluß die innere Freiheit eines jeden, der es kannte und liebte, vergrößert hätte. Ja, für diese Freiheit spreche ich, und sie hilft mir zu leben. Das Werk eines Künstlers kann geglückt oder verfehlt sein, sein Leben kann geglückt oder verfehlt sein. Aber wenn er sich am Ende seines langen Bemühens sagen kann, er habe das Gewicht der auf den Menschen lastenden Ketten erleichtert oder vermindert, dann ist er in gewissem Maße gerechtfertigt, dann kann er in gewissem Maße sich selber vergeben.

Am Anfang eines jeden Werks steht eine Erfahrung. Es kann sich um eine kurze, heftige Erfahrung, einen Schock handeln, aber auch um eine sich über Jahre erstreckende Erfahrung, gewöhnlich die der Kindheit und Jugend. Bei Ihnen standen zuerst das Mittelmeer und die Armut im Vordergrund. Aber zur Zeit der Reife beeinflussen und färben andere Erlebnisse die ersten Eindrücke. Bei Ihnen war es der Krieg, der Widerstand. Waren die letzten Jahre nicht ebenfalls die Quelle einer neuen Erfahrung? In welchem Sinn haben sie Ihnen etwas gebracht und was?

Ja, da war die Sonne und die Armut. Dann der Sport, bei dem ich meinen einzigen echten ethischen Unterricht genossen habe. Dann der Krieg und der Widerstand. In diesem Zusammenhang muß die Versuchung des Hasses erwähnt werden. Zu sehen, wie Menschen getötet werden, die man liebt, ist keine Schule der Großmut. Diese Versuchung mußte überwunden werden. Ich habe es getan. Das ist eine Erfahrung, die zählt.

Die Jahre nach der Befreiung sind für mich hauptsächlich durch die Erfahrung eines einsamen Kampfes gekennzeichnet. Ich besaß natürlich Freunde, gütige, großzügige Freunde, so daß der bloße Gedanke an sie mir heute noch das Herz erwärmt. Aber die Entscheidungen, die für mich am wichtigsten waren – zum Beispiel ‹*Mensch in der Revolte*› zu schreiben –, mußte ich allein treffen, und das war schwer. Was folgte, ebenfalls. Aber gleichzeitig ist die Geschichte weitergegangen. Ostberlin, Posen, Budapest ... Ein gewaltiger Mythos stürzte ein. Eine gewisse, lange verschleierte Wahrheit hat sich den Augen der Welt plötzlich enthüllt. Und wenn auch die Gegenwart immer noch blutig, die Zukunft immer noch düster ist, so wissen wir wenigstens, daß die Zeit der Ideologien vorbei ist und daß die Tugend des Widerstands und der Wert der Freiheit uns wieder einen Grund zum Leben schenken.

Das ist alles. Hinzuzufügen wären natürlich die rein persönlichen Erfahrungen.

Wir haben von der Einfügung eines Werks in die Zeit gesprochen. Es gehört aber auch in eine gewissermaßen geographische Gedankenströmung. Mir scheint, von Ihrem Werk könne man wie von dem einiger anderer zeitgenössischer Schriftsteller sa-

gen – und ich denke insbesondere an Silone und Ortega y Gasset –, es gehöre zu Europa. Sind Sie sich dessen bewußt und erscheint Ihnen dieses Europa des Geistes als Wirklichkeit?

Ja, ich bin mir dieses Europa bewußt und glaube, daß es unsere politische Zukunft vorwegnimmt. Ich glaube das um so mehr, als ich mich stärker als Franzose fühle. Niemand hängt inniger an seiner algerischen Provinz als ich, und doch fällt es mir nicht schwer, mich der französischen Tradition zugehörig zu fühlen. Ich habe also mit der Selbstverständlichkeit, mit der man atmen lernt, die Erfahrung gemacht, daß die Liebe zur engeren Heimat sich weiten kann, ohne zugrunde zu gehen. Und schließlich fühle ich mich als Europäer, weil ich mein Land liebe. Nehmen wir zum Beispiel Ortega y Gasset, den Sie zu Recht erwähnt haben. Er ist vielleicht nach Nietzsche der größte europäische Schriftsteller, und doch dürfte es schwerfallen, spanischer zu sein als er. Und wenn ich mich zu Silone hingezogen fühle, der zu ganz Europa spricht, so deshalb, weil er gleichzeitig unglaublich tief in seiner nationalen und sogar provinziellen Tradition verwurzelt ist.

Einheit und Vielfalt, und nie die eine ohne die andere – ist nicht gerade das die Formel unseres Europa? Es hat sich von seinen Widersprüchen genährt, sich an seinen Verschiedenheiten bereichert und durch ihre ständige Überwindung eine Kultur geschaffen, von der die ganze Welt zehrt, selbst wenn sie sie verwirft. Darum glaube ich nicht an ein unter dem Druck einer Ideologie oder einer technischen Religion geeintes Europa, dessen Verschiedenheiten nicht berücksichtigt würden. So wenig wie ich an eine Europa glaube, das einzig seinen Verschiedenheiten ausgeliefert wäre, das heißt einer Anarchie feindlicher Nationalgefühle.

Wenn Europa nicht durch das Feuer vernichtet wird, dann ist seine Entstehung gewiß. Und Rußland wird sich seinerseits dazugesellen, mit seiner Eigenart. Herr Chruschtschow wird es nicht fertigbringen, mich vergessen zu lassen, was uns mit Tolstoi, Dostojewskij und ihrem Volk verbindet. Aber diese Zukunft wird vom Krieg bedroht. Noch einmal geht es hier um eine Wette. Nur ist es eine der wenigen, die einzugehen sich lohnt.

Sie sind ein französischer Schriftsteller aus Algerien. Das haben Sie beim Empfang des Nobelpreises sogar ausdrücklich betont. Aber wenn Sie sich als Algerienfranzose fühlen, meinen Sie das sicher nicht im Gegensatz zu den Algeriern, die nicht französischer Abstammung sind. Albert Camus, Algerienfranzose – will das nicht heißen, daß Sie mit allen Algeriern solidarisch sind? Wie ist das möglich und auf welche Weise gehört Algerien zu diesem Europa des Geistes, zu dem Sie sich so bewußt bekennen?

Meine Rolle in Algerien bestand und besteht niemals darin, zu entzweien, sondern nach meinen besten Kräften zu einen. Ich fühle mich mit all denen solidarisch, ob Franzosen oder Araber, die heute am Unglück meines Landes leiden. Aber ich kann nicht allein heilen, was so viele Menschen beharrlich zerstören. Ich habe getan, was ich konnte. Und ich werde es von neuem tun, wenn sich wieder eine Aussicht bietet, beim Wiederaufbau eines von allem Haß und allem Rassenwahn befreiten Algerien mitzuhelfen. Aber um mich auf das Thema zu beschränken, das uns hier beschäftigt, will ich nur daran erinnern, daß wir einzig dank eines großzügigen Austausches und einer wahren Solidarität eine Gemeinschaft algerischer – französischer und arabischer – Schriftsteller geschaffen haben. Diese Gemeinschaft ist vorläufig gespalten. Aber Männer wie Feraoun, Mammeri, Chraïbi, Dib und so manche andere haben ihren Platz unter den europäischen Schriftstellern eingenommen. Wie immer die Zukunft aussehen mag und so trostlos sie mir erscheint, ich bin sicher, daß das nicht in Vergessenheit geraten kann.

Als Sie vom französischen Denken sprachen, haben Sie mehrmals das Wort Neugeburt gebraucht. Nicht nur wünschen Sie sie herbei, sondern es scheint auch, daß Sie da und dort ihre ersten Anzeichen wahrnehmen. Welche Gestalt kann diese Neugeburt annehmen? Welches sind ihre Anzeichen?

Der Wechsel der Generationen, der auf allen Gebieten zu beobachten ist, stellt ein erstes Zeichen dar. Die besondere Beschaffenheit der neuen Generation ist ein zweites, und ein drittes die stets weiter verbreitete Ablehnung der Parolen und der Ideologien, die Rückkehr zu weniger anmaßenden und weniger abstrakten Werten.

Europa (und Frankreich mit ihm) hat fünfzig Jahre Nihilismus noch nicht überwunden. Aber sobald die Ablehnung der Mystifikationen, auf denen dieser Nihilismus beruht, um sich greift, darf man hoffen. Es stellt sich nur die Frage, ob wir der Atomrakete zuvorkommen. Und leider vollzieht sich die Reifung des Geistes nicht mit der Fluggeschwindigkeit der interkontinentalen Geschosse. Aber da der Atomkrieg jede Zukunft ihres Sinnes beraubte, verleiht er uns im Grunde genommen eine gewisse Handlungsfreiheit. Wir haben nichts zu verlieren oder alles. Darum wollen wir vorwärts gehen. Das ist die Wette unserer Generation. Wenn wir scheitern sollten, ist es auf alle Fälle besser, sich auf die Seite derer gestellt zu haben, die leben wollen, und nicht auf die Seite derer, die vernichten.

In Ihrem ganzen Werk bestehen nebeneinander der philosophische Pessimismus und trotz allem zwar nicht Optimismus, wohl aber eine Art Zuversicht. Vertrauen zum Geist eher als zum Menschen, zur Natur eher als zum Weltall, zur Tat eher als zu ihren Ergebnissen. Glauben Sie, daß diese Haltung – die Einstellung des Menschen in der Revolte, wobei der Wert der Revolte die Sinnlosigkeit der Welt ausgleicht – der Mehrzahl der Menschen eigen werden kann, oder ist sie dazu verurteilt, das Vorrecht einer kleinen Zahl Einsichtiger zu bleiben?

Ist diese Haltung wirklich so ausgefallen? Leben die bedrohten und hartnäckigen Menschen von heute nicht nach diesen Einsichten? Man erstickt und lebt weiter, man glaubt vor Kummer zu sterben, und das Leben triumphiert. Das Gesicht der Menschen unserer Zeit, der Menschen, denen man auf der Straße begegnet, ist ein wissendes Gesicht. Nur daß in einigen der Mut heller leuchtet. Übrigens haben wir gar keine Wahl. Entweder das oder der Nihilismus. Wenn unsere Gesellschaft sich in den totalitären oder bürgerlichen Nihilismus stürzt, dann werden die Menschen, die nicht nachzugeben gewillt sind, sich ausgeschlossen sehen und sich damit abfinden müssen. Aber sie müssen, jeder an seinen Platz und nach seinen Kräften, alles tun, damit für alle das Leben mit allen wieder möglich wird.

Ich persönlich habe nie gewünscht, mich ausgeschlossen zu sehen. Es gibt für den Menschen von heute eine Art Einsamkeit, die sicher das Härteste ist, was die Zeit über uns verhängen kann. Ich fühle ihr Gewicht, glauben Sie mir. Aber trotzdem möchte ich in keiner anderen Zeit leben, denn ich kenne und achte auch ihre

Größe. Und zudem war ich immer überzeugt, daß sich in der größten Gefahr auch die größte Hoffnung findet.

Man kann heute nicht umhin, gewisse Themen anzuschneiden. Das schwerwiegendste legt allen Menschen folgende Frage vor: Muß man in den Kämpfen, die heute die Welt entzweien, wirklich bereit sein, stillschweigend zu übergehen, was bei den einen schlecht ist, um bei den anderen das noch Schlechtere zu bekämpfen?

Ehe Richard Hillary im letzten Krieg fiel, prägte er einen Satz, der dieses Dilemma zusammenfaßt und ausdrückt: «Wir bekämpfen eine Lüge im Namen einer halben Wahrheit.» Er vermeinte damit einen sehr pessimistischen Gedanken auszusprechen. Aber es kann sogar vorkommen, daß man eine Lüge im Namen einer Viertelswahrheit bekämpfen muß. In dieser Lage befinden wir uns gegenwärtig. Nur daß die Viertelswahrheit, die in der westlichen Gesellschaft enthalten ist, den Namen Freiheit trägt. Und die Freiheit ist der Weg, der einzige Weg zur Vervollkommnung. Ohne Freiheit kann man die Schwerindustrie vervollkommnen, nicht aber die Gerechtigkeit oder die Wahrheit. Die jüngste Geschichte, von Berlin bis Budapest, sollte uns davon überzeugen. Das sind jedenfalls die Gründe meiner Wahl. Ich habe früher schon gesagt, daß keines der Übel, die der Totalitarismus zu beheben behauptet, schlimmer ist als der Totalitarismus selber. Ich habe meine Meinung nicht geändert. Im Gegenteil. Nach zwanzig Jahren unserer schweren Geschichte, während deren ich versuchte, keiner ihrer Erfahrungen auszuweichen, erscheint mir die Freiheit schließlich für die Gesellschaft wie für das Individuum, für die Arbeit wie für die Kultur, als das höchste Gut, ohne das kein anderes bestehen kann.

REDE ANLÄSSLICH DER ENTGEGENNAHME DES NOBELPREISES AM 10. DEZEMBER 1957 IN STOCKHOLM

Die Ehre, die Ihre freie Akademie mir mit ihrem Preis zuteil werden läßt, hat in mir ein um so tieferes Gefühl der Dankbarkeit geweckt, als ich ermesse, wie sehr diese Auszeichnung meine persönlichen Verdienste übersteigt. Jeder Mensch und erst recht jeder Künstler hegt den Wunsch, anerkannt zu werden. So auch ich. Und doch – als ich von Ihrem Entscheid erfuhr, konnte ich nicht umhin, seine Tragweite mit dem zu vergleichen, was ich wirklich bin. Wie hätte ein verhältnismäßig junger Mann, dessen einziger Reichtum in seinen Zweifeln und seinem noch im Werden begriffenen Werk besteht, der gewohnt ist, in der Einsamkeit der Arbeit oder der Zurückgezogenheit der Freundschaft zu leben, wie hätte er nicht mit einer Art Panik den Spruch vernehmen sollen, der ihn, allein und nur auf sich gestellt, mit einem Schlag in den Brennpunkt eines grellen Lichtes rückt? Und wie mußte ihm bei dieser Ehrung zumute sein, zu einer Zeit, da in Europa andere, zu den Größten zählende Schriftsteller zum Schweigen verurteilt sind, und da seine Heimaterde von nicht endenwollendem Unglück betroffen ist?

Diese Ratlosigkeit und dieser innere Zwiespalt haben mich bedrängt. Um den Frieden zurückzugewinnen, mußte ich, kurz gesagt, danach trachten, mit einem allzu großzügigen Los ins reine zu kommen. Und da ich mich seiner nicht ebenbürtig erweisen konnte, indem ich mich allein auf meine Verdienste stützte, war ich darauf angewiesen, einzig bei dem Hilfe zu suchen, was mir mein ganzes Leben lang und in allen Widrigkeiten Kraft geschenkt hat: der Vorstellung nämlich, die ich mir von meiner Kunst und von der Aufgabe des Schriftstellers mache. Erlauben Sie mir, Ihnen in Dankbarkeit und Freundschaft, so schlicht ich es vermag, zu sagen, welcher Art diese Vorstellung ist.

Ich für mein Teil kann ohne meine Kunst nicht leben. Aber ich habe diese Kunst nie höher gestellt als alles übrige. Ich bedarf ihrer vielmehr notwendig, weil sie sich von niemand absondert und mir erlaubt, so wie ich bin, auf der allen Menschen gemeinsamen Ebene zu leben. Die Kunst ist in meinen Augen kein einsiedlerisches Vergnügen. Sie ist ein Mittel, die größtmögliche Zahl von Menschen anzurühren, indem sie ihnen ein beispielhaftes Bild der gemeinsamen Leiden und Freuden vorhält. Sie verlangt also vom Künstler, sich nicht abzukapseln; sie unterwirft ihn der bescheidensten und zugleich allumfassendsten Wahrheit. Und wer, wie es hie und da vorkommt, sein Künstlerschicksal gewählt hat, weil er sich anders fühlte, merkt bald, daß er seiner Kunst und seiner Andersartigkeit nur Nahrung bieten kann, indem er seine Ähnlichkeit bekennt. In diesem ständigen Hin und Her zwischen sich und den anderen, auf halbem Wege zwischen der Schönheit, der er nicht entraten kann, und der Gemeinschaft, der er sich nicht zu entziehen vermag, bildet sich der Künstler. Darum betrachten die wahren Künstler nichts mit Verachtung; sie fühlen sich verpflichtet, zu verstehen, nicht zu richten. Und wenn sie in der Welt Stellung zu beziehen haben, so können sie sich nur für eine Gesellschaft entscheiden, in der nach Nietzsches großem Wort nicht mehr der Richter herrschen wird, sondern der Schaffende, sei er nun Arbeiter oder Intellektueller.

Gleichzeitig läßt die Aufgabe des Schriftstellers sich nicht von schwierigen Pflichten trennen. Seiner Bestimmung gemäß kann er sich heute nicht in den Dienst derer stellen, die Geschichte machen: er steht im Dienste derer, die sie erleiden. Andernfalls sieht er sich allein und seiner Kunst beraubt. Alle Armeen der Tyrannei mit ihren Millionen von Menschen werden ihn der Einsamkeit nicht entreißen, sogar und vor allem, wenn er einwilligt, sich ihrem Schritt anzupassen. Aber das Schweigen eines unbekannten, am anderen Ende der Welt der Demütigung preisgegebenen Gefangenen genügt, um den Schriftsteller aus dem Exil zu erlösen, jedesmal zumindest, da es ihm gelingt, über den ihm gewährten Vorrechten der Freiheit dieses Schweigen nicht zu vergessen und es aufzunehmen, um ihm durch die Mittel der Kunst Widerhall zu verleihen.

Keiner von uns ist groß genug für eine solche Sendung. Aber in allen Lagen seines Lebens kann der Schriftsteller, mag er nun unbekannt oder vorübergehend berühmt, von der Tyrannei in Ketten geschlagen oder vorläufig des freien Ausdrucks teilhaftig sein, das Gefühl einer lebendigen Gemeinschaft wiederfinden, die ihn rechtfertigen wird unter der einen Bedingung, daß er, so gut er es vermag, den doppelten Auftrag auf sich nimmt, der die Größe seines Berufs ausmacht: den Dienst an der Wahrheit und den Dienst an der Freiheit. Da seine Berufung von ihm fordert, die größtmögliche Zahl von Menschen zu verbinden, kann sie sich nicht in Lüge und Knechtschaft schicken, die, wo immer sie herrschen, zahllose Menschen der Einsamkeit überantworten. Welches auch unsere persönlichen Unzulänglichkeiten sein mögen, der Adel unseres Berufs wird stets in zwei schwer zu haltenden Verpflichtungen wurzeln: der Weigerung, wider besseres Wissen zu lügen, und dem Widerstand gegen die Unterdrückung.

Wie alle Menschen meines Alters während über zwanzig Jahren in einer dem Wahnsinn verfallenen Epoche hilflos den krampfartigen Erschütterungen der Zeit preisgegeben, habe ich so in dem dunklen Gefühl Kraft gefunden, daß das Schreiben heute eine Ehre darstellt, weil diese Handlung verpflichtet, und zwar zu mehr als zum Schreiben. Insbesondere verpflichtete sie mich dazu, so wie ich war und nach besten Kräften all den Menschen, die die gleichen geschichtlichen Ereignisse erlebten, die uns gemeinsame Drangsal und Hoffnung tragen zu helfen. Diese zu Beginn des Ersten Weltkriegs geborenen Menschen, die eben zwanzig geworden waren, als zur gleichen Zeit das Hitler-Regime und die Tage der ersten Revolutionsprozesse anbrachen, die sich dann zur Vervollständigung ihrer Erziehung dem Spanischen Bürgerkrieg, dem Zweiten Weltkrieg, den Konzentrationslagern, dem Torturen und Gefängnissen anheimgefallenen Europa gegenübergestellt sahen, müssen heute ihre Söhne und ihre Werke in einer Welt heranbilden, die von der Zerstörung durch Atomwaffen bedroht ist. Ich denke, daß niemand von ihnen verlangen kann, optimistisch zu sein. Und ich bin sogar der Ansicht, daß wir den Irrtum derer, die in übersteigerter Verzweiflung das Recht auf Unehre forderten und sich allen herrschenden Formen des Nihilismus verschrieben, verstehen müssen, ohne indessen aufzuhören, sie zu bekämpfen. Immerhin haben in meinem eigenen Land wie im übrigen Europa die meisten unter uns diesen Nihilismus von sich gewiesen und sich auf die Suche nach einer Legitimität gemacht. Sie waren gezwungen, sich eine Lebenskunst für Katastrophenzeiten zu schmieden, um ein zweites Mal geboren zu werden und dann mit offenem Visier gegen das instinktive Todesverlangen anzukämpfen, das in unserer Geschichte am Werk ist.

Jede Generation sieht zweifellos ihre Aufgabe darin, die Welt neu zu erbauen. Meine Generation jedoch weiß, daß sie sie nicht neu erbauen wird. Aber vielleicht fällt ihr eine noch größere Aufgabe zu. Sie besteht darin, den Zerfall der Welt zu verhindern. Als

Erbin einer morschen Geschichte, in der verkommene Revolutionen, tollgewordene Technik, tote Götter und ausgelaugte Ideologien sich vermengen, in der Mächte ohne Größe heute wohl alles zu zerstören, aber niemand mehr zu überzeugen vermögen, in der die Intelligenz sich so weit erniedrigt, dem Haß und der Unterdrückung zu dienen, sah diese Generation sich vor die Aufgabe gestellt, einzig von ihrer Ablehnung ausgehend, in sich und um sich ein weniges von dem, was die Würde des Lebens und des Sterbens ausmacht, wiederherzustellen. Angesichts einer von Auflösung bedrohten Welt, in der unsere Großinquisitoren Gefahr laufen, auf immer das Reich des Todes aufzurichten, ist sie sich bewußt, daß sie in einer Art gehetztem Wettlauf mit der Zeit einen nicht in Knechtschaft gründenden Frieden unter den Völkern wiederherstellen, Arbeit und Kultur wieder versöhnen und im Verein mit allen Menschen einen neuen Bund schaffen sollte. Es ist nicht sicher, ob sie diese gewaltige Aufgabe jemals wird erfüllen können; sicher ist jedoch, daß sie überall in der Welt bereits den zwiefachen Einsatz auf Wahrheit und Freiheit gewagt hat und gegebenenfalls ohne Haß dazu zu sterben weiß. Dieser Generation, wo immer sie sich befindet, und vor allem dort, wo sie sich zum Opfer bringt, gebührt Gruß und Zuspruch. Auf sie möchte ich jedenfalls, Ihres tiefinneren Einverständnisses gewiß, die Ehre übertragen, die Sie mir heute zuteil werden lassen.

Indem ich den Adel des Schriftstellerberufs verdeutlichte, hätte ich somit gleichzeitig den Schriftsteller wieder an den ihm wahrhaft zukommenden Platz gestellt, einzig mit den Ehrentiteln versehen, die er mit seinen Kampfgefährten teilt, verwundbar, doch unnachgiebig, ungerecht, doch leidenschaftlich nach Gerechtigkeit verlangend, sein Werk ohne Scham noch Hoffart vor aller Augen aufbauend, unablässig hin und her gerissen zwischen Schmerz und Schönheit, und endlich dazu bestimmt, aus seinem doppelten Wesen die Schöpfungen hervorzubringen, die er in der zerstörerischen Bewegung der Geschichte beharrlich aufzurichten sucht. Wer könnte nach alldem fixfertige Lösungen und erbauliche Morallehre von ihm erwarten? Die Wahrheit ist geheimnisvoll, ungreifbar, und muß stets neu erobert werden. Die Freiheit ist gefährlich, ihr zu leben ist ebenso hart wie berauschend. Diesen beiden Zielen müssen wir entgegengehen, mühselig, doch entschlossen, unseres zeitweiligen Schwachwerdens auf einem so weiten Wege von vornherein gewiß. Welcher Schriftsteller könnte es da wagen, sich mit gutem Gewissen zum Tugendprediger aufzuwerfen? Was aber mich selber betrifft, so muß ich erneut festhalten, daß ich das alles nicht bin. Ich habe nie vermocht, auf das Licht zu verzichten, das Glück des Seins, das freie Leben, in dem ich aufgewachsen bin. Aber obwohl manche unter meinen Irrtümern und Fehlern sich aus diesem Sehnen erklären, hat es mir doch unzweifelhaft geholfen, meinen Beruf besser zu erfassen, und hilft mir noch heute, blindlings bei all den schweigenden, über die Welt verstreuten Menschen zu stehen, die das ihnen bereitete Leben nur in der Erinnerung oder der Wiederkehr flüchtiger, freier Augenblicke des Glücks ertragen.

So auf das beschränkt, was ich wirklich bin, auf meine Grenzen, meine Schulden wie auch meinen schwierigen Glauben, fühle ich mich schließlich freier, um Ihnen die Tragweite und die Großzügigkeit der Auszeichnung vor Augen zu führen, die Sie mir gewähren, freier auch, um Ihnen zu sagen, daß ich sie als Ehrung all der Menschen annehmen möchte, die in demselben Kampf stehen und deswegen doch keinerlei Lohn empfangen, sondern vielmehr Unglück und Verfolgung erfahren.

Dann bleibt mir nur, Ihnen aus tiefstem Herzen zu danken und Ihnen zum Zeichen meiner Dankbarkeit in aller Öffentlichkeit das alte, sich stets gleichbleibende Versprechen der Treue abzugeben, das jeder wahre Künstler sich jeden Tag in der Stille selbst abgibt.

DER KÜNSTLER UND SEINE ZEIT

Am 14. Dezember 1957 in der Aula der Universität Uppsala gehaltener Vortrag

Ein orientalischer Weiser pflegte um die Gnade zu beten, die Gottheit möge ihm ersparen, in einer interessanten Zeit zu leben. Da wir keine Weisen sind, hat die Gottheit uns dies nicht erspart, und wir leben in einer interessanten Zeit. Jedenfalls erlaubt sie nicht, daß wir ihr unser Interesse versagen. Die Schriftsteller von heute wissen ein Lied davon zu singen. Wenn sie sprechen, werden sie kritisiert und angegriffen. Wenn sie bescheiden werden und schweigen, wird man nur noch von ihrem Schweigen sprechen und es ihnen geräuschvoll zum Vorwurf machen.

Inmitten dieses Tumults kann der Schriftsteller nicht mehr hoffen, sich abseits zu halten, um den Überlegungen und Bildern nachzuhängen, die ihm teuer sind. Bis jetzt war in der Geschichte ein Sichfernhalten immer mehr oder weniger möglich. Wer nicht billigte, konnte oft schweigen oder von etwas anderem sprechen. Heute ist das alles anders, und selbst Schweigen bekommt einen gefährlichen Sinn. Vom Augenblick an, da die Stimmenthaltung selber als eine Entscheidung angesehen und als solche bestraft oder gelobt wird, sieht sich der Künstler auf die Galeere verfrachtet, ob er es will oder nicht. Verfrachtet scheint mir hier richtiger als engagiert. Denn es handelt sich für den Künstler nicht um eine freiwillige Verpflichtung, sondern viel eher um einen Dienstzwang. Jeder Künstler ist heutzutage auf die Galeere seiner Zeit verfrachtet. Er muß sich damit abfinden, selbst wenn er der Ansicht ist, diese Galeere rieche nach Hering, die Aufseher seien zu zahlreich und außerdem werde ein schlechter Kurs gesteuert. Wir befinden uns auf hoher See. Der Künstler muß sich wie die anderen ans Ruder setzen, wenn möglich, ohne über Bord zu gehen, das heißt er muß fortfahren, zu leben und zu schaffen.

In Tat und Wahrheit ist das nicht leicht, und ich begreife, daß die Künstler ihrer früheren Behaglichkeit nachtrauern. Der Wechsel ist ein bißchen jäh. Gewiß hat es im Zirkus der Geschichte immer Märtyrer und Löwen gegeben. Die ersteren nährten sich von den Tröstungen der Ewigkeit, die letzteren von schön blutigem, historischem Fleisch. Aber der Künstler saß bisher auf der Zuschauerbank. Er sang zum Vergnügen, für sich selber oder im besten Fall, um den Märtyrer zu ermutigen und den Löwen ein wenig von seinem Heißhunger abzulenken. Jetzt dagegen befindet der Künstler sich in der Arena. Und selbstverständlich tönt seine Stimme verändert – sie ist bedeutend unsicherer geworden.

Es ist leicht zu sehen, was die Kunst infolge dieser ständigen Verpflichtung alles verlieren kann. Zunächst die Unbeschwertheit und jene göttliche Freiheit, die Mozarts Musik atmet. Das verstörte, verstockte Aussehen unserer Kunstwerke, ihre sorgenvolle Stirn und ihre plötzliche Pleite werden leichter verständlich. Daraus erklärt sich auch, daß wir mehr Journalisten als Schriftsteller haben, mehr Pfadfinder der Malerei als Cézanne, und daß schließlich die rosaroten oder schwarzen Romane an die Stelle von *‹Krieg* *und Frieden›* oder *‹Die Kartause von Parma›* getreten sind. Natürlich kann man diesen Zuständen immer noch mit humanistischem Wehgeschrei begegnen, werden, was Stepan Trofimowitsch in den *‹Dämonen›* um jeden Preis sein will: ein wandelnder Vorwurf. Man kann auch wie er Anfälle staatsbürgerlicher Trauer haben. Aber diese Trauer ändert nichts an der Wirklichkeit. Meiner Meinung nach ist es besser, der Zeit ihren Tribut zu zollen, wenn sie doch so laut danach schreit, und ruhig anzuerkennen, daß die Epoche der verehrten Meister, der kameliengeschmückten Künstler und der sesselthronenden Genies vorbei ist. Heute schaffen heißt gefährlich schaffen. Jede Veröffentlichung ist eine Tat, und diese Tat setzt uns den Leidenschaften eines Jahrhunderts aus, das keine Vergebung kennt. Es geht also nicht darum, ob das der Kunst abträglich ist oder nicht. Für alle Menschen, die ohne die Kunst und das, was sie bedeutet, nicht leben können, geht es nur um die Frage, wie inmitten der Schergen so vieler Ideologien (wie viele Kirchen, welche Einsamkeit!) die seltsame Freiheit der Schöpfung erhalten bleiben kann.

Es genügt nicht, in diesem Zusammenhang zu sagen, die Kunst werde von den Staatsgewalten bedroht. In dem Fall wäre das Problem nämlich einfach: der Künstler schlägt sich oder streckt die Waffen. Das Problem ist vielschichtiger und auch tödlicher, sobald man gewahr wird, daß der Kampf im Inneren des Künstlers selber stattfindet. Der Kunsthaß, von dem unsere Gesellschaft so schöne Beispiele aufweist, ist heute nur so wirksam, weil er von den Künstlern selber genährt wird. Die Zweifel der Künstler früherer Zeiten betrafen ihr eigenes Talent. Die Zweifel der Künstler von heute betreffen die Notwendigkeit ihrer Kunst, also ihre Existenz an sich. 1957 würde Racine sich entschuldigen, *‹Bérénice›* zu schreiben, anstatt für das Edikt von Nantes zu kämpfen.

Dieses Infragestellen der Kunst durch den Künstler selber hat viele Gründe, unter denen nur die edelsten Erwähnung verdienen. Im besten Fall erklärt es sich dadurch, daß der zeitgenössische Künstler den Eindruck haben kann, zu lügen oder ins Blaue hinein zu sprechen, wenn er die Nöte der Geschichte nicht berücksichtigt. Was unsere Zeit in der Tat kennzeichnet, ist der Einbruch der Massen und ihrer erbärmlichen Lebensbedingungen in das Bewußtsein der Zeitgenossen. Man weiß jetzt, daß sie existieren, während man geneigt war, es zu vergessen. Und wenn man es weiß, so nicht etwa, weil die künstlerischen und sonstigen Eliten empfindsamer geworden wären, keine Bange, sondern weil die Massen stärker geworden sind und dafür sorgen, daß man sie nicht vergißt.

Die Abdankung des Künstlers hat noch andere Gründe, darunter weniger edle. Aber welche Art sie auch sein mögen, sie tragen zum gleichen Ergebnis bei: das freie Schaffen wird entmutigt, indem es in seinem Kern angegriffen wird, nämlich im Glauben des Schöpfers an sich selber. «Der Gehorsam eines Menschen seinem eigenen Genie gegenüber», hat Emerson großartig gesagt, «das ist Glaube schlechthin.» Und ein anderer amerikanischer Schriftsteller des 19. Jahrhunderts fügte hinzu: «Solange ein Mensch sich selber treu bleibt, steht er im Einklang mit seiner Umwelt, der Regierung, der Gesellschaft, ja selbst der Sonne, dem Mond und den Sternen.» Dieser erstaunliche Optimismus scheint heute ausgestorben. In den meisten Fällen schämt sich der Künstler seiner selbst und seiner Vorrechte, wenn er welche hat. Vor allen Dingen muß er eine Antwort finden auf die Frage, die er sich selber stellt: Ist die Kunst ein verlogener Luxus?

I

Die erste ehrliche Antwort, die man erteilen kann, lautet: es kommt in der Tat vor, daß die Kunst ein verlogener Luxus ist. In der Deckkajüte der Galeeren kann man bekanntlich immer und überall die Gestirne besingen, während im Schiffsrumpf die Sträflinge rudern und keuchen; man kann immer das artige Geplauder aufzeichnen, das auf den Zuschauerbänken des Zirkus dahinplätschert, während die Knochen des Opfers unter den Zähnen des Löwen krachen. Und es ist ziemlich schwierig, dieser Kunst, die in der Vergangenheit große Werke hervorgebracht hat, etwas vorzuwerfen. Außer daß die Verhältnisse sich ein wenig gewandelt haben und daß insbesondere die Zahl der Sträflinge und der Märtyrer auf der Welt beträchtlich zugenommen hat. Angesichts von so viel Elend muß diese Kunst, wenn sie weiterhin ein Luxus sein will, sich heute bereit finden, eine Lüge zu sein.

Wovon sollte sie in der Tat sprechen? Wenn sie sich den Forderungen des größten Teils unserer Gesellschaft anpaßt, wird sie zum belanglosen Zeitvertreib. Wenn sie diese Gesellschaft blind ablehnt, wenn der Künstler beschließt, sich in seinem Traum abzukapseln, wird sie nichts anderes ausdrücken als eine Ablehnung. So kommt es zu den Werken von Spaßmachern oder Formtüftlern, was in beiden Fällen zu einer von der lebendigen Wirklichkeit abgeschnittenen Kunst führt. Seit ungefähr hundert Jahren leben wir in einer Gesellschaft, die nicht einmal die Gesellschaft des Geldes genannt werden kann (Geld oder Gold können sinnliche Leidenschaften wecken), sondern als Gesellschaft der abstrakten Symbole des Geldes bezeichnet werden muß. Die Gesellschaft der Händler kann als Gesellschaft definiert werden, in der die Dinge von den Zeichen verdrängt werden. Wenn eine Führerschicht ihr Vermögen nicht mehr nach dem Morgen Land oder der Stange Gold mißt, sondern nach der Zahl von Ziffern, die theoretisch einer bestimmten Zahl von Tauschoperationen entsprechen, ist sie gleichzeitig bemüht, eine gewisse Art von Mystifikation in den Mittelpunkt ihrer Erfahrung und ihrer Welt zu stellen. Eine auf Zeichen gegründete Gesellschaft ist ihrem Wesen nach éine künstliche Gesellschaft, in der die leibliche Wahrheit des Menschen genasführt wird. Es ist darum nicht verwunderlich, daß diese Gesellschaft eine Moral starrer Grundsätze zu ihrer Religion gewählt hat und daß sie die Worte Freiheit und Gleichheit ebensogut über ihren Gefängnissen wie über ihren Finanztempeln anbringt. Indessen kann man die Worte nicht ungestraft prostituieren. Der am meisten verleumdete Wert ist heute ohne Zweifel der Wert der Freiheit. Wohlmeinende Leute (ich war immer der Ansicht, es gebe zwei Arten von Intelligenz, die intelligente und die dumme) behaupten, sie sei nichts als ein Hindernis auf dem Weg des wahren Fortschritts. Aber so feierliche Albernheiten konnten nur vorgebracht werden, weil die Händler-Gesellschaft hundert Jahre lang einen ausschließlichen und einseitigen Gebrauch von der Freiheit gemacht, sie viel eher als ein Recht denn als eine Pflicht angesehen und sich nicht gescheut hat, sooft sie es vermochte, eine grundsätzliche Freiheit in den Dienst einer tatsächlichen Unterdrückung zu stellen. Wie ist es da verwunderlich, wenn diese Gesellschaft von der Kunst verlangt hat, sie solle nicht ein Werkzeug der Befreiung sein, sondern eine Übung ohne große Bedeutung, eine einfache Zerstreuung? So hat eine ganze vornehme Welt, der das Geld Kummer, das Herz jedoch nur Schwierigkeiten bereitete, sich jahrzehntelang mit ihren mondänen Romanschriftstellern und der nichtssagendsten Kunst begnügt, jener Kunst, von der Oscar Wilde vor seiner Zuchthauserfahrung im

Gedanken an sich selbst sagte, ihr größtes Laster sei die Oberflächlichkeit.

Die Kunstfabrikanten (ich habe das Wort Künstler noch nicht gebraucht) des bürgerlichen Europa vor und nach 1900 haben sich auf diese Weise mit der Verantwortungslosigkeit abgefunden, weil die Verantwortung einen kraftraubenden Bruch mit ihrer Gesellschaft erfordert hätte. (Diejenigen, die wirklich brachen, hießen Rimbaud, Nietzsche, Strindberg, und wir wissen, welchen Preis sie bezahlt haben.) Aus jener Zeit stammt die Theorie des l'art pour l'art, die nichts anderes bedeutet als die Forderung nach dieser Verantwortungslosigkeit. Das l'art pour l'art, der Zeitvertreib eines einsamen Künstlers, ist eben gerade die künstliche Kunst einer abstrakten Attrappengesellschaft. Seine logische Weiterentwicklung ist die Salonkunst oder die rein formale Kunst, die sich von Preziosität und Abstraktion nährt und schließlich jede Wirklichkeit zerstört. So bezaubern ein paar Werke ein paar Menschen, während viele grobschlächtige Machwerke viele andere Menschen verderben. Schließlich siedelt sich die Kunst außerhalb der Gesellschaft an und schneidet sich von ihren lebendigen Wurzeln ab. Allmählich steht selbst der sehr gefeierte Künstler allein, oder sein Volk kennt ihn nur durch Presse und Rundfunk, die ein bequemes, vereinfachtes Bild von ihm vermitteln. Je mehr die Kunst sich nämlich spezialisiert, desto nötiger wird es, sie volkstümlich zu machen. So haben Millionen Menschen das Gefühl, diesen oder jenen großen Künstler unserer Zeit zu kennen, weil sie in der Zeitung gelesen haben, daß er Kanarienvögel züchtet oder immer nur für sechs Monate heiratet. Die größte Berühmtheit besteht heute darin, Bewunderung oder Abscheu zu erregen, ohne gelesen worden zu sein. Jeder Künstler, dem daran gelegen ist, in unserer Gesellschaft Berühmtheit zu erlangen, muß wissen, daß nicht er berühmt sein wird, sondern ein anderer unter seinem Namen, einer, der ihm schließlich entgleiten und vielleicht eines Tages den wahren Künstler in ihm umbringen wird.

Wie soll man sich da wundern, wenn beinahe alles, was im Händler-Europa des 19. und 20. Jahrhunderts an Wertvollem, zum Beispiel in der Literatur entstand, gegen die Gesellschaft der Zeit geschaffen wurde! Man kann sagen, daß bis etwa zur Französischen Revolution die vorherrrschende Literatur im großen und ganzen eine Literatur der Zustimmung war. Vom Augenblick an, da die aus der Revolution hervorgegangene bürgerliche Gesellschaft gefestigt ist, entwickelt sich jedoch eine Literatur der Auflehnung. In Frankreich zum Beispiel werden die offiziellen Werte nun in Frage gestellt, und zwar von den Vertretern der revolutionären Werte, von den Romantikern bis Rimbaud, so gut wie von den Verteidigern der aristokratischen Werte, für die Vigny und Balzac ausgezeichnete Beispiele bieten. In beiden Fällen stellen sich Volk und Aristokratie, die beiden Quellen jeder Kultur, gegen die Attrappengesellschaft ihrer Zeit.

Aber diese allzu lange aufrecht erhaltene und verknöcherte Ablehnung ist ihrerseits hohl geworden und führt zu einer anderen Art Unfruchtbarkeit. Das Thema des in eine Händler-Gesellschaft hineingeborenen unseligen Dichters (das schönste Beispiel dafür ist ‹*Chatterton*›) erstarrt in einem Vorurteil, das schließlich die Behauptung aufstellt, ein Künstler sei nur groß, wenn er sich im Gegensatz zu der Gesellschaft seiner Zeit befinde, welcher Art sie auch sei. Der ursprünglich richtige Grundsatz, wonach ein wahrer Künstler sich mit der Welt des Geldes auf keine Kompromisse einlassen dürfe, wurde falsch, als man den Schluß daraus zog, ein Künstler könne sich nur behaupten, wenn er in Bausch und Bogen alles ablehne. So trachten viele unserer Künstler danach, verfemt zu sein, haben ein schlechtes Gewissen, weil sie es nicht sind, und verlangen, gleichzeitig beklatscht und ausgepfiffen zu werden. Die müde oder gleichgültige Gesellschaft von heute klatscht oder pfeift natürlich nur zufällig. Dann versteift sich der Intellektuelle unserer Zeit immer mehr, um sich größer zu machen. Der zeitgenössische Künstler lehnt so lange alles ab, ja sogar die Tradition seiner Kunst, bis er wähnt, seine eigene Regel schaffen zu können, und sich schließlich für Gott hält. Gleichzeitig glaubt er auch seine Wirklichkeit selber schaffen zu können. Und doch wird er fern von seiner Gesellschaft nur formale oder abstrakte Werke hervorbringen, die als Experimente ansprechen, der Fruchtbarkeit der wahren Kunst jedoch entbehren, besteht doch die Berufung der wahren Kunst darin, Sammelpunkt zu sein. Zum Schluß ist der Unterschied zwischen den Spitzfindigkeiten oder den Abstraktionen der zeitgenössischen Kunst und dem Werk eines Tolstoi oder eines Molière so groß wie der Unterschied zwischen dem auf unsichtbares Korn ausgestellten Wechsel und der fetten Erde der Furche.

II

So kann die Kunst ein verlogener Luxus sein. Es ist deshalb nicht erstaunlich, daß gewisse Menschen oder Künstler umkehren und zur Wahrheit zurückfinden wollten. Von dem Augenblick an verneinten sie, daß der Künstler ein Recht auf Einsamkeit besitze, und schlugen ihm als Thema nicht sein Träume vor, sondern die von allen erlebte und erlittene Wirklichkeit. In der Gewißheit, daß das l'art pour l'art in seinen Themen wie in seinem Stil das Verständnis der Massen übersteige oder aber nichts von ihrer Wahrheit ausdrücke, wollten diese Menschen, daß der Künstler sich vielmehr zum Ziel setze, von der Masse und für die Masse zu sprechen. Wenn er das Leiden und das Glück aller in die Sprache aller übersetzt, wird er von allen verstanden. Als Belohnung für eine unbedingte Treue zur Wirklichkeit wird ihm die unmittelbare Verständigung mit den Menschen geschenkt.

Jedem großen Künstler schwebt in der Tat das Ideal dieser unmittelbaren, allumfassenden Verständigung vor. Wenn jemand kein Recht auf Einsamkeit hat, so ist es, entgegen der landläufigen Auffassung, gerade der Künstler. Die Kunst kann kein Monolog sein. Auch der einsame, unbekannte Künstler bestätigt ganz einfach seine tief innere Berufung, indem er an die Nachwelt appelliert. Da das Gespräch mit den schwerhörigen oder zerstreuten Zeitgenossen in seinen Augen unmöglich ist, verläßt er sich auf ein mit zahlreicheren Partnern, mit den kommenden Generationen geführtes Gespräch.

Um jedoch von und zu allen zu sprechen, muß man von dem sprechen, was alle kennen, und von der Wirklichkeit, die uns gemeinsam ist. Meer, Regen, Bedürfnis, Verlangen, Kampf gegen den Tod, das sind die Dinge, die uns alle verbinden. Wir gleichen uns in dem, was wir zusammen sehen, in dem, was wir zusammen leiden. Die Träume ändern sich mit den Menschen, aber die Wirklichkeit der Welt ist unsere gemeinsame Heimat. Das Bestreben des Realismus ist also berechtigt, denn es ist zutiefst im künstlerischen Erleben verankert.

So wollen wir denn Realisten sein. Oder vielmehr versuchen, es zu sein, wenn das überhaupt möglich ist. Denn es ist nicht sicher, ob das Wort einen Sinn hat, es ist nicht sicher, ob der Realismus möglich ist, auch wenn er wünschenswert erscheint. Fragen wir uns zunächst, ob reiner Realismus in der Kunst möglich ist. Wenn man den Versicherungen der Naturalisten des vergangenen Jahrhunderts Glauben schenken darf, besteht er in der getreuen Wiedergabe der Wirklichkeit. Er verhielte sich also zur Kunst wie die Fotografie, die reproduziert, zur Malerei, die eine Wahl trifft. Aber was reproduziert er und was ist Wirklichkeit? Selbst das beste Foto ist im Grunde nicht treu genug, nicht wirklichkeitsnahe genug. Was gibt es in unserem Weltall zum Beispiel Wirklicheres als das Leben eines Menschen, und wie kann man hoffen, es getreulicher wiederzugeben als in einem realistischen Film? Aber unter welchen Bedingungen ist ein solcher Film möglich? Nur in der Phantasie? Man müßte sich in der Tat eine ideale Kamera vorstellen, die Tag und Nacht auf diesen Menschen gerichtet wäre und unablässig seine geringsten Bewegungen verzeichnete. Das Ergebnis wäre ein Film, dessen Vorführung ebenfalls ein Menschenleben dauerte und dessen Betrachter sich bereit finden müßten, ihr Leben hinzugeben, um sich ausschließlich für jede Kleinigkeit im Dasein eines anderen zu interessieren. Selbst unter diesen Umständen wäre dieser unvorstellbare Film nicht realistisch. Aus dem einfachen Grund, weil die Wirklichkeit eines Menschenlebens sich nicht nur dort findet, wo dieser Mensch sich aufhält, sondern in anderen Menschen, die sein Leben prägen, zunächst im Leben geliebter Menschen, die ihrerseits gefilmt werden müßten, aber auch im Dasein mächtiger und erbärmlicher Unbekannter, der Mitbürger, Polizisten, Lehrer, der unsichtbaren Gefährten im Bergwerk und auf Bauplätzen, der Diplomaten und Diktatoren, der religiösen Erneuerer, der Künstler, die unser Betragen entscheidend beeinflussende Mythen schaffen, und schließlich der demütigen Vertreter des allgewaltigen Zufalls, der jede noch so geregelte Existenz beherrscht. Es gibt also nur eine Möglichkeit eines realistischen Films, und der wird in einem unsichtbaren Apparat pausenlos vor unseren Augen auf die Leinwand der Welt projiziert. Der einzige realistische Künstler wäre Gott, wenn er existiert. Die anderen Künstler sind notgedrungen dem Wirklichen untreu.

Infolgedessen befinden sich die Künstler, die die bürgerliche Gesellschaft und ihre formale Kunst ablehnen, die von der Wirklichkeit und einzig und allein von ihr sprechen wollen, in einer schmerzlichen Ausweglosigkeit. Sie müssen Realisten sein und können es nicht. Sie wollen ihre Kunst der Wirklichkeit unterordnen, aber man kann die Wirklichkeit nicht beschreiben, ohne eine

Wahl zu treffen, die sie ihrerseits der Originalität einer Kunst unterordnet. Die schönen und tragischen Werke, die in den ersten Jahren der Russischen Revolution entstanden sind, spiegeln diesen Zwiespalt deutlich wieder. Was Rußland uns zu jener Zeit mit Bloch und dem großen Pasternak, mit Majakowski und Jessenin, mit Eisenstein und den ersten Romanciers des Zements und des Stahls geschenkt hat, ist eine großartige Versuchswerkstätte für Formen und Themen, eine fruchtbare Unruhe, ein besessenes Suchen. Indessen mußte auch ein Schluß gezogen und gesagt werden, wie man Realist sein konnte, wenn Realismus doch unmöglich war. Hier wie anderswo hat die Diktatur kurzen Prozeß gemacht: ihrer Meinung nach war der Realismus zunächst notwendig und dann möglich, vorausgesetzt, daß er sozialistischen Zielen diente. Was bedeutet dieses Dekret?

In Wahrheit anerkennt es ehrlich, daß man die Wirklichkeit nicht wiedergeben kann, ohne eine Auswahl zu treffen, und es lehnt die Theorie des Realismus, wie sie im 19. Jahrhundert verkündet wurde, ab. Es bleibt ihm nur, ein Prinzip der Auswahl zu finden, auf das der Aufbau der Welt ausgerichtet werden kann. Und es findet dieses Prinzip nicht in der Wirklichkeit, die wir kennen, sondern in jener, die sein wird, das heißt in der Zukunft. Um getreulich wiederzugeben, was ist, muß auch geschildert werden, was sein wird . . .

Mit anderen Worten: das wahrhafte Objekt des sozialistischen Realismus ist eben gerade das, was noch keine Wirklichkeit besitzt.

Ein prächtiger Widerspruch. Aber schließlich war schon der Ausdruck sozialistischer Realismus an sich ein Widerspruch. Denn wie soll ein sozialistischer Realismus möglich sein, solange die Wirklichkeit nicht in ihrer Gesamtheit sozialistisch ist? So ist sie zum Beispiel weder in der Vergangenheit noch in der Gegenwart ganz sozialistisch. Die Antwort ist einfach: man wählt in der Wirklichkeit von heute oder von gestern etwas, das die vollkommene Civitas der Zukunft vorbereitet und fördert. Einerseits bemüht man sich also, das, was in Wirklichkeit nicht sozialistisch ist, abzulehnen und zu verurteilen, und andererseits das zu verherrlichen, was sozialistisch ist oder werden wird. Das führt uns unvermeidlich zur Propagandakunst mit ihren guten und schlechten Seiten, zu einer Rosenwasserliteratur, die genausogut wie die formale Kunst von der vielschichtigen und lebendigen Wirklichkeit abgeschnitten ist. Und letzten Endes ist diese Kunst genau in dem Maß sozialistisch, als sie nicht realistisch ist.

Dann wird diese Ästhetik, die realistisch sein wollte, zu einem neuen Idealismus, der für einen wahren Künstler ebenso unfruchtbar ist wie der bürgerliche Idealismus. Die Wirklichkeit erhält ihren so betont vorherrschenden Platz nur, um desto besser aus dem Weg geräumt werden zu können. Die Kunst hat keinerlei Bedeutung mehr. Sie dient und wird im Dienen geknechtet. Einzig die Künstler, die sich eben gerade hüten, die Wirklichkeit zu beschreiben, werden Realisten genannt und gefeiert. Die übrigen werden unter dem Beifall der ersteren mundtot gemacht. Die Berühmtheit, die in der bürgerlichen Gesellschaft darin bestand, nicht oder nur oberflächlich gelesen zu werden, besteht in der totalitären Gesellschaft darin, die anderen am Gelesenwerden zu verhindern. Auch hier wieder wird die echte Kunst entstellt oder geknebelt, und die allumfassende Verständigung gerade von den Leuten unmöglich gemacht, die am leidenschaftlichsten danach begehrten.

Angesichts eines solchen Scheiterns wäre es am einfachsten, einzugestehen, daß der sogenannte sozialistische Realismus mit großer Kunst wenig zu tun hat und daß die Revolutionäre im Interesse der Revolution nach einer anderen Ästhetik Ausschau halten sollten. Bekanntlich aber schreien seine Befürworter, es gebe außerhalb des Realismus keine Kunst. Sie schreien es in der Tat. Doch ich bin zutiefst überzeugt, daß sie es nicht glauben und daß sie bei sich beschlossen haben, die künstlerischen Werte müßten den Werten des revolutionären Handelns untergeordnet werden. Wenn das offen gesagt würde, käme eine Diskussion leichter zustande. Man kann diesen gewaltigen Verzicht bei Menschen achten, die zu sehr unter dem Gegensatz zwischen dem Unglück aller und den zuweilen einem Künstlerschicksal anhaftenden Vorrechten leiden, die den unerträglichen Abstand zwischen den vom Elend Geknebelten und den im Gegenteil stets zum Sprechen Berufenen nicht hinnehmen wollen. Dann könnte man diese Menschen verstehen, ein Gespräch mit ihnen anzubahnen versuchen, ihnen zum Beispiel zu sagen unternehmen, daß die Abschaffung der schöpferischen Freiheit vielleicht nicht der richtige Weg ist, um über die Knechtschaft zu siegen, und daß es sinnlos ist, auf die Möglichkeit zu verzichten, wenigstens für ein paar Menschen zu sprechen, um später einmal für alle sprechen zu können. Ja, der sozialistische Realismus sollte sich zu seiner Verwandtschaft bekennen und gestehen, daß er der Zwillingsbruder des politischen Realismus ist. Er opfert die Kunst einem der Kunst fremden Ziel, das ihm jedoch in der Stufenleiter der Werte als überlegen erscheinen mag. Im Grunde schafft er die Kunst vorübergehend ab, um zuerst die Gerechtigkeit zu errichten. Sobald in einer noch unbestimmten Zukunft die Gerechtigkeit verwirklicht ist, soll die Kunst auferstehen. So wird jene goldene Regel der zeitgenössischen Intellektuellen, wonach es Späne gibt, wo gehobelt wird, auf die Kunst angewandt. Aber dieser niederschmetternde gesunde Menschenverstand darf uns nicht täuschen. Es genügt nicht, einen großen Haufen Späne anzusammeln, um ein glattes Werk zu schaffen, und nicht daran ermißt man die Fertigkeit des Tischlers. Die Kunst-Tischler unserer Zeit müssen im Gegenteil befürchten, mehr Späne fliegen zu lassen, als sie eigentlich beabsichtigen, und damit Gefahr zu laufen, daß das Werk nie mehr glatt wird, daß die Kunst nicht mehr aufersteht. Barbarei ist nie provisorisch. Sie kann nicht in Schranken gehalten werden, und es ist nur natürlich, wenn sie von der Kunst auf die Sitten übergreift. Dann entsteht aus dem Unglück und dem Blut der Menschen die seichte Literatur, die gemütvolle Presse, das Fotoporträt und das Liebhabertheater, wo der Haß an die Stelle der Religon tritt. Die Kunst gipfelt hier in einem Optimismus auf Bestellung, was eben gerade den ärgsten Luxus darstellt, und die lachhafteste aller Lügen.

Wie sollte man sich darüber wundern? Das Leid der Menschen ist ein so gewaltiges Thema, daß es scheint, niemand vermöchte daran zu rühren, es sei denn, man wäre so empfindsam wie Keats, der, so wird gesagt, mit seinen Händen selbst den Schmerz hätte anfassen können. Das wird ganz deutlich, wenn eine gelenkte Literatur es sich einfallen läßt, diesem Leid offiziellen Trost zu spenden. Die Lüge des l'art pour l'art gab vor, das Böse nicht zu kennen, und übernahm so die Verantwortung dafür. Die realistische Lüge jedoch, die es zwar mutig auf sich nimmt, das gegenwärtige Unglück der Menschen anzuerkennen, verrät es ebenso gründlich, indem sie es dazu benützt, ein kommendes Glück zu verherrlichen, das niemand kennt und das deshalb zu jedem Betrug berechtigt.

Die beiden lange Zeit gegeneinander ausgespielten Theorien der Ästhetik, jene, die eine völlige Ablehnung der Aktualität empfiehlt, und jene, die alles auszuschalten vorgibt, was nicht aktuell ist, treffen sich indessen fern von der Wirklichkeit in einer gleichen Lüge und in der Abschaffung der Kunst. Der Akademismus der Rechten ignoriert ein Elend, dessen sich der Akademismus der Linken bedient. Aber in beiden Fällen wird dadurch gleichzeitig das Elend vergrößert und die Kunst geleugnet.

III

Müssen wir daraus schließen, daß diese Lügen das Wesen der Kunst ausmacht? Ich möchte im Gegenteil sagen, daß die bisher besprochenen Einstellungen nur in dem Maß Lügen sind, als sie mit Kunst nicht viel zu tun haben. Was ist denn Kunst? Jedenfalls nichts Einfaches. Und inmitten des Geschreis so vieler Leute, die darauf erpicht sind, alles zu vereinfachen, ist es noch schwieriger, ihr Wesen zu erkennen. Einerseits verlangt man, daß das Genie in einsamem Glanz erstrahle, und andererseits fordert man es auf, sich nicht von der Allgemeinheit zu unterscheiden. Die Wirklichkeit ist leider nicht so einfach. Balzac hat dies in einem Satz zum Ausdruck gebracht: «Das Genie gleicht allen und keiner gleicht ihm.» So steht es auch mit der Kunst, die nichts ist ohne die Wirklichkeit, und ohne die Wirklichkeit kaum etwas bedeutet. Wie sollte in der Tat die Kunst auf das Wirkliche verzichten und wie sich ihm unterwerfen? Der Künstler wählt seinen Gegenstand und wird genausogut von seinem Gegenstand gewählt. In gewissem Sinn ist die Kunst eine Auflehnung gegen das Flüchtige und Unvollendete der Welt: der Künstler will also nichts anderes, als der Wirklichkeit eine veränderte Gestalt geben, während er gleichzeitig gezwungen ist, diese Wirklichkeit beizubehalten, weil sie die Quelle seines Empfindens darstellt. In dieser Beziehung sind wir alle Realisten, und doch ist es keiner. Die Kunst ist weder die völlige Ablehnung noch die völlige Zustimmung zu dem, was ist. Sie ist gleichzeitig Ablehnung und Zustimmung, und darum kann sie nichts anderes sein als ein stets neues Hin- und Hergerissenwerden. Der Künstler befindet sich ständig in einer Zwickmühle: er ist unfähig, die Wirklichkeit zu leugnen, und doch stets dazu getrieben, sie in ihrem ewig unvollendeten Aspekt anzugreifen. Damit ein Stilleben entsteht, müssen ein Maler und ein Apfel sich auseinandersetzen und gegenseitig korrigieren. Und wenn auch die Formen nichts sind ohne das Licht der Welt, so tragen sie doch ihrerseits zu diesem Licht bei. Die Welt des Wirklichen, die durch ihre Pracht die Körper und die Statuen entstehen läßt, empfängt gleichzeitig von ihnen ein zweites Licht, das dem Licht des Himmels erst Dauer verleiht. Der große Stil findet sich so auf halbem Weg zwischen dem Künstler und seinem Gegenstand.

Es geht also nicht um die Frage, ob die Kunst dem Wirklichen aus dem Weg gehen oder sich ihm unterwerfen müsse, sondern nur um die genaue Dosis an Wirklichem, mit der das Werk sich beladen muß, um nicht in den Wolken zu verschwinden oder sich im Gegenteil auf bleiernen Sohlen dahinzuschleppen. Dieses Problem löst jeder Künstler nach seinem Empfinden und Vermögen. Je stärker sich ein Künstler gegen die Wirklichkeit der Welt auflehnt, desto größer ist vielleicht der Ballast des Wirklichen, der ihm sein Gleichgewicht verleiht. Aber dieser Ballast kann die dem einzelnen Künstler eigene Forderung nie ersticken. Die erhabensten Werke, die der griechischen Tragiker, die Melvilles, Tolstois oder Molières, werden immer das Wirkliche und die Ablehnung, die der Mensch ihm entgegensetzt, ins Gleichgewicht bringen, wobei sich beide in dem unablässigen Sprühen des fröhlichen und zerrissenen Lebens gegenseitig neuen Auftrieb geben. Dann taucht hin und wieder eine neue Welt auf, verschieden von der Alltagswelt und doch die gleiche, besonders und doch universell, voll von unschuldiger Unsicherheit, für ein paar Stunden von der Kraft und der Unbefriedigtheit des Genies hervorgerufen. Das ist das Richtige und ist doch nicht das Richtige, die Welt ist nichts und die Welt ist alles – darin liegt der doppelte, unermüdliche Ruf jedes wahren Künstlers beschlossen, der Ruf, der ihn aufrecht hält, immer wachsam, und der von Zeit zu Zeit im Schoß der schlafenden Welt für alle das flüchtige und eindrückliche Bild einer Wirklichkeit weckt, die wir erkennen, ohne ihr je begegnet zu sein.

Gleich ergeht es dem Künstler mit seiner Zeit, von der er sich nicht abwenden und in der er sich nicht verlieren darf. Wenn er sich davon abwendet, spricht er ins Leere. Aber in dem Maß, da er sie zu seinem Gegenstand macht, bestätigt er umgekehrt seine eigene Existenz als Subjekt und kann sich ihr nicht restlos unterwerfen. Mit anderen Worten: gerade im Augenblick, da der Künstler beschließt, das Los aller zu teilen, stellt er seine Individualität in den Vordergrund. Und diesem Dilemma kann er nicht entrinnen. Der Künstler entnimmt der Geschichte das, was er selber davon sehen oder erleiden kann, unmittelbar oder mittelbar, das heißt das Zeitgeschehen im engen Sinn des Wortes sowie die Menschen, die heute leben, nicht aber die Beziehung dieses Zeitgeschehens zu einer für den lebenden Künstler unvorhersehbaren Zukunft. Den zeitgenössischen Menschen im Namen eines noch nicht vorhandenen Menschen zu beurteilen, ist die Aufgabe der Prophezeiung. Der Künstler hingegen kann nur die sich ihm bietenden Mythen in ihrer Wirkung auf den jetzt lebenden Menschen bewerten. Der Prophet, der religiöse oder der politische, kann absolut urteilen und versagt es sich bekanntlich auch nicht. Der Künstler jedoch kann das nicht. Wenn er ein unbedingtes Urteil abgäbe, würde er ohne Abstufung die Wirklichkeit in Gut und Böse aufteilen und eine melodramatische Saite aufziehen. Die Kunst verfolgt ganz im Gegenteil nicht den Zweck, Gesetze zu erlassen oder zu herrschen, sondern zu allererst, zu verstehen. Zuweilen herrscht sie, weil sie versteht. Aber nie ist ein geniales Werk aus Haß und Verachtung entstanden. Darum spricht der Künstler am Ende seines Weges frei, anstatt zu verdammen. Er ist nicht Richter, sondern Rechtfertiger. Er ist der unermüdliche Fürsprecher des lebendigen Geschöpfes, eben weil es lebendig ist. Er plädiert wahrhaft für die Nächstenliebe, nicht für jene Fernliebe, die den zeitgenössischen Humanismus zu einem Katechismus der Gerichtshöfe erniedrigt. Im Gegenteil: das große Werk beschämt schließlich alle Richter. In ihm ehrt der Künstler gleichzeitig das erhabenste Bild des Menschen und verneigt sich vor dem schäbigsten Verbrecher. «Kein einziger der mit mir in diesem gräßlichen Ort Eingeschlossenen», schreibt Wilde im Gefängnis, «der nicht eine symbolische Beziehung zum Geheimnis des Lebens unterhielte.» Ja, und dieses Geheimnis des Lebens ist eins mit dem Geheimnis der Kunst.

Während hundertfünfzig Jahren haben die Schriftsteller der Händler-Gesellschaft mit wenigen Ausnahmen geglaubt, sie könnten in einer wohligen Verantwortungslosigkeit leben. Sie haben in der Tat ihr Leben gelebt und sind dann so allein gestorben, wie sie gelebt hatten. Wir Schriftsteller des 20. Jahrhunderts werden nie mehr allein sein. Im Gegenteil, wir müssen wissen, daß wir dem gemeinsamen Elend nicht entrinnen können und und daß unsere einzige Rechtfertigung, wenn es eine gibt, darin besteht, nach bestem Können für die zu sprechen, die es nicht vermögen. Wir müssen in der Tat für alle Menschen sprechen, die in diesem Augenblick leiden, welches auch die vergangene oder zukünftige Größe des Staates oder der Partei sein mag, von denen sie unterdrückt werden: für den Künstler gibt es keine privilegierten Henker. Darum kann heute, selbst heute, vor allem heute, die Schönheit nicht im Dienst einer Partei stehen; sie dient über kurz oder lang nur dem Schmerz oder der Freiheit der Menschen. Einzig engagiert ist der Künstler, der zwar keineswegs den Kampf ablehnt, wohl aber sich weigert, sich den regulären Truppen anzuschließen, das heißt der Franktireur. Die Lektion, die ihm dann die Schönheit erteilt, ist, wenn er sie ehrlich annimmt, nicht eine Lektion der Eigenliebe, sondern der harten Brüderlichkeit. So aufgefaßt, hat die Schönheit noch keinen Menschen geknechtet. Seit Tausenden von Jahren hat sie im Gegenteil jeden Tag, jede Sekunde, das Joch von Millionen Menschen erleichtert und zuweilen ein paar unter ihnen auf immer befreit. Vielleicht rühren wir hier endlich an die Größe der Kunst, die in dieser ständigen Spannung zwischen Schönheit und Schmerz besteht, zwischen der Liebe zum Menschen und dem Wahn der Schöpfung, der unerträglichen Einsamkeit und der zermürbenden Menge, der Ablehnung und der Bejahung. Sie wandelt zwischen zwei Abgründen, der Leichtfertigkeit und der Propaganda. Auf diesem schmalen Grat, auf dem der große Künstler sich vorwärts bewegt, ist jeder Schritt ein Abenteuer, eine gewaltige Gefahr. Und doch findet sich in diesem Risiko und einzig in ihm die Freiheit der Kunst. Eine schwierige Freiheit, die vielmehr an eine asketische Zucht gemahnt. Welcher Künstler wollte es abstreiten? Welcher Künstler wollte es wagen zu behaupten, er sei dieser nie endenden Aufgabe gewachsen? Diese Freiheit setzt Gesundheit des Herzens und des Leibes voraus, einen Stil, der gleichsam Seelenstärke und geduldiges Kämpfen verkörpert. Wie jede Freiheit ist sie ein ständiges Risiko, ein aufreibendes Abenteuer, und darum flieht man heute dieses Risiko so gut wie die anspruchsvolle Freiheit und stürzt sich in alle Arten von Abhängigkeit, um zumindest die Bequemlichkeit der Seele zu erlangen. Aber wenn die Kunst kein Abenteuer ist, was ist sie dann und wo ist ihre Rechtfertigung? Nein, gerade so wenig wie der freie Mensch ist der freie Künstler ein Mensch der Bequemlichkeit. Der freie Künstler ist der Mensch, der mühselig seine Ordnung selber schafft. Je wirrer das ist, was er ordnen muß, desto strenger wird seine Regel sein und desto nachdrücklicher die Bekräftigung seiner Freiheit. Es gibt einen Ausspruch von Gide, dem ich immer beigepflichtet habe, obwohl er mißverstanden werden kann: «Die Kunst lebt vom Zwang und stirbt an der Freiheit.» Das stimmt. Aber es darf nicht daraus geschlossen werden, daß die Kunst gelenkt werden könne. Die Kunst lebt nur von dem Zwang, den sie sich selber auferlegt: an fremdem Zwang stirbt sie. Wenn sie sich ihn andererseits nicht selber auferlegt, fängt sie an, sich in Wahngebilde zu verstricken und Schatten dienstbar zu werden. So kommt es, daß die freieste – und die aufrührerischste – Kunst auch die klassischste ist, sie krönt das größte Bemühen. Solange eine Gesellschaft und ihre Künstler nicht zu diesem langwierigen freien Bemühen bereit sind, solange sie sich der Bequemlichkeit der Kurzweil oder des Konformismus hingeben, den Spielereien des l'art pour l'art oder den Predigten der realistischen Kunst, so lange bleiben ihre Künstler Nihilisten und unfruchtbar. Damit ist gesagt, daß heute die Neugeburt von unserem Mut und unserem Willen zur Klarsicht abhängt.

Ja, diese Neugeburt liegt in unser aller Hand. Von uns hängt es ab, ob das Abendland jene Gegen-Alexander entstehen läßt, die den vom Schwert durchhauenen gordischen Knoten der Kultur neu knüpfen. Dafür müssen wir alle Risiken und die Mühen der Freiheit auf uns nehmen. Es geht nicht um die Frage, ob es uns gelingt, die Freiheit zu bewahren, wenn wir der Gerechtigkeit nachstreben. Sondern es geht um das Wissen, daß wir ohne die Freiheit nichts zustande bringen und gleichzeitig die zukünftige Gerechtigkeit und die ehemalige Schönheit verlieren werden. Einzig die Freiheit erlöst die Menschen aus der Vereinzelung; die Knechtschaft dagegen herrscht über eine Unzahl von Einsamkeiten. Und auf Grund jenes freien Wesens, das zu definieren ich versucht habe, eint die Kunst da, wo die Tyrannei trennt. Wie sollte man sich da wundern, daß sie von allen Bedrückern als der erklärte Feind angesehen wird? Wie sollte man sich wundern, daß die Künstler und Geistesarbeiter die ersten Opfer der modernen Tyranneien geworden sind, ob sie nun von rechts oder von links kommen? Die Tyranneien wissen, daß im Kunstwerk eine befreiende Kraft steckt, die nur den Menschen geheimnisvoll erscheint, die ihr nicht huldigen. Jedes große Werk macht das Menschenantlitz bewundernswerter und reicher, das ist sein ganzes Geheimnis. Und Tausende von Lagern und Gefängnisgittern genügen nicht, um dieses erschütternde Zeugnis der Würde zu verdunkeln. Darum ist es nicht wahr, daß man selbst vorübergehend die Kultur aufheben kann, um eine neue vorzubereiten. Man kann das unablässige Zeugnis, das der Mensch von seinem Elend und seiner Größe ablegt, nicht aufheben, man kann das Atmen nicht aufheben. Es gibt keine Kultur ohne Erbteil, und wir können und dürfen von dem unseren, von dem des Abendlands, nichts zurückweisen. Wie immer die Werke der Zukunft beschaffen sein mögen, sie werden alle das gleiche, aus Mut und Freiheit bestehende, von der Kühnheit Tausender von Künstlern aller Jahrhunderte und aller Völker genährte Geheimnis bergen. Ja, wenn die moderne Tyrannei uns beweist, daß der Künstler ein öffentlicher Feind ist, selbst wenn er sich auf seinen Beruf beschränkt, hat sie recht. Aber gleichzeitig ehrt sie durch ihn hindurch ein Bild des Menschen, das bisher nichts zu vernichten vermochte.

Meine Schlußfolgerung ist einfach. Inmitten des Gedröhns und des Aufruhrs unserer Geschichte sage ich ganz schlicht: «Freuen wir uns.» Freuen wir uns in der Tat, dem Untergang eines verlogenen und bequemen Europa beigewohnt zu haben und uns grausamen Wahrheiten gegenübergestellt zu sehen. Freuen wir uns in unserer Eigenschaft als Menschen, da ein lange dauernder Betrug zusammengebrochen ist und wir in dem, was uns bedroht, klar sehen. Und freuen wir uns in unserer Eigenschaft als Künstler, die dem Schlaf und der Taubheit entrissen wurden und mit Gewalt dem Elend, den Kerkern, dem Blut ins Auge blicken müssen. Wenn wir angesichts dieses Schauspiels die Erinnerung an die Tage und die Gesichter zu bewahren verstehen, wenn wir umgekehrt angesichts der Schönheit der Welt die Erniedrigten nicht vergessen, dann wird die abendländische Kunst nach und nach ihre Kraft und ihre königliche Würde wiederfinden. Gewiß gibt es in der Geschichte wenig Beispiele von Künstlern, die sich mit so schweren Problemen auseinandersetzen mußten. Aber gerade wenn selbst die einfachsten Worte und Sätze mit Freiheit und Blut bezahlt werden, lernt der Künstler, sie maßvoll zu gebrauchen. Die Gefahr macht klassisch, und schließlich wurzelt jede Größe in der Gefahr.

Die Zeit der verantwortungslosen Künstler ist vorbei. Unsere kleinen Annehmlichkeiten wegen tut uns das leid. Aber wir werden anzuerkennen wissen, daß diese Prüfung gleichzeitig unserer Aussicht auf Echtheit zugute kommt, und werden die Herausforderung annehmen. Die Freiheit der Kunst ist nicht viel wert, wenn sie keinen anderen Sinn hat, als die Behaglichkeit des Künstlers zu sichern. Soll ein Wert oder eine Tugend in einer Gesellschaft Wurzel fassen, gehört es sich, sie nicht mit Lügen zu umgeben, das heißt jedesmal, da man es kann, dafür zu zahlen. Wenn die Freiheit gefährlich geworden ist, dann ist sie im Begriff, nicht mehr prostituiert zu werden. Und ich kann zum Beispiel den Leuten nicht beipflichten, die sich heute über den Niedergang der Lebensweisheit beklagen. Augenscheinlich haben sie recht. Aber in Wirklichkeit hat die Lebensweisheit nie einen so gründlichen Niedergang erlebt als zur Zeit, da sie das gefahrlose Vergnügen ein paar bücherstöbernder Humanisten bildete. Heute, da sie endlich wahren Gefahren begegnen muß, besteht im Gegenteil Aussicht, daß sie von neuem auf sicheren Füßen stehen, von neuem geachtet werden kann.

Es heißt, daß Nietzsche nach seinem Bruch mit Lou Salomé in seiner endgültigen Einsamkeit, vom Gedanken an das gewaltige Werk, das er ohne jede Hilfe schaffen mußte, gleichzeitig niedergedrückt und begeistert, nachts auf den Bergen über der Bucht von Genua spazierenging und große Brände von Blättern und Zweigen anzündete, denen er bis zum Verglühen zuschaute. Ich habe oft an diese Feuer gedacht, und es ist vorgekommen, daß ich in der Vorstellung gewisse Menschen und gewisse Werke dieser Prüfung unterzog. Nun, unsere Zeit ist eines jener Feuer, deren unerträgliche Hitze gewiß viele Werke zu Asche werden läßt. Aber bei denen, die verbleiben, wird das Metall unversehrt sein, und wir können uns ihnen gegenüber rückhaltlos der höchsten Freude des Geistes hingeben, der Bewunderung.

Zweifellos kann man sich eine sanftere Flamme wünschen, und auch ich wünschte sie, ein Atemholen, einen Halt, der zum Träumen einlädt. Aber vielleicht gibt es für den Künstler keinen anderen Frieden als jenen, der sich in der glühendsten Hitze des Kampfes findet. «Jede Mauer ist eine Pforte», hat Emerson sehr richtig gesagt. Wir wollen die Pforte und den Ausweg nicht anderswo suchen als in der Mauer, an deren Fuß wir leben. Wir wollen vielmehr die Atempause dort suchen, wo sie sich findet, nämlich inmitten der Schlacht. Denn – und damit will ich aufhören – ich bin überzeugt, daß sie dort zu finden ist. Die großen Gedanken, so ist gesagt worden, kommen auf Taubenfüßen in die Welt. Darum würden wir vielleicht, wenn wir aufmerksam lauschten, inmitten des Aufruhrs der Reiche und der Nationen etwas wie schwaches Flügelrauschen vernehmen, das weiche Rascheln des Lebens und der Hoffnung. Die einen sagen, diese Hoffnung werde von einem Volk verkörpert, die anderen, von einem Menschen. Ich glaube, daß sie im Gegenteil von Millionen einzelner Menschen erweckt, belebt und unterhalten wird, Menschen, deren Tun und Werke jeden Tag die Grenzen und die plumpe Augenfälligkeit der Geschichte abstreiten, um flüchtig die stets bedrohte Wahrheit aufleuchten zu lassen, die ein jeder auf seinem Leiden und seiner Freude für alle aufrichtet.

QUELLENVERZEICHNIS

Vier Briefe an einen deutschen Freund	NRF 1948
Vorwort zur italienischen Ausgabe	NRF 1948
Das Blut der Freiheit	*Combat*, 24. August 1944
Die Nacht der Wahrheit	*Combat*, 25. August 1944
René Leynaud	*Combat*, 27. Oktober 1944
Vorwort zu den Gedichten von René Leynaud	unveröffentlicht
Pessimismus und Mut	*Combat*, September 1945
Den Geist hochhalten	Ansprache vom 15. März 1945
Der Ungläubige und die Christen	Auszüge aus einem Vortrag, 1948
Antwort an Gabriel Marcel	*Combat*, Dezember 1948
Brot und Freiheit	Ansprache vom 10. Mai 1953
Ehrung eines Verbannten	Ansprache, unveröffentlicht
Betrachtungen zur Todesstrafe	*Réflexions sur la peine capitale*
Vorwort zur Algerischen Chronik	Vorwort von *Actuelles III*, März-April 1958 NRF
Brief an einen algerischen Aktivisten	*Communauté Algérienne*, 1. Oktober 1955
Aufruf für einen Burgfrieden in Algerien	Vortrag vom 22. Januar 1956 in Algier
Algerien 1958	*Actuelles III*
Das neue Algerien	*Actuelles III*
Kadar hat seinen Tag der Angst erlebt	*Franc-Tireur*, 18. März 1957
Der Sozialismus der Galgen	Interview, *Demain*, 21. Februar 1957
Die Wette unserer Generation	Interview, *Demain*, 24. Oktober 1957
Nobelpreisrede	10. Dezember 1957 in Stockholm
Der Künstler und seine Zeit	Vortrag vom 14. Dezember 1957 in Uppsala